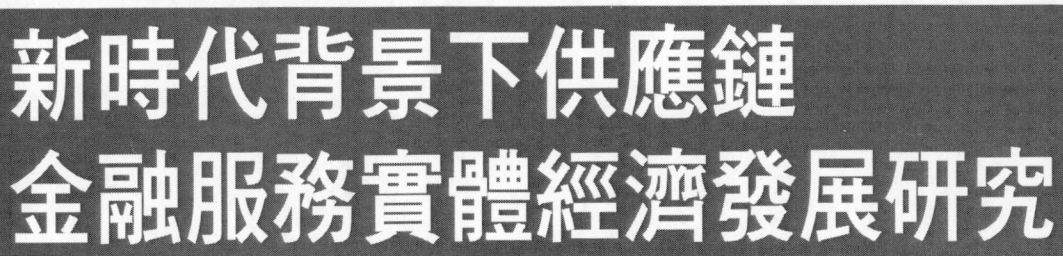

新時代背景下供應鏈
金融服務實體經濟發展研究

吳宗書，李倩，李景文，曾卓然 著

財經錢線

前言

在新時代背景下社會發展進入了一個新的階段，全球信息產業發展迅速，互聯網與計算機技術的發展日新月異，出現了許多信息經濟發展的產物，各行各業的發展與新興技術的互動逐漸增強。當前，互聯網金融行業也在經歷了監管的不斷深入以及市場的多輪洗牌之後，逐步迴歸普惠金融的本質，步入發展的新時代。在優質資產爭奪越來越激烈的特殊時期，供應鏈金融作為既擁有產業邏輯和業務邏輯支撐，又具備商流、物流、資金流、信息流等關鍵要素匹配的優質資產，愈加被各路資本青睞，成為互聯網金融轉型升級的下一個風口。相較於其他金融資產，供應鏈金融深耕於產業供應鏈，擁有較強的貿易基礎，能在風險控制的關鍵環節形成自己的競爭優勢，並且回應了金融服務迴歸實體經濟的號召，引來了各大產業核心企業的佈局。

眾所周知，實體經濟是國民經濟發展的基礎，是立國之本、興國之器、強國之基；金融是現代經濟的核心，金融的天職和宗旨即是為實體經濟服務。近年來，中國國務院高度重視金融服務實體經濟發展問題。2015 年 7 月17 日，習近平指出：「要改善金融服務，疏通金融進入實體經濟特別是中小企業、小微企業的管道」。2016 年 6 月 20 日，中國國務院總理李克強在中國建設銀行、中國人民銀行考察時強調「金融是國民經濟的血脈」「要走活金融服務實體經濟這盤棋」。2017年7月14至15日召開的金融工作會議，習近平明確指出：「金融要把為實體經濟服務作為出發點和落腳點。」習「建設現代化經濟體系，須把發展經濟的著力點放在實體經濟上，把提高供給體系質量作為主攻方向，顯著增強中國經濟質量優勢。」「深化金融體制改革，增強金融服務實體經濟能力。」引導金融迴歸本源，發展實體經濟是推進中國供給側結構性改革的一項重要任務。供應鏈金融

作為新型金融服務，其服務實體經濟能力的顯著作用，也得到了高度重視，多次出台政策直接鼓勵供應鏈金融的發展。先是中國國務院發布《關於積極推進供應鏈創新與應用的指導意見》，提出到2020年，要培育100家左右的全球供應鏈金融領先企業，使重點產業的供應鏈競爭力進入世界前列；緊接著商務部等8部門在《關於開展供應鏈創新與應用試點的通知》中更是明確強調了產業鏈上的核心企業在新時期、新環境下要積極穩妥地開展供應鏈金融業務，為資金進入實體經濟提供安全通道。

正是在這一背景下，以互聯網為基礎的供應鏈金融成為服務實體經濟的重要形態。本書創作團隊以新時代為宏觀背景，基於如下視角對供應鏈金融服務實體經濟展開研究：

第一，從供應鏈金融發展對企業融資約束的影響入手，思考縮減約束影響效應的方式，釋放供應鏈金融對企業幫扶的助力，進一步加速實體經濟的振興。

第二，從供應鏈金融合作模式與服務實體經濟的路徑入手，總結與創新各類合作模式，優化各類服務路徑，擴大服務範圍，提升服務效率。

第三，闡釋了物流在供應鏈金融領域的應用，分別從制度、模式以及實踐方面入手，系統整理與歸納了各類應用類型。

第四，分析了供應鏈金融存在的風險，並從多個維度給出了規避風險的措施，系統總結了風險管控方法。

綜上所述，研究新時代背景下供應鏈金融服務實體經濟發展具有重要的理論和實際意義。

吳宗書

目　錄

1　新時代背景下供應鏈金融服務實體經濟相關情況 / 1

　1.1　供應鏈金融與實體經濟 / 1

　　1.1.1　供應鏈金融的內涵 / 1

　　1.1.2　實體經濟的內涵 / 9

　　1.1.3　創新供應鏈金融的初衷 / 10

　1.2　供應鏈金融服務實體經濟的現狀 / 11

　　1.2.1　中小企業融資現狀分析 / 12

　　1.2.2　供應鏈金融發展現狀 / 14

　　1.2.3　供應鏈金融的發展基礎 / 19

　　1.2.4　與中國供應鏈金融有關的法規 / 24

　　1.2.5　中國部分地區供應鏈金融服務現狀 / 26

　　1.2.6　供應鏈金融發展中的機遇 / 30

　1.3　供應鏈金融發展中面臨的困難和障礙 / 33

　　1.3.1　中國供應鏈金融面臨的挑戰 / 33

　　1.3.2　供應鏈金融發展的影響因素分析 / 36

　　1.3.3　供應鏈金融困局的原因分析 / 37

2　供應鏈金融發展對企業融資約束的影響 / 41

　2.1　供應鏈金融發展對中小企業融資約束影響的理論分析 / 41

- 2.1.1 企業現金敏感性分析 / 41
- 2.1.2 交易成本理論 / 43
- 2.1.3 信息不對稱理論 / 44

2.2 發展供應鏈金融對中小企業的重要意義 / 44
- 2.2.1 有助於緩解資金緊張,解決融資難、融資貴的問題 / 44
- 2.2.2 有助於打造產業生態圈,提升供應鏈的整體競爭力 / 45

2.3 供應鏈金融緩解中小企業融資約束的優勢分析 / 46
- 2.3.1 改善企業融資面臨的制度環境 / 46
- 2.3.2 解決企業面臨的信息不對稱問題 / 46
- 2.3.3 促進企業吸收金融機構貸款 / 47

2.4 供應鏈金融緩解企業融資約束的研究方法 / 48
- 2.4.1 基於博弈論方法的研究 / 48
- 2.4.2 基於案例分析法的研究 / 49
- 2.4.3 基於實證分析法的研究 / 51

2.5 供應鏈金融緩解企業融資約束的形態 / 52
- 2.5.1 應收帳款融資 / 52
- 2.5.2 庫存融資 / 56
- 2.5.3 預付款融資 / 57
- 2.5.4 戰略關係融資 / 60

2.6 供應鏈金融下的中小企業融資體系 / 61
- 2.6.1 建立融資擔保體系 / 61
- 2.6.2 建立核心企業信用評級體系 / 61
- 2.6.3 建立融資企業信用信息數據庫 / 62

3 供應鏈金融合作模式 / 63

3.1 供應鏈金融合作模式參與主體的選擇 / 63
- 3.1.1 供應鏈金融合作模式參與主體的選擇原則 / 63

3.1.2　基於企業類型的不同選擇主體企業／65

　　3.1.3　供應鏈金融合作模式主體選擇的普遍適用條件／66

3.2　供應鏈金融合作模式主體間的行為博弈／67

　　3.2.1　無第三方參與的債權控制融資博弈分析／68

　　3.2.2　有第三方參與的供應鏈金融融資模式博弈分析／70

3.3　供應鏈金融合作模式的運行／75

　　3.3.1　合作各方利益的制衡與分配／76

　　3.3.2　失信懲戒保障措施／78

4　供應鏈金融服務實體經濟的路徑／80

4.1　企業財務績效和價值形成／81

　　4.1.1　企業估值／81

　　4.1.2　項目管理／82

　　4.1.3　庫存管理／84

　　4.1.4　採購與供應管理／86

4.2　中小企業發展與實體經濟整體發展的協同效應分析／87

　　4.2.1　中小企業是技術創新的主要載體／88

　　4.2.2　中小企業發展推動區域經濟增長／89

　　4.2.3　中小企業發展推動區域經濟結構變遷／90

4.3　供應鏈金融解決實體經濟問題的路徑選擇／92

　　4.3.1　電商平臺模式／92

　　4.3.2　地方產業集群模式／94

　　4.3.3　核心企業交易體系模式／94

　　4.3.4　金融倉儲監管模式／95

4.4　供應鏈金融助力鄉村振興／96

　　4.4.1　農業供應鏈金融的參與主體／97

　　4.4.2　農業供應鏈金融的具體模式／99

4.4.3　城鄉一體化中的農村供應鏈金融／101

　　4.4.4　供應鏈金融視角下農戶融資模式創新／102

5　金融科技助推供應鏈服務實體經濟／106

5.1　金融科技理論研究／106

5.2　金融科技的概念與特徵／107

5.3　金融科技的發展歷程／108

5.4　金融科技助推供應鏈服務實體經濟／109

　　5.4.1　推進業務加快發展／109

　　5.4.2　推進服務實體經濟／109

　　5.4.3　推進提升風控能力／110

　　5.4.4　推進創新技術運用／110

6　物流在供應鏈金融領域的應用／111

6.1　物流金融的本質規律與形態／111

　　6.1.1　物流金融的實質／111

　　6.1.2　物流金融的四種形態／115

6.2　物流金融的制度創新與實踐／118

　　6.2.1　物流金融面臨的制度挑戰和制度創新／118

　　6.2.2　制度創新實踐——中國物流金融服務平臺／120

6.3　物流領域的供應鏈金融類型化／124

6.4　區域變革發展型物流金融模式／127

　　6.4.1　物流園區的物流金融服務模式／128

　　6.4.2　現代農產品物流中心金融服務／130

6.5　廣域變革發展型物流金融模式／132

6.6　知識型網絡拓展物流金融模式／133

7 供應鏈管理風險與供應鏈金融風險管控 / 135

7.1 風險、供應鏈風險與供應鏈風險管理 / 136

7.1.1 風險與供應鏈風險的內涵 / 136
7.1.2 供應鏈風險的影響因素與管理 / 141

7.2 供應鏈金融績效與風險影響因素 / 145

7.2.1 供應鏈金融績效維度 / 146
7.2.2 供應鏈金融風險因素及其與績效之間的關係 / 147

7.3 供應鏈金融風險控制 / 160

7.3.1 供應鏈金融風險管理的原則 / 160
7.3.2 供應鏈金融風險控制體系 / 164

8 推動供應鏈金融服務實體經濟的對策建議 / 169

8.1 加速金融與科技的融合，提升服務實體經濟的效率 / 169
8.2 堅持產融結合，金融助力供應鏈服務實體經濟 / 171
8.3 形成「線上化+第三方合作+金融科技」的結構 / 171
8.4 建立供應鏈金融服務實體經濟的相關政策 / 172

8.4.1 完善相關的法律法規，為供應鏈金融的發展營造良好的法制環境 / 172
8.4.2 成立全國統一的供應鏈金融行業協會 / 172
8.4.3 商業銀行的策略 / 172

參考文獻 / 174

1 新時代背景下供應鏈金融服務實體經濟相關情況

1.1 供應鏈金融與實體經濟

1.1.1 供應鏈金融的內涵

1.1.1.1 供應鏈金融的含義

隨著供應鏈思想逐漸被接受以及供應鏈研究的日趨完善，供應鏈的工具和實踐也得到了很大的提升，供應鏈中的物流、商流、信息流的效率都得到了巨大的提升。原本被認為是輔助流程的資金流動問題，逐漸出現在資金相對短缺的中小企業身上，成為制約整個供應鏈發展的瓶頸。當整合供應鏈中的物流和信息流在實踐中被應用和檢驗時，資金流也開始得到越來越多的關注（Hofmann，2005）。

寶潔公司在其報告中指出，在供應鏈的流程中，材料和產品物理流動的過程，往往伴隨著大量信息化的金融活動，如圖 1-1 所示。

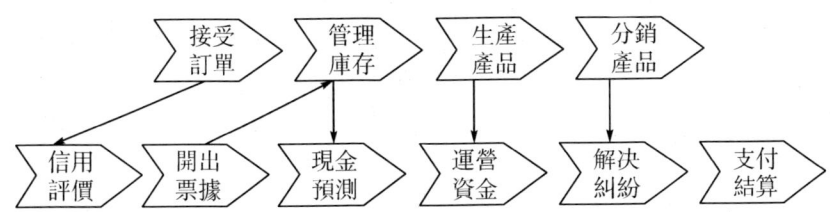

圖 1-1 寶潔公司物流與資金流關係

基布勒（Keebler）和卡特（Carter）等人認為，供應鏈管理會影響到公司的資本結構、風險等級、成本結構、盈利能力和最終市場價值，作為影響股東價值的重要因素，供應鏈管理者必須從金融的視角來分析財務因素對供應鏈績

效的影響。

無論是從單個企業的角度還是從供應鏈的角度出發，供應鏈中的四流——物流、商流、信息流和資金流都已經相互作用、相互影響，脫離了單個的概念，形成了一個相輔相成的整體。特別是供應鏈中的信息流和資金流，基本上貫穿了供應鏈中所有的行為。研究供應鏈中的資金流問題和財務問題，不僅對理解為供應鏈正常運轉提供資金支持的融資行為的意義重大，對理解供應鏈正常運轉具有重要意義，而且對理解企業和供應鏈內的行為邏輯具有重要意義。隨著學界對 SCF（供應鏈金融）研究的深入，其主要的研究領域也發生了一些變化和轉移。從最初只關注基本的融資功能，到後來逐漸拓展到了資金的使用和資金的流轉週期上。鮑爾索克斯（Bowersox，1999）等人指出，對資產（如供應鏈不動產、機械設備和動產）融資的優化，是供應鏈金融的重要領域。

(1) 國外對供應鏈金融的理解

縱觀目前國際上有關供應鏈金融的定義，首次提出該概念的是蒂默（Timme）等學者，他們認為供應鏈上的參與方與為其提供金融支持的處於供應鏈外部的金融服務提供者可以建立協作關係，而這種協作關係旨在實現供應鏈的目標，同時考慮到物流、信息流和資金流及進程、全部資產和供應鏈上的參與主體的經營，這一過程就被稱為供應鏈金融。從這個概念界定中可以看出，供應鏈金融非常強調金融主體與供應鏈參與企業之間協作關係的建立，並且通過這種緊密的關係，可以促進供應鏈中商流、物流、信息流和資金流的結合。

除此之外，普法夫（Pfaff，2004）等人認為訂單週期管理，包括涉及訂單、記帳、支付過程和 IT 系統的任何活動，也是供應鏈金融的一個重要方面。霍夫曼（Hofmann，2003）則在一篇文章中指出，營運資產管理旨在減少固定資產以及庫存和在途物資，同樣試圖通過改善物流和信息流的交互環節，如訂單處理、債務和負債管理（如現金流轉週期），來改善在途時間、預付款和付款期限，是供應鏈管理與財務工具相結合的一種方式。同樣，威廉·阿特金森（William Atkinson，2008）認為，供應鏈金融可以定義為一個服務與技術方案的結合體，這種結合體將需求方、供應方和金融服務提供者聯繫在一起，當供應鏈建成後，能夠優化其透明度、金融成本、可用性和現金交付。阿伯丁集團（Aberdeen Group，2007）認為供應鏈金融的核心就是關注嵌入供應鏈的融資和結算成本，並構造出優化供應鏈成本流程的方案。以上這些概念界定的特點在於指出了供應鏈金融通過供應鏈企業與金融服務提供者之間的合作關係，能夠優化供應鏈資金流、降低供應鏈財務成本。

另一類對供應鏈金融的定義，比較強調生態圈建立對財務和資金的優化，具有代表性的人物是邁克爾·拉莫洛克斯（Michael Lamoureux, 2007），他認為供應鏈金融是一種在核心企業主導的企業生態圈中，對資金的可得性和成本進行系統優化的過程。這種優化主要是通過對供應鏈內的信息流進行歸集、整合、打包和利用的過程，並嵌入成本分析、成本管理和各類融資手段而實現的。

在供應鏈金融研究中，霍夫曼在2005年提出了具有代表性的供應鏈金融的定義，他認為供應鏈金融可以理解為供應鏈中包括外部服務提供者在內的兩個以上的組織，通過計劃、執行和控制金融資源在組織間的流動，以共同創造價值的一種途徑（見圖1-2）。

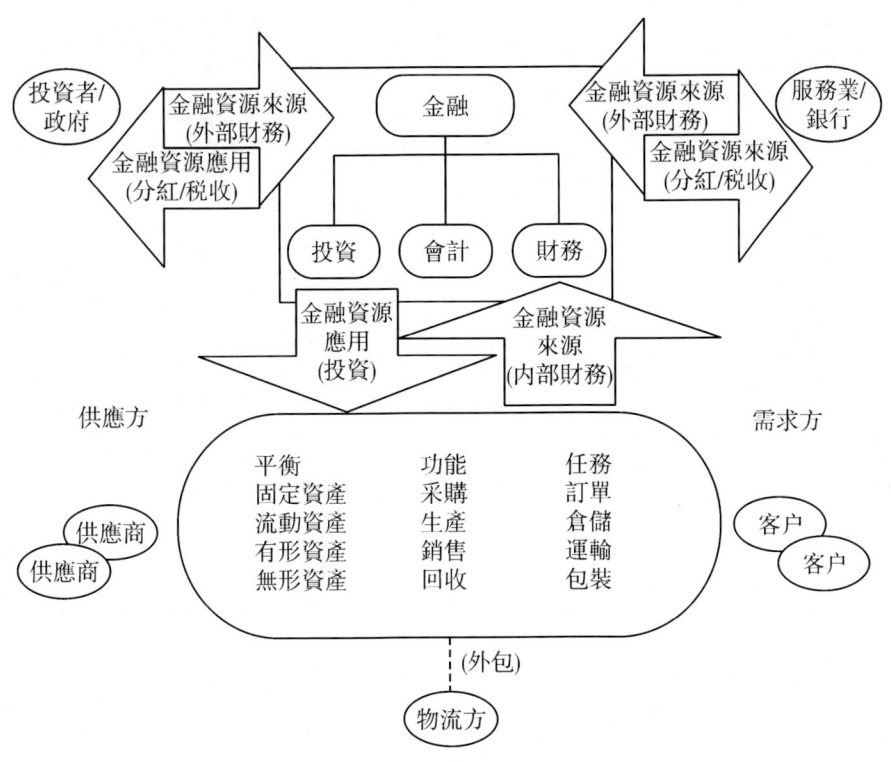

圖1-2　供應鏈金融的整體構架

（2）國內對供應鏈金融的理解

近些年來，供應鏈中的資金流管理日益受到國內各行業的關注。很多學者探討了供應鏈融資服務的商業模式（楊紹輝，2005；鄭鑫，蔡曉雲，2006；閆俊宏，許祥秦，2007），復旦大學管理學院的陳祥鋒、石代倫等人於2005年、

2006年發表了一系列文章，對融通倉進行了介紹，包括融通倉的概念特徵、結構、運作模式及其應用等。在對供應鏈金融的內涵與特徵的界定方面具有代表性的研究主要有：

楊紹輝（2005）從商業銀行的角度出發，給出了「供應鏈金融」的定義：供應鏈金融是為中小型企業量身打造的一種新型融資模式，它將資金流有效地融合到供應鏈管理中來，既為供應鏈上各個環節的企業提供商業貿易資金服務，又為供應鏈上的弱勢企業提供新型貸款融資服務。

閆俊宏、許祥秦（2007）研究了基於供應鏈金融的中小企業融資，分析了其在解決中小企業融資難等問題上的優勢，並提出了供應鏈金融的三種基本模式，即應收帳款融資模式、存貨融資模式和預付帳款融資模式，對各模式的特點、流程進行了介紹。

蔣婧梅、戰明華（2012）認為中小企業由於其自身缺乏抵押物、信息不透明等問題，長期以來面臨著融資難的發展瓶頸。隨著科技水準、物流業、供應產業鏈的發展，供應鏈金融這一創新產品以其獨特的優勢成為商業銀行新的業務領域。

國內關於供應鏈金融定義的普遍觀點認為，供應鏈金融是指「以核心客戶為依託，以真實貿易背景為前提，運用自償性貿易融資的方式，通過應收帳款質押登記、第三方監管等專業手段封閉資金流或控制物權，從而為供應鏈上下游企業提供的綜合性金融產品和服務」。供應鏈金融是一種獨特的商業融資模式，依託於產業供應鏈上的核心企業對單個企業或上下游多個企業提供的全面金融服務，以促進供應鏈上核心企業及上下游配套企業「產→供→銷」鏈條的穩固和流轉順暢，降低整個供應鏈運作成本，並通過金融資本與實業經濟的協作，構築銀行、企業和供應鏈互利共存、持續發展的產業生態。這種定義和觀點被深圳發展銀行概括為「M+1+N」，即依託核心企業「1」，為其眾多的供應商「M」和眾多的分銷商或客戶「N」，提供綜合金融服務。因此從這個意義上來講，國內理解的供應鏈金融大多是指金融機構根據產業特點，圍繞供應鏈上的核心企業，並基於交易過程向核心企業及其上下游相關企業提供的綜合金融服務。

（3）國內外對供應鏈金融理解的異同

國內外對供應鏈金融界定的相同點，主要體現在：

第一，無論是國內學者的研究還是國外學者的研究，將供應鏈與金融相結合的方式都是首先從供應鏈融資開始的。供應鏈融資是供應鏈金融最基礎的功能，是最容易將供應鏈帶來的整合優勢轉化為資源的方式。無論是國內學者還

是國外學者，都將其作為供應鏈金融的基本模型進行研究。

第二，雖然國外的供應鏈金融研究已經開始從供應鏈融資領域擴展到動產融資、訂單週期管理和營運資本管理中，而國內的研究還僅僅局限於供應鏈融資之中，但是對於基礎的供應鏈融資產品來說，其運行的機理邏輯和模式還是基本一致的。根據其質押物的性質及交易的先後順序，其融資模式可以分為應收帳款融資、倉單融資和已付帳款融資。

在看到相同點的同時，我們發現國內外學者對供應鏈金融的認識也有一定的差異。這既與國內外學者和實業界對供應鏈金融領域的研究和實踐的歷史不同有關，也與中國特殊的經濟環境有關，在一定程度上還與中國的供應鏈融資實踐和供應鏈融資研究的相互促進有關。

國內外對供應鏈金融理解不同。國內學者大都僅僅看到供應鏈金融的一個側面，即將供應鏈的融資功能作為供應鏈金融的全部。國外學者對供應鏈金融的理解要更為廣泛，其視角不僅僅局限在融資這一功能之上，還加入了對資本結構、成本結構和資金流週期等問題的研究，從更加整體的視角看待供應鏈金融問題。正如霍夫曼在 2005 年提出的供應鏈金融框架（見圖 1-2）所示，國外研究者從供應鏈金融的多個層面考慮供應鏈問題：不僅在融資渠道上將視角拓展到對所有者和政府融資以及企業內部融資，而且將金融資源的使用問題也加入了研究範圍之內，同時從資產結構的視角、供應鏈功能和任務的視角，多方面地考察了供應鏈金融問題。而國內的研究仍局限在對供應鏈內金融機構的融資方面，顯然在研究領域上要窄於國外。國內外在對供應鏈金融理解的廣度上也存在一定的差異。縱觀國內對於供應鏈金融的探索，大多數的定義和理解都是站在金融機構的角度，或者更確切地說，是從商業銀行的視角來介紹供應鏈融資的模式、概念和特徵。而國外對於供應鏈金融的研究則相對廣泛，它不僅包括了商業銀行在內的金融機構，還包括了供應鏈產業企業的金融性行為。

基於上述理解，有一點需要闡明，如今很多國內學者提出的用基於核心企業的「M+1+N」綜合性金融模式來概括供應鏈金融的方法，從嚴格意義上來講是不夠準確的。這是因為：第一，這種模式只是眾多供應鏈金融模式中的一種，而且它比較符合由金融機構或者商業銀行主導的供應鏈金融，因為商業銀行或金融機構並不直接從事供應鏈產業的運行和管理。在某種意義上它們是依託產業的供應鏈運行來進行融資、風險管理和收益管理的，因為作為金融機構或商業銀行，必須依託一個核心企業通過整個貿易和經營過程來掌控信息流、商流和物流，或者說這個核心企業「1」的作用足以使金融機構獲取相應的資訊，並控制產業鏈風險。然而不是所有的供應鏈金融都是由商業銀行或金融機

構主導的，其中的參與者或推動者也包括生產企業、貿易企業、互聯網公司以及物流公司等，它們本身就是產業鏈中的企業，為其上下游企業進行綜合性的金融服務，實現金融與產業要素的高度結合，在這種狀況下很難說這是一種「M+1+N」模式，或者說很難界定誰是其中的「1」。第二，供應鏈金融是一種基於供應鏈運行而產生的綜合金融業務，一定依託於整個供應鏈參與者之間的協同與合作。企業與企業之間如果缺乏合作的基礎，或者說合作的平等性和交互性一旦喪失，那麼供應鏈金融就會名存實亡。所以，不能說誰是供應鏈的唯一核心或主導，而其他企業或組織是依附在「1」的基礎上的「M」或「N」。

綜上所述，結合國內外對供應鏈金融理解的異同，我們認為供應鏈金融是一種集物流運作、商業運作和金融管理於一體的管理行為和過程，它將貿易中的買方、賣方、第三方物流以及金融機構緊密地聯繫在了一起，實現了用供應鏈物流盤活資金，同時用資金拉動供應鏈物流的作用；而在這個過程中，金融機構如何更有效地嵌入供應鏈網絡，與供應鏈經營企業相結合，實現有效的供應鏈資金運行，同時又能合理地控制風險，成為供應鏈金融的關鍵問題。

1.1.1.2 供應鏈金融的特點

從產業供應鏈的角度出發，供應鏈金融的實質就是金融服務提供者通過對供應鏈參與企業的整體評價（行業、供應鏈和基本信息），針對供應鏈各渠道運作過程中企業擁有的流動性較差的資產，以資產所產生的確定的未來現金流作為直接還款來源，運用豐富的金融產品，採用閉合性的資金運作模式，並借助仲介企業的渠道優勢，來提供個性化的金融服務方案，為企業、渠道以及供應鏈提供全面的金融服務，從而提升供應鏈的協同性，降低其運作成本。具體來看，供應鏈金融的特點有：

（1）現代供應鏈管理是供應鏈金融服務的基本理念

供應鏈金融是一種適應新的生產組織體系的全方位金融性服務，特別是融資模式，它不單純依賴客戶企業的基本面資信狀況來判斷是否提供服務，而是依據供應鏈整體運作情況，從企業之間真實的貿易背景入手，來判斷流動性較差的資產未來的變現能力和收益性。通過融入供應鏈管理理念，我們可以更加客觀地判斷客戶企業的抗風險能力和營運能力。可以說，沒有實際的供應鏈做支撐，就不可能產生供應鏈金融，而且供應鏈運行的質量和穩定性，直接決定了供應鏈金融的規模和風險。

（2）大數據對客戶企業的整體評價是供應鏈金融服務的前提

整體評價是指供應鏈服務平臺分別從行業、供應鏈和企業自身三個角度對客戶企業進行系統的分析和評判，然後根據分析結果判斷其是否符合服務的條

件；行業分析主要是考慮客戶企業受到的觀經濟環境、政策和監管環境、行業狀況、發展前景等因素的綜合影響；供應鏈分析主要是評判客戶所在供應鏈的行業前景與市場競爭地位，企業在供應鏈內部的地位，以及與其他企業間的合作情況等信息；對企業基本信息的評價主要是為了瞭解其營運情況和生產實力是否具備履行供應鏈合作義務的能力，是否具備一定的盈利能力與營運效率，最為重要的就是掌握企業的資產結構和流動性信息，並針對流動性弱的資產進行融通可行性分析。顯然，上述所有信息都有賴於大數據的建立，大數據指的是某事物所涉及的數據量規模巨大，以至於無法通過人工在合理的時間內實現截取、管理、處理並整理成為人類所能解讀的信息的數據。事實上，供應鏈運行中的每一筆交易、每一項物流活動，甚至每一個信息溝通都是數據，通過篩選、整理、分析所得出的結果不僅是簡單客觀的結論，而且能幫助企業提高經營決策的能力。收集的數據還可以被規劃，從而引導供應鏈金融活動的產生。

（3）閉合式資金運作是供應鏈金融服務的剛性要求

供應鏈金融是對資金流、貿易流和物流的有效控制，使注入企業內的融通資金的運用限制在可控範圍之內，按照具體業務逐筆審核放款，並通過對融通資產形成的確定的未來現金流進行及時回收與監管，達到過程風險控制的目標。即在供應鏈金融服務運作過程中，供應鏈的資金流、物流運作需要按照合同預定的確定模式流動。

（4）構建供應鏈商業生態系統是供應鏈金融的必要手段

供應鏈金融要有效運行，還有一個關鍵點就在於商業生態網的建立。1993年，美國著名經濟學家穆爾（Moore）在《哈佛商業評論》上首次提出了「商業生態系統」的概念。所謂商業生態系統，是指以組織和個人（商業世界中的有機體）的相互作用為基礎的經濟聯合體，是由供應商、生產商、銷售商、市場仲介、投資商、政府、消費者等以生產商品和提供服務為中心組成的群體。它們在一個商業生態系統中發揮著不同的功能，各司其職，但又形成了相互依賴、共生的生態系統。在這一商業生態系統中，個體雖由不同的利益驅動，但身在其中的組織和個人互利共存，資源共享，注重社會、經濟、環境綜合效益，共同維持著系統的延續和發展。供應鏈金融運作過程也涉及商業生態的建立，包括管理部門、供應鏈參與者、金融服務的直接提供者以及各類相關的經濟組織，這些組織和企業共同構成了供應鏈金融的生態圈，如果不能有效地建構這一商業生態系統，或者說相互之間缺乏有效的分工，不能承擔相應的責任和履行相應的義務，並且進行即時的溝通和互動，那麼供應鏈金融就很難開展。

(5) 企業、渠道和供應鏈，特別是成長型的中小企業是供應鏈金融服務的主要對象

與傳統信貸服務不同，供應鏈金融服務運作過程中涉及渠道或供應鏈內的多個交易主體，供應鏈金融服務提供者可以獲得渠道或供應鏈內的大量客戶群和客戶信息，因此可以根據不同企業、渠道或供應鏈的具體需求，定制個性化的服務方案，提供全面的金融服務。供應鏈中的中小企業，尤其是成長型的中小企業往往是供應鏈金融服務的主體，通過供應鏈金融服務，這些企業的資金流得到優化，從而提高了經營管理能力。在傳統信貸模式下中小企業存在的問題，都能在供應鏈金融模式下得到解決（見表1-1）。具體來講，在傳統金融視角下，中小企業由於規模較小、經營風險大，甚至財務信息不健全，存在信息披露不充分、信用風險高的狀況。而且一般觀點常常認為中小企業道德風險大、存在機會主義傾向，最終使得成本收益不經濟。而在供應鏈金融視角下，上述問題都不存在，一方面，由於中小企業嵌入在特定的供應鏈網絡中，供應鏈網絡的交易信息以及供應鏈競爭力，特別是供應鏈的成員篩選機制使信息披露不充分以及信用風險高這些問題得以解決；另一方面，由於供應鏈成員都會對其上下游進行嚴格、動態的監督，供應鏈信息的及時溝通與交換，以及靈活多樣的外包合作，不僅控制了機會主義和道德風險，而且降低了運行的成本，增加了供應鏈金融的收益。

表1-1 傳統金融和供應鏈金融視角下對中小企業認知的差異

傳統金融視角下的中小企業	供應鏈金融視角下的中小企業
信息披露不充分	供應鏈中的交易信息可以彌補中小企業的信息披露不充分、採集成本高的問題
信息風險高	供應鏈成員中的中小企業要成為供應鏈運行中的參與者或合作夥伴，往往有較強的經營能力，而且其主要的上下游合作者有嚴格的篩選機制，因此信用風險低於一般意義上中小企業的風險
道德風險高	供應鏈中對參與成員有嚴格的管理，亦即認證體系，中小企業進入供應鏈是有成本的，資格本身也是資產。聲譽和退出成本降低了道德風險
成本收益不經濟	借助供應鏈可以降低信息獲取成本，電子化、外包也可以降低一部分成本

（6）流動性較差的資產是供應鏈金融服務的目標

在供應鏈的運作過程中，企業會因為生產與貿易，形成存貨、預付款項或應收款項等眾多資金沉澱環節，並由此產生了對供應鏈金融的迫切需求，所以這些流動性較差的資產就為服務提供商或金融機構開展金融服務提供了理想的業務資源。但是流動性較差的資產要具備一個關鍵屬性，那就是良好的自償性。這類資產會產生確定的未來現金流，如同企業經過「輸血」後，成功實現「造血」功能。供應鏈金融的實質，就是供應鏈金融服務提供者或金融機構針對供應鏈運作過程中，企業形成的應收、預付、存貨等各項流動資產進行方案設計和融資安排，將多項金融創新產品有效地在整個供應鏈的各個環節中靈活組合，並提供量身定制的解決方案，以滿足供應鏈中各類企業的不同需求，在提供融資的同時幫助提升供應鏈的協同性，降低其運作成本。

1.1.2 實體經濟的內涵

實體經濟是指人通過思想使用工具在地球上創造的經濟，具體指物質的、精神的產品和服務的生產、流通等經濟活動；既包括農業、工業、交通通信業、商業服務業、建築業、文化產業等物質生產和服務部門，也包括教育、文化、知識、信息、藝術、體育等精神產品的生產和服務部門。實體經濟始終是人類社會賴以生存和發展的基礎。

當前，中國經濟增長仍存在下行壓力，穩增長、調結構、促改革、惠民生和防風險的任務還十分艱鉅，全球金融市場近期也出現了較大波動，需要更加靈活地運用貨幣政策工具。為此，央行決定，自2015年8月26日起，實施降息及「普降+定向」降準的「雙降」組合措施。一年以來，央行已累計進行4次降息、降準。此時降準降息，主要是為了進一步降低社會融資成本，支持實體經濟持續健康發展。同時，根據銀行體系的流動性變化，適當提供長期流動性，可以使流動性保持在合理範圍內。

傳統的觀點認為，實體經濟就是指那些關係到國計民生的部門或行業，最典型的有機械製造、紡織加工、建築安裝、石化冶煉、種養採掘、交通運輸等行業。實體經濟的特點可以歸納為以下四點：有形性、主導性、載體性、下降性。其功能可以歸納為以下三點：

（1）提供基本生活資料

古往今來，人們的日常生活離不開各式各樣的生活資料，而這些生活資料就是由各式各樣的實體經濟生產出來的。實體經濟的生產活動一旦停止，人們各式各樣的消費活動也就得不到保障。

（2）提高人的生活水準

人們不僅要生存，還要發展，即人們不僅要生活，還要生活得更好。保證人們生活得更好的物質條件，是由各式各樣的更高水準的實體經濟創造出來的。如果實體經濟的更高級的生產活動停止了，那麼，人們就從根本上失去了提高生活水準的基礎。

（3）增強人的綜合素質

人們不僅要生活得更好，還要使自己的素質得到全面的增強，如果實體經濟的一些特殊活動形式停止了，那麼，人們也同樣會從根本上失去增強綜合素質的根基。

1.1.3 創新供應鏈金融的初衷

供應鏈金融是在金融業固有局限性以及經濟不斷發展的產物，是解決中小微企業融資困境、幫助金融機構擴大利潤來源及增強競爭力的有力途徑，因此也受到了國家政策的諸多扶持。創新供應鏈金融的初衷之一就是要服務實體經濟，為中小微企業提供包括資金融通在內的多項服務，以保障其繁榮、可持續發展。因此，必須嚴把供應鏈金融合規關口，防止供應鏈金融背離發展初衷，並監管發展過程中的相關風險，分別做好產業、金融以及產業與金融結合的發展，促進供應鏈金融的優化和發展。尤其要注意，在產業與金融進行融合，即發展供應鏈金融的進程中，必須杜絕高利貸思想，防止企業因覬覦金融高收益，而直接提供資金，特別是核心企業為了獲取利差，甚至可能通過傳統金融信貸獲得較低成本的資金，又以高成本提供給上下游中小企業，也就是將參與供應鏈金融作為高投資收益的來源。顯然，這違背了供應鏈金融服務實體經濟的初衷，更不利於供應鏈金融的穩定和可持續發展。

隨著社會分工程度的加深，供應鏈上的參與主體也擁有各種相對優勢。一般而言，企業是信用信息的創造者；金融機構是信息傳遞者和資金供給者；平臺服務商為業務實施提供便利，降低交易成本；科技公司提供技術保障，幫助供應鏈參與者更好地管理風險，促進資金在供應鏈中的流動。在供應鏈金融業務的具體操作過程中，首先要注意專款專用，防止資金濫用，構建能夠有效促進中小微企業獲得融資的機制。其次，要平衡供應鏈金融服務實體經濟與金融風險的關係。當前，中央和地方政府都出抬了相關的保障金融業迴歸產業的政策措施，來引導金融機構更好地服務中小微企業，為供應鏈金融發展指明了方向。供應鏈金融業在謀求自身發展的同時也應承擔起相應的社會責任。一方面要切實、有效地服務於有競爭力的中小微企業，將資金輸送到研究和生產領

域，明辨虛假交易騙取資金和以投資理財為目的的融資需求；另一方面，雖然大力扶持中小企業發展，為其提供融資服務是供應鏈金融的重要作用，但是也要避免盲目放貸，金融機構自身和金融監管機構都應該意識到，中小微企業的經營狀況、競爭力情況和資信狀況等參差不齊，一味以金融機構放貸量為指標的評價標準，可能會造成金融機構不良貸款率的提升。因此，在提供供應鏈金融服務之前，需要有效分析中小微企業的相關水準，然後有針對性地提供包括資金融通在內的相關服務，這既是出於對供應鏈金融維護自身安全和穩定的考慮，也體現了供應鏈金融的創新初衷和社會責任。

在中國經濟迅猛發展的同時，部分的行業發展相對滯後，以農業為例，截至2016年，中國擁有耕地面積20.24億畝（1畝≈666.67平方米），占世界耕地面積的7%，居世界第3位；鄉村人口占總人口的比重為42.65%；然而，農、林、牧、漁業總產值僅占國內生產總值的15.07%。供應鏈金融是為了彌補傳統金融對中小微企業等服務的不足而出現的金融創新，因此，處於劣勢地位的行業、企業和農戶應該成為供應鏈金融服務的重點對象，而打造更專業的農業供應鏈和再循環產業供應鏈等，通過供應鏈服務和金融重塑產業競爭力，則是供應鏈金融發展的努力方向和未來趨勢。

1.2　供應鏈金融服務實體經濟的現狀

在當前國際經濟形勢下行的大環境下，中國為了保障經濟平穩發展，從宏觀到微觀層面均採取了一系列舉措，鼓勵創業、推動創新已經成為經濟前行的重要思想。然而，傳統金融模式所固有的缺陷，例如單一的徵信方式、歷史遺留的高壞帳率等，使得銀行缺乏競爭力；中小微企業又因為自身存在財務信息不透明、信用憑證缺失等問題，融資困境難以突破，企業發展受到限制。可以說，傳統的信貸模式已經無法充分滿足當下的經濟需求，為了更好地服務於實體經濟的發展，需要突破信貸瓶頸，對金融業進行積極創新，由此更為靈活便捷的供應鏈金融模式應運而生，並在實踐中不斷改革。從全球範圍來看，中小企業融資難、融資貴的現象均普遍存在。雖然供應鏈金融在中國還不完善，但是其快速的發展已經讓眾多中小企業受益匪淺，也為傳統金融機構創造了新的增長點。不可否認，作為一種新的金融服務，供應鏈金融受限於行業、技術、法律等環境因素，還有很大的提升和完善空間，但供應鏈金融給企業乃至宏觀經濟增長和國家競爭力帶來的促進作用是顯而易見的。

1.2.1 中小企業融資現狀分析

自改革開放以來,中國經濟跨越式的發展取得了舉世矚目的成果,其中中小企業成長迅速,並對國民經濟的發展做出了巨大貢獻。根據《2017—2022年中國企業經營項目行業市場深度調研及投資戰略研究分析報告》,中國中小企業的數量占到了企業總量的99%,創造的價值占到了國內生產總值(GDP)的60%,並且貢獻了50%的稅收、吸收了80%的城鎮就業。可見,中小企業是市場的主體,是增加就業的重要載體,並在對外貿易中佔有絕對優勢,中小企業的發展不僅僅關係著其自身的未來,對經濟的發展和國家的穩定也具有重要意義。然而,在現實經濟運行中,中小企業融資困境重重,在一定程度上導致了企業創新和可持續發展能力較差,使得中小企業競爭力下降,影響了中小企業健康發展。

1.2.1.1 中小企業融資的階段性特點

根據企業生命週期理論,企業的發展過程一般分為發展、成長、成熟、衰退等幾個階段。首先,以民營企業為代表的中小企業,在最初的發展階段一般依賴於自有資金。此時的企業大部分規模較小、資本較少,獲得外部融資的能力很弱。企業僅靠自有資金發展,中小企業一旦出現風險事件,可能導致資金鏈斷裂,甚至破產。其次,達到成長階段之後的中小企業,經過初創期的發展,自身經營條件逐步改善,市場競爭力有所提高。因此,部分中小企業能夠獲得外部資金支持,例如民間融資和小型金融機構融資等,但這種形式的外部融資成本較高,增加了中小企業的經營風險,限制了企業的發展。最後,走向成熟期的中小企業,經濟實力和市場佔有率都有大幅提升,規模也不斷擴大,此時的資金需求量較之前也更大,金融機構的支持對中小企業至關重要,與此同時金融業也能得到有效發展,最終實現共贏。

1.2.1.2 中小企業融資需求的動機分析

在融資需求的動機方面,中小企業與其他企業具有共性,同時也有自身的特點。首先,中小企業的競爭力大部分來自技術和創新,即中小企業一般具有較強的研發能力和創新能力。然而,隨著市場競爭的演進、技術的不斷更新,產品頻繁升級換代,為了保持市場佔有率,企業需要不斷進行創新和研發。其次,一般而言固定資產投資對中小企業的影響較大,尤其對於處於成長過程中的中小企業,長期投資往往需要外部融資的支持。最後,在整個生產經營環境中,中小企業一般處於供應鏈的底端,在交易中談判地位較低,容易受到資金壓迫形成應收帳款,從而在日常營運過程中有流動性資金需求。總體來說,中

小企業的融資需求較大，而資金需求無法完全滿足，常常成為阻礙中小企業發展的主要因素。

1.2.1.3　中小企業融資困境分析

中小企業融資難已經成為公認的現實，要解決這個全球性的難題，首先要厘清造成該問題的原因。根據已有的相關研究和現實經濟的情況，造成中小企業融資難的因素是多樣且複雜的。首先，中小企業數量雖然占據了市場上的絕對優勢，但是根據2018年6月14日「陸家嘴金融論壇」上央行行長的報告，美國中小企業的平均壽命為8年左右，日本中小企業的平均壽命為12年，而中國中小企業的平均壽命僅為3年左右。中小企業固有的規模小和易變性等特點，尤其是很多私營企業，大部分都存在管理和制度問題，以及經營者素質較差等，諸多因素都增加了融資難度。其次，企業與金融機構間存在信息不對稱。中小企業由於自身的原因，往往不具備完善的財務報表和相關的憑證，導致金融機構對中小企業的審查較為困難，對後續的即時監管更不容易，而企業在經營過程中出現違背用款承諾的事件，甚至可能因破產無力支付或惡意拖欠，導致金融機構產生壞帳。因此，銀行等金融機構為規避風險，會提高貸款門檻，寧願減少利潤來源也不貸款給中小企業，這就造成其融資難度增大。最後，中小企業擁有的用於授信的抵押品不足，因為對機器設備、存貨、應收帳款的監管成本較高，而中小企業一般又不具備土地、房產等資產，所以金融機構不願對其進行抵押貸款授信。

1.2.1.4　物流企業發展現狀

物流企業是指從事運輸或倉儲經營業務，並能夠根據客戶需求進行運輸、儲存、裝卸、包裝、流通加工、配送等組織和管理，實行獨立核算、獨立承擔民事責任的經濟組織。以快遞業為例，中國快遞業自2014年超過美國後已經躋身全球榜首，2018年，中國快遞業務量突破500億件，對世界快遞增長貢獻率超過50%。中國成為全球快遞業強國，離不開各個快遞企業的順利發展，其中，電商平臺快速發展、農民工進城帶來的勞動力紅利，以及移動互聯網、物聯網和移動支付的技術加持，都促進了快遞市場蓬勃向上。特別地，順豐等7家龍頭快遞企業成功上市，加深了與金融領域的合作共贏。與此同時，我們也要看到光環下的不足，應當重視成本管理問題，儘管中國物流業降本增效已提出近4年，物流業也有了長足的進步，但是2018年倉儲成本占GDP的比重同比增加了0.3%，管理成本占比同比增加了0.1%。雖然導致成本上升的因素較多且複雜，如土地成本和勞動力成本上漲等，但是物流業自身管理也存在一定的問題，資源配置優化還未發揮應有的作用。

中國的物流市場具有良好的外部環境和經濟基礎。首先，中國已經成為全球第二大經濟體，同時也是全球第二大消費市場，進出口貿易量和進出口貿易額均排名全球第一。其次，從物流數據來看，全球吞吐量前十位的港口中有七個來自中國，2018年全國營業性貨運量達到506.29億噸，營業性貨物週轉量達到199,385億噸公里，均為美國的3~4倍。雖然近年來中國人力資本成本有所上升，但是中國整體物流市場的勞動力紅利仍然存在。然而，中國僅快遞市場表現較為良好，物流業的整體現狀依然是成本高企、效率較低，其內部根源在於行業集中度不足、市場價格體系扭曲、產業供應鏈失衡等系統性問題。當前，在中國公路貨運行業中，貨車司機數量達3,000萬人，載貨汽車達1,500萬輛，公路貨運企業共計750萬家，而行業集中度卻僅有1.2%；此外，貨營運收前10名的快運企業，其業務量占比達75%，其行業集中度卻僅有3%，而美國前10名的行業集中度則為78%。簡單而言，公路貨運行業集中度低的原因主要包括：①貨運市場不規範，超載、超限、超低價和現金交易的公路貨運交易模式，不能滿足規模企業經營的標準。②貨運企業在交易中一般處於劣勢地位，部分過長的支付帳期，遏制了貨運企業規模的增長。③激勵機制和內部制度不完善，容易出現尋租行為，將市場讓渡給小型或個體民營企業。2017年鐵路貨運量占比僅有7.8%，儘管有「公轉鐵」運輸結構調整國家戰略助力，但是2018年鐵路貨運量占比也僅增加到了7.95%。近年來，中國開始重視集裝箱多式聯運，但該領域仍然是中國物流業的短板，2018年港口集裝箱鐵水聯運量為450萬傳輸擴展單元（TEU），但港口集裝箱吞吐量占比依然僅有1.8%，而美國的集裝箱海鐵聯運占比卻高達49.5%，可見還有較大的差距和進步空間。物流園區的打造為物流業的發展帶來了新的動力，然而包括物流園區在內的倉儲部分，仍然是物流業發展中的短板之一。中國人均倉儲面積僅為美國的1/6，但倉儲閒置率反而超過美國40%，物流園區的實際營運情況並不樂觀，多數規模以上物流園區的物流強度和經營收益遠低於規劃預期。

1.2.2 供應鏈金融發展現狀

供應鏈管理理論於20世紀90年代提出來，在實踐過程中形成了由金融企業切入的供應鏈金融管理理論。中國的供應鏈金融業務起源於廣東的深圳發展銀行，由最初的動產和權利質押授信到供應鏈金融品牌推出。雖然供應鏈金融在中國出現的時間不長，但是已經得到了快速的發展，例如上海浦東發展銀行的浦發創富業務、中信銀行的銀貿通業務、興業銀行的金芝麻業務等。

近年來，中小企業融資難、融資貴的問題得到了廣泛關注。切實解決中小

企業發展瓶頸，增加其融資可得性，增強中小企業的抗風險能力和市場競爭力，促進中小企業可持續發展，成為中國經濟發展的重要舉措之一。根據國家統計局的數據，2006年至2015年，中國工業企業應收帳款淨額年均複合增長率為15.6%，增幅超過300%；工業企業存貨複合增長率為12%，增幅為180%，為國內供應鏈金融的開展和成長奠定了良好的基礎。當前，供應鏈金融已經成為各金融機構和企業擴大發展空間、提高自身核心競爭力的重要對象，也增加了有發展前景卻受限於資金困境的中小企業成功的機會。世界銀行2018年發布的《中小微企業融資缺口：對新興市場微型、小型和中型企業融資不足與機遇的評估》報告顯示，中國小微企業潛在融資需求達4.4萬億美元，而融資供給僅為2.5萬億美元，潛在缺口高達1.9萬億美元，缺口比重高達43%。可見，供應鏈金融的前景可期，也呈現出了迅猛發展的勢頭，成為銀行有效拓展資產業務、破解中小型企業融資困難的重要途徑，因此，供應鏈金融具有廣闊的發展空間。

1.2.2.1 前期佈局發展狀況

目前，中國整個供應鏈金融服務整體處於發展初期。2006年，深圳發展銀行和浦發銀行均推出了供應鏈金融服務業務，其中，深圳發展銀行推出的供應鏈金融服務基於制度、物流金融、產品、信息及組織管理等平臺，進行了資源整合與統籌；浦發銀行重點關注「供應鏈金融解決方案」，在已有相關經驗與軟硬件基礎的前提下，把握企業供應鏈管理中的國內與國際兩個市場，提升了供應鏈利益方的盈利空間。根據相關統計數據，深圳發展銀行在推行「供應鏈金融」方案後，不斷創新與推行其產品，其貨押融資、票據融資以及能源金融等業務在中國相關領域中均居於領先地位。總體來看，在中國經濟增速整體放緩的壓力下，要著重預防市場活力不足、企業產品積壓、企業主觀或客觀的違約情況增多導致的供應鏈金融出現資金鏈斷裂等問題，避免破壞供應鏈自身的誠信體系。

自2011年以來，隨著後金融危機時代的到來，實體企業特別是中小民營企業的經營狀況每況愈下，加上部分銀行盲目發展、疏於管理，與供應鏈金融有關的貸款逾期、老板跑路等現象時有發生，甚至導致部分金融機構形成了系統性風險，被迫收緊供應鏈金融業務，或者停止供應鏈金融相關業務，供應鏈金融的發展一度陷入困局之中。在2014年，信用體系所出現的問題已經影響到部分供應鏈核心企業，進而出現了波及整條供應鏈的風險。例如，資金鏈斷裂導致的上海鋼貿事件，反應了企業聯保體系存在的問題，如果融資金融在聯保企業可以承受的範圍內，那麼其他企業可以補償，但在超過一定範圍後，出

現的問題便會導致整個供應鏈瞬間崩潰。然而，中小企業對中國經濟和國民生活水準都具有重要影響，我們仍應該看到供應鏈金融對於促進中小企業發展的積極作用，應助推銀行等金融機構優化供應鏈金融服務，搭建對授信雙方更有利的信息互通平臺，促進供應鏈金融為雙方帶來互利共贏的合作。

經過近年來快速的發展，中國供應鏈金融取得了一定的成果。例如，以民生銀行為代表的金融機構，為了發展供應鏈金融，以行業為分類標準，成立了專業化的事業部，打破區域限制，系統推動供應鏈金融的發展。上海銀行依託「上行 e 鏈」在線供應鏈金融服務平臺，推出了「供應鏈金融助力普惠金融業務方案」，通過與核心企業深度對接，搭建平臺共享客戶和數據，為供應鏈上的中小企業提供即時的金融服務，包括資金融通、支付結算、現金管理、跨境金融、財資管理等。然而，我們也必須清楚地認識到中國的供應鏈金融仍存在較大的進步空間。最顯著的一點表現在，供應鏈中的供應商等中小企業融資難度大、資金占用情況突出，當前的供應鏈金融還沒完全發揮出幫助其進行資金融通的作用，導致中小企業在生產經營過程中成本居高不下，據估計，國內平均流通成本高於發達國家 40% 以上。此外，中小企業有大量相關需求還未得到滿足，面臨的風險也高於成熟經濟體。

1.2.2.2 供應鏈金融在中國商業銀行中的開展情況

中國供應鏈金融目前正處於快速發展的階段。根據《2017 中國供應鏈金融調研報告》，82% 的受訪企業認為供應鏈金融前景良好；僅有 7% 的受訪企業持悲觀意見，表示可能出現下降趨勢。近期，中國眾多商業銀行對供應鏈金融業務愈加重視並持續推進，而供應鏈金融在服務實體經濟中的應用，隨著時間的積澱和業務的發展，也越來越廣泛和成熟。從商業銀行等金融機構的角度，對中國供應鏈金融實踐應用的生態環境進行考察，能使我們更加明確當下的金融現狀，有利於金融業的發展和加強對中小企業的支持力度。交通銀行在 2010 年推出了「蘊通」供應鏈金融品牌，圍繞汽車、鋼鐵、工程機械、化工、電子電器、醫療、造紙、商業零售、食品加工、成套設備、有色金屬等行業中的核心企業，通過與國內大型物流公司開展質押監管合作、與保險公司開展信用保險合作等方式，為供應鏈中的供應商和經銷商等中小企業提供了高效、便捷且靈活的融資方案，包括保稅倉方案、廠商銀方案、商業承兌匯票融資方案、按揭方案，將供應鏈金融、投資銀行與現金管理結合在一起，打造了一站式的融資方案。

中國農業銀行自 2009 年推出「供應鏈融資易」這一金融品牌以來，不斷在供應鏈金融領域開拓創新，2018 年，其全國系統內首筆純線上個體商戶供

應鏈融資貸款，在杭州良渚支行成功落地，農副產品供應鏈融資是中國農業銀行，以農副產品交易結算和農副產品商戶融資需求為場景依託，基於農副產品核心企業的信用，依據農行網捷貸特色模型，為核心企業的下游批發商提供的一種純線上融資產品。2019 年 5 月 8 日，中國農業銀行正式發布「保理 e 融」產品，該產品主要針對供應鏈上的中小微企業「應收帳款無法快速變現」「銀行信貸難以覆蓋整個供應鏈」等問題，是運用金融科技創新推動供應鏈服務實體經濟的最新成果。簡單而言，這種供應鏈金融的融資形式，主要是通過對核心企業的信用帳款和自償力的把控，從而實現對供應鏈上的多個企業提供融資服務，以此來降低企業銀行融資的門檻，進一步弱化中小企業對企業財務報表的要求，從而將重心轉移到對供應鏈結構的具體細節的分析上。

中國銀行在 2007 年推出了「融易達」「融信達」「通易達」和「融貨達」四個供應鏈金融品牌，分別針對不同的融資需求提供了不同的融資產品和方案。「融易達」適用於以賒銷為付款方式的交易，主要優勢在於能不占用企業授信額度，而為客戶提供融資服務；「融信達」適用於在已經投入信用保險的情況下，規避買方的信用風險和國家風險的客戶；「通易達」適用於缺乏有效抵質押擔保或不希望通過繳納全額保證金的方式，在銀行辦理國際結算及貿易融資業務的企業；「融貨達」適用於以貨物為主要擔保品的企業。中國銀行全球供應鏈金融，正不斷尋求能有效提升供應鏈整體運作效率的方法。在經濟全球化的大背景下，產業的精細化分工程度越來越高，中國銀行為了適應企業日益增加的供應鏈金融管理需求，以貿易金融為基礎，通過產品集成與業務創新，以結構化的融資解決方案，協助核心企業整合管理供應鏈條、實現自身的穩定增長，助力中小企業發展，幫助其獲得更多的融資機會。

1.2.2.3 供應鏈金融技術——區塊鏈的應用

區塊鏈又可稱為「分佈式帳本技術」，工信部發布的《中國區塊鏈技術和應用發展白皮書》將區塊鏈定義為一種按照時間順序將數據區塊以順序相連的方式組合成的鏈式數據結構，並以密碼學方式保證的不可篡改和不可偽造的分佈式帳本，是以分佈式數據儲存，使用點對點傳輸、共識機制等計算機技術的新興應用模式。區塊鏈的主要特點包括：①去中心化。區塊鏈的分佈式處理方式，通過精密的計算機運算，其冗餘性和容錯功能都大大優化，能夠在沒有中心化服務器和中心化管理的條件下安全穩定地運行，從而降低中心化架構的相關成本。②信任程度大幅提升。脫離第三方，以計算機算法對全網記帳與公證的區塊鏈方式，能夠降低信用風險、相關成本和監管費用。③不可篡改。區塊鏈按照時間先後順序形成了不可篡改的加密帳本，一旦信息經過驗證並添加

至區塊鏈，將被永久存儲，確保了區塊鏈數據的可追蹤性、穩定性和可靠性。④開放性。基於開源方式運作的區塊鏈，公開透明程度較高，是實現信息共享、促進創新的有利工具。⑤智能合約。基於區塊鏈形成的合約，生成之後即可自主實施並執行，可自動化審批、授權，在提高效率的同時，還降低了操作風險和相關費用。從類型來看，區塊鏈一般可分為公有鏈、私有鏈及聯盟鏈三種模式。最初，區塊鏈以公有鏈模式為主，如在比特幣中的運用。金融機構參與區塊鏈的形式，一般是聯盟鏈和私有鏈，而前一種形式需要獲得授權，後一種形式的使用範圍僅限於內部。

眾所周知，供應鏈營運過程，包含訂貨、進貨、採購、生產、銷售、售後服務等一系列數量較多且複雜的環節，必須依賴於上游供應商、中間商、第三方服務商、核心企業、下游銷售商等各方參與者的協同運作、有效溝通和順利傳導。然而，眾多的參與者和營運流程，容易導致供應鏈中龐大的數據量在傳遞過程中出錯甚至消失。因此，基於安全性、穩定性和不可篡改性特徵的區塊鏈技術，有利於將物流、信息流、價值流進行整合，形成協同的供應鏈體系，提高供應鏈整體運行的效率。例如，在採購階段，上游供應商將生產信息、產品標籤、生產商使用原材料的年產量信息等，登記到區塊鏈中以確保信息的真實性和可追溯性；在製造階段，將製造企業、製造時間等關鍵信息記錄到區塊鏈中；在銷售階段，為產品生成具有唯一性的標籤，通過記錄到區塊鏈中的標籤，可以瞭解產品的各種關鍵信息。

供應鏈金融作為金融領域的創新模式，如果在運作時依賴於工作人員來處理、審閱、驗證業務相關交易單據和紙質文件等，就會容易出現操作風險事件和業務錯誤率。此外，隨著人力資本成本越來越高，在業務處理過程中人為介入越多，資金和時間成本就越高。區塊鏈技術的引入能夠有效解決供應鏈金融的上述問題，利用區塊鏈去中心化的帳本分享文件，產生的智能合約在達到預定時間和結果時會自動執行，同時，由於區塊鏈技術具有不可篡改性，系統能夠運用對比分析識別帳本的真偽，其不可篡改性也為供應鏈金融的交易提供了一個更為安全的交易環境。因此，區塊鏈技術的運用，能夠使供應鏈金融中的所有參與主體，減少對人工的依賴程度，提高業務效率，降低操作風險發生的概率，從而提升金融機構和供應鏈中企業的經營效益。

1.2.2.4 基於第三方電子交易平臺的供應鏈金融服務

隨著科學技術的進步，新技術在供應鏈金融模式中的應用也越來越多，包括互聯網技術、大數據技術、物聯網技術以及前文提到的區塊鏈技術，從而有效促進了供應鏈金融業的發展。縱觀互聯網金融的發展歷程，基於第三方電子

交易平臺，主要有「網絡聯保」「金銀島」「一達通」三種模式。其中，「一達通」模式始於 2003 年，主要針對中小微企業提供無抵押、無擔保、零門檻的融資服務，其最主要的特點在於，利用在線的互聯網操作系統，為企業提供即時的金融服務，能夠讓客戶隨時隨地瞭解產品、資金、物流等相關情況，減少了時間成本和資金成本，為有國際貿易業務的企業提供的便利性尤為突出，為中小企業解決融資難問題提供了幫助。2010 年，「一達通」加入了阿里巴巴，形成了一站式的外貿供應鏈服務體系。「網絡聯保」模式始於 2007 年，該模式提供的信貸業務同樣不需要任何物保，而是通過利用網絡，以人保的形式提供授信，具體而言，需要至少三家企業組成聯盟，共同向銀行申請貸款，聯盟企業之間風險共擔、互保互惠，若其中一家企業發生違約的情況，那麼其他聯盟企業需要代為償還貸款剩餘的本息。網絡聯保模式將網絡作為中小企業和銀行之間的仲介，突破了以往需進行實地考察等信息獲取不便利的瓶頸，在一定程度上解決了銀行與中小企業信息不對稱問題。「金銀島」模式始於 2009 年，中小企業融資難的問題，根源之一在於信息不對稱和信用風險。「金銀島」模式通過倉庫監管，來保證賣家現貨的情況，並通過「交易資金銀行監管系統」來保證資金的交易安全，不僅降低了交易成本，第三方監管的加入，還解決了買賣雙方信用風險的問題。總體而言，該模式將信息流、資金流、物流進行整合，達到了「三流合一」，由金銀島公司與金融機構和物流企業合作，形成閉環交易環境，為企業提供網絡化融資服務，此時風險可控性較高，單筆放款數量大、放款速度快。

1.2.3 供應鏈金融的發展基礎

2018 年，中企雲鏈推出了標準化的電子付款承諾憑證，代表著區塊鏈技術結合供應鏈金融在貿易金融領域的應用。此外，監管機構也開始打造信息化平臺。央行數字票據交易平臺、粵港澳大灣區貿易金融區塊鏈平臺、中銀協「中國貿易金融跨行區塊鏈平臺」以及香港金管局區塊鏈貿易融資平臺相繼上線運行。同年，小米、京東、螞蟻、滴滴等新型經濟體獲準發行供應鏈金融ABS 產品，促進了供應鏈金融的發展。未來，產業信息化和平臺化將有助於產業營運全流程透明化，提高產業鏈的規模和競爭力，降低供應鏈中的風險。2018 年國務院也出抬了《關於積極推進供應鏈創新與應用的指導意見》，指出了供應鏈金融的重要作用，要求重塑全球經貿話語權和全球經貿秩序。總體而言，中國供應鏈金融的發展基礎較好，接下來將從產業發展、風險管控、主體分工協同和科技賦能四個方面進行具體闡述。

1.2.3.1 產業充分發展

近年來，中國一直非常重視防範金融風險，強調金融服務實體經濟的本質，防止經濟脫實向虛。供應鏈金融也是為了更好地服務於實體經濟，促進供應鏈中的企業和金融機構更好地發展的產物，是立足在產業供應鏈基礎上的金融行為。在產業發展的基礎上，充分瞭解供應鏈上各個企業的生產經營情況和相關需求，既是開展供應鏈金融服務的著手點，又是服務實體經濟的重要步驟。供應鏈金融在實體經濟中起到的作用，包括增加資金流動性，促進中小企業融資，幫助供應鏈整體更快更好地發展，其績效評價不能僅僅以金融機構的收益為標準，要更多地以供應鏈整體收益以及產業成本節約為標準。對於產業場景的理解和構建，以及產業發展程度的掌握，是發揮供應鏈金融服務實體經濟的作用、有效管控風險的前提條件。由於供應鏈金融本身具有實施週期長、產品及流程複雜等特點，參與供應鏈金融帶來的回報與投入，在短期內存在錯配的情況。因此，對於參與供應鏈金融的金融機構而言，不能立足於當前收益，需要長遠的眼光，對於供應鏈金融的發展評價也應呈現多維度。一方面，從供應鏈金融發生的時間維度來看，供應鏈金融業務可以分為無實際交易的事前尋源融資、裝運前融資、在途融資以及裝運後融資四個階段。顯然，尋源融資較為特殊，風險也最大，其開展的前提是供需雙方之間的信任和夥伴關係。裝運前融資開展的基礎是採購訂單，以買方的採購訂單為擔保，在產品裝運前尋求資金融通，相對更依賴於供需雙方的信賴關係，其信用風險較高。在途融資開展的基礎是運輸過程中或庫存的商品，具有抵押品的性質，風險相對較低。裝運後融資開展的基礎是應收帳款，其保障是票據、裝運單、提單等，風險最低。另一方面，從擔保物的可獲得性來看，供應鏈金融業務可分為市場型融資和關係型融資。市場型融資類似於傳統信貸模式，其開展的基礎是真實貿易信息或者擔保品，如票據、應收帳款、庫存等，如果出現違約情況，可訴諸法律進行追索，面臨的信用風險較低，也更容易被金融機構評估。而關係型融資開展的基礎是交易雙方根據歷史往來情況建立的關係，缺乏法律上的契約文件和擔保，信用風險非常高，並且風險出現後的補償機制不足。因此，金融機構常常迴避第二種供應鏈金融模式，這類供應鏈金融服務提供者一般是供應鏈中的核心企業，因為其在往來過程中對資金需求方的信用狀況、償還能力等具有足夠瞭解，能最大限度地解決信息不對稱問題，從而能有效評估風險，做出融資決策。

1.2.3.2 風險管控能力

在產業發展的基礎上開展的供應鏈金融服務，雖然從出現之初就定位於為

實體經濟服務，但是其金融屬性也意味著不可避免地存在相關風險。在利益的驅動下，在經濟蕭條時可能出現企業和金融機構紛紛退出供應鏈金融的情況，也可能在經濟過熱時出現企業和金融機構大量湧入的情況，一旦出現違約和「爆雷」事件，供應鏈金融的穩定性就會被打破，甚至受到毀滅性打擊。在實踐過程中，供應鏈金融面臨的風險主要分為五類，包括虛構交易和物流的套利、套匯和套稅行為；重複質押倉單和使用虛假倉單；關聯擔保和自融；利用供應鏈業務多渠道套取資金；借用供應鏈金融之名開展小貸、P2P或者高利貸業務。因此，對供應鏈金融的風險管控能力，直接影響著供應鏈金融的可持續發展和健康營運。

在供應鏈金融的風險防範與管控過程中，重點之一是必須保證交易的真實性，杜絕虛假信息的出現，並在此基礎上建立供應鏈金融風險控制體系。因此，準確識別參與主體、核實交易行為和交易過程是發展供應鏈金融必須具備的規則和掌握的能力。具體而言，要充分理解和掌握供應鏈的結構、流程和管理。首先，供應鏈的特徵之一是多主體協同的鏈式組織結構，其中核心企業基於其業務影響力等，處於結構的關鍵地位，也決定了供應鏈的整體特徵。由於核心企業的管理制度一般較為完善，供應鏈上下游的中小企業通過與核心企業的交易數據和誠信度，能夠在一定程度上彌補信用信息缺失帶來的問題，而雙方交易過程中形成的債權債務關係，也能為金融機構的還款來源提供保障。因此，可以從網絡結構和業務結構方面入手，有效控制供應鏈金融風險，包括業務閉合性、業務的成長性、盈利結構、資產結構等。其次，對供應鏈流程進行管理，就是對具體業務發生的順序和結果進行管理，既要保證供應鏈交易流程順利進行，形成完整的自償邏輯和財務數據，又要注重供應鏈整體及其參與企業的金融管理，形成風險控制的有效手段，保證管理垂直化。最後，增強對供應鏈運行過程中信息的獲取和運用能力，有助於全面瞭解供應鏈企業的情況，也是供應鏈金融風險管理的核心，通過對資金需求方以及供應鏈營運中整體交易信用信息的掌握，能夠有效控制風險。

1.2.3.3 多主體專業分工協同

在供應鏈金融的起步階段，一般以核心企業或者金融機構為導向，依賴於個體推動的融資服務的進行，然而隨著經濟水準的發展和供應鏈業務的深入，金融服務產品更複雜、參與主體更多元，以往僅通過某一個核心企業或者金融機構來驅動供應鏈金融的發展已經不現實。若僅依賴於金融機構，供應鏈金融服務可能存在監管不力的問題，同時也不能滿足供應鏈上全部企業的融資需求；若僅依賴於核心企業，其優勢在於對供應鏈企業的瞭解和信息的掌握，但

缺乏專業的金融運作和管理能力，容易在供應鏈金融服務中出現惡意拖延帳期和金融風險的情況。面對逐漸發展和完善的供應鏈金融，除了需要現代技術和專業化人才的支持，還需要將信息、技術與多主體進行連接，因此，靠任何一個主體來發展供應鏈金融都是不科學的，必須充分結合各方優勢，多主體專業分工協同是供應鏈金融未來更好發展的基礎。具體來講，供應鏈金融的參與主體可分為以企業為代表的業務參與者、以金融機構為代表的流動性提供者、交易平臺服務提供商以及監管者四種類型。首先，企業直接參與供應鏈中的交易活動，是供應鏈金融模式的基礎參與主體。隨著產業服務化的發展，由傳統的核心企業、上下游供應商、採購商等中小企業，擴展到為供應鏈企業提供服務的第三方機構。其次，金融機構是供應鏈金融的資金供給主體，一般包括銀行、基金公司、擔保機構、小貸公司、保險公司和信託企業等機構，具備專業的金融技能，同時也提供風險管理服務。再次，為供應鏈上的參與主體提供軟硬件設施的交易平臺服務商，屬於服務型參與主體，主要是由互聯網企業和產業服務平臺機構組成。最後，以金融科技管理公司為代表的風險管理者，在大量收集和整理供應鏈參與主體的信息後，分析存在的潛在風險，然後對其進行監控和管理。

1.2.3.4 金融科技賦能

互聯網技術和大數據等科技的進步，以及供應鏈金融的發展，逐漸促成了金融科技與供應鏈金融的結合，不僅推動了供應鏈營運的穩定性和高效性，還使得供應鏈金融活動更有效率且活躍。通過金融科技帶來的綜合性信息技術、自動化技術以及整合創新技術，兩個不同行業的融合成為可能，使得供應鏈金融同時具備智能化、可視化和服務化的特徵，並在一定程度上降低了融資過程中信息不對稱的情況。雖然利用金融科技賦能能夠助力供應鏈金融的發展已經成為共識，但是在具體運用過程中還需要注意兩個方面的問題。其一，始終要意識到技術是服務供應鏈金融的一種手段，無論是大數據、區塊鏈還是雲計算技術等，都是為供應鏈金融的各個環節服務的工具，要建構能促進供應鏈參與主體營運和融通服務的技術體系，換句話說，要將金融科技嵌入到供應鏈金融中，任何脫離供應鏈金融場景的技術，都無法對供應鏈金融產生作用。在金融技術對供應鏈金融賦能的過程中，也要注意到其中存在的差異性，包括參與主體的差異、涉及業務的差異、解決問題的差異和期望目標的差異等，要根據供應鏈金融活動的具體情況適時調整使用的技術場景。例如，沒有實際貿易支撐的戰略融資和必須在交易真實性前提下進行的倉單質押融資，顯然存在巨大的差異，前者更重視交易對手的潛在能力和競爭力，而後者更看重交易本身的價

值，需要使用不同的技術來獲取信息並分析信息，以做出最優的決策。總體而言，科技是一種幫助供應鏈金融解決相關問題的工具，在現代的具有高水準的科技構建的技術服務平臺上，能夠實現多主體協作互動，形成良性發展且穩固的供應鏈金融系統，為供應鏈金融服務更好地發展提供了軟硬件基礎。其二，在供應鏈金融信用服務中，科技的運用只能起到仲介作用，是供應鏈參與主體之間各種活動產生的信用信息的媒介，包括交易信息、物流信息、資金信息和經營狀況等，科技本身及其供應商都不能創造信用。在供應鏈金融中融入現代科技，能夠讓信息傳遞更快速、信用情況更為透明，減少因信息不對稱帶來的交易障礙，因此，在將各種技術手段運用到供應鏈金融時，要分清主次，從供應鏈的角度出發，切實做到利用金融科技促進供應鏈參與者之間信息的傳遞，避免為使用技術而使用技術，甚至認為金融科技能顛覆所有的商業模式。

1.2.3.5 產業生態與金融生態的融合

供應鏈金融是基於產業供應鏈的金融活動，其基本特質是立足於供應鏈帶動金融活動，反過來通過金融活動優化產業供應鏈，旨在幫助產業供應鏈上的中小微企業解決現金流問題，通過產業優化，促進產業可持續發展。這一目標意味著供應鏈金融不僅僅是向中小企業提供資金融通服務，解決融資難、融資貴的問題，更在於通過供應鏈和供應鏈中的資金流優化，提升產業組織能力，促進產業持續發展。因此，供應鏈金融的持續發展必然需要金融端的系統化變革，形成良好的生態，全面服務產業。具體來講，金融生態的形成將呈現兩個特點：

第一，銀行類金融機構將形成協同合作網絡來實現供應鏈金融的全面服務。目前供應鏈金融往往是產業端與特定銀行機構之間的合作，但是受制於各銀行對風險的認知和管控能力不同，往往較難適應企業供應鏈各階段、各種狀況所產生的金融服務需求。因此，推進供應鏈金融全面發展需要在兩個方面形成金融服務生態。一方面，不同層級、不同狀態的銀行之間形成有機的合作體系，尋找產業供應鏈服務空間，為產業端提供完整全面的資金解決方案。例如，政策性銀行引導工業化或商業化程度不完善的產業（如農業）推進供應鏈金融，大型國有控股銀行充分利用健全的網絡為中小企業提供全局資金支付、結算、清算、結匯等各類金融服務解決方案，地方城商行包括農村信用社貼近地方產業特點，為產業縱深發展提供定制化的金融服務產品。當各類銀行都能充分發揮各自的資源優勢，從不同方面幫助產業端實現全局供應鏈資金優化時，供應鏈金融就會得到長足發展。另一方面，銀行金融服務生態的形成需要在各銀行機構之間形成有機、協調的風險管控體系。整合與共享供應鏈上中

小微企業的數據信息資源，實現信息在線共享、產品在線服務、非標資產在線交易、政策發布及非現場監管等公共服務功能，特別是運用現代信息通信技術如區塊鏈、物聯網實現網絡化、協同化的供應鏈信息分享、披露，有利於遏制道德風險，降低各銀行信息獲取、處理的成本以及系統性風險。

第二，多金融業態和機構之間將形成良好的合作生態。在目前的供應鏈金融發展階段，大多數業務仍然將金融視為資金借貸，而忽略了金融服務的多樣性和生態性。多樣性意味著金融服務本身具有多種形態，包括銀行、保險、證券、基金、信託、期貨等，這些不同的服務發揮著各自的作用，包括在市場上籌資，將其改變並構建成不同種類的更易被接受的金融資產；代表客戶交易金融資產，提供金融交易的結算服務；自營交易金融資產，滿足客戶對不同金融資產的需求；幫助客戶創造金融資產，並把這些金融資產出售給其他市場參與者；為客戶提供投資建議，保管金融資產，管理投資組合等。生態性指的是這些不同業態的金融機構如何在把握全局供應鏈的基礎上相互協同和融合。由於產業供應鏈活動的複雜性和參與者的多主體性，單一的金融機構或金融產品往往較難滿足產業供應鏈的運行，需要不同的金融機構和金融產品充分協同組合，為產業供應鏈提供全面的金融解決方案，諸如通過投資將分散的行業內中小企業聚合在一起，在確立平臺標準和作業標準的基礎上，通過基金、信託提供產業資金，結合其他融資服務和保險等，促進產業供應鏈的順利運行。這種多金融機構、多金融產品的協同融合，才能真正滿足產業供應鏈差別化運行的價值訴求，促進產業供應鏈的持續發展。當然，要實現這一目標，需要改變各金融機構長期以來因為分業經營而導致的相互阻隔、缺乏協同的狀態，共同在研究產業供應鏈的基礎上，形成協調一致的產品組合，並且綜合性地管控風險。

1.2.4　與中國供應鏈金融有關的法規

為了促進供應鏈金融業的發展，保持有序競爭和維護市場穩定，根據不同的經濟和市場環境，中國出抬了一系列相關的法律法規。2016年2月16日，中央銀行、國家發展和改革委員會、工信部等聯合發布了《關於金融支持工業穩增長調結構增效益的若干意見》，其中「大力發展應收帳款融資」「推動更多供應鏈加入應收帳款質押融資服務平臺」等條款，為供應鏈金融的順利展開和精準發展奠定了產品基礎。2016年11月，商務部、國家發展和改革委員會、工業和信息化部、財政部等十部門聯合發布《國內貿易流通「十三五」發展規劃》強調，要充分發揮內貿流通在國民經濟中的基礎性和先導性作用，

鼓勵流通企業採用投資基金、動產質押等多種方式融資，發揮典當、融資租賃、商業保理等相關行業的補充作用，多渠道籌集內貿流通發展資金，降低企業融資成本，穩步推廣供應鏈金融。2017年3月，中國人民銀行、工業和信息化部、銀監會、證監會和保監會按照《中國製造2025》《國務院關於深化製造業與互聯網融合發展的指導意見》等要求，共同發布了《關於金融支持製造強國建設的指導意見》，旨在為建立健全多元化金融服務體系，推動金融產品和服務創新提供政策基礎，其中強調了發展供應鏈金融服務，鼓勵金融機構依託製造業產業鏈核心企業，積極開展倉單質押貸款、應收帳款質押貸款、票據貼現、保理、國際國內信用證等各種形式的產業鏈金融業務，以有效滿足產業鏈上的中小企業的融資需求。人民銀行、工業和信息化部、財政部和商務部等六部門，於2017年5月發布了《小微企業應收帳款融資專項行動工作方案（2017—2019年）》，為進一步提高對小微企業的金融服務水準，提出發展中小微企業應收帳款融資，普及應收帳款融資知識，引導中小微企業參與供應鏈金融業務，對於有效盤活企業存量資金，提高小微企業融資效率具有重要意義。2017年10月國務院辦公廳印發了《關於積極推進供應鏈創新與應用的指導意見》，要求供應鏈要以客戶需求為導向，整合資源、提高質量和效率，以供應鏈與互聯網、物聯網深度融合為路徑，立足於振興實體經濟，鼓勵金融機構和核心企業以供應鏈金融形式參與到對中小企業的融資服務中。到2020年，要形成一批適合中國國情的供應鏈發展新技術和新模式，以保障供應鏈又快又好地發展，具體而言包括六點任務：①構建農業供應鏈體系，推進產業之間的融合發展。②推進供應鏈協同製造，發展服務型製造，促進製造供應鏈可視化和智能化。③推進流通與生產深度融合，提升供應鏈服務水準，提高流通現代化水準。④推動供應鏈金融服務實體經濟，有效防範供應鏈金融風險，在安全和穩定的環境下發展供應鏈金融。⑤推行綠色流通，建立逆向物流體系，打造全過程、全鏈條、全環節的綠色供應鏈發展體系。⑥積極融入全球供應鏈網絡，提高在全球供應鏈中的地位和發展水準，參與全球供應鏈規則的制定，努力構建全球供應鏈。2018年4月，商業部、工業和信息化部、生態環境部、農業農村部、中國人民銀行、國家市場監督管理總局、中國銀行保險監督管理委員會、中國物流與採購聯合會發布了《關於開展供應鏈創新與應用試點的通知》，在黨的十九大精神和習近平新時代中國特色社會主義思想的指導下，要落實供應鏈體系發展，推進供應鏈創新與應用，高效整合各類資源和要素，提高企業、產業和區域間的協同發展能力，適應引領消費升級，激發實體經濟活力。

1.2.5　中國部分地區供應鏈金融服務現狀

在中國經濟迅猛發展的環境下，產業經濟進程也取得了質的飛躍，企業之間從個體競爭逐漸轉化為產業鏈之間的競爭。通過對信息流、資金流以及物流等進行優化整合的供應鏈關係管理，有利於企業競爭力的提升。目前，中國多個省市對供應鏈金融服務愈加重視，接下來將以江蘇省、黑龍江省和山東省為例，闡述中國地區供應鏈金融服務現狀。

1.2.5.1　江蘇省供應鏈金融服務現狀

2018年上半年，江蘇省進出口總額為20,460.2億元，同比增長9.4%，具體而言，出口總額達12,326.6億元，同比增長7.5%；進口總額達8,133.6億元，同比增長12.4%。其中，一般貿易進出口總額達增長11.2%，占進出口總額的比重進一步提升，達到了49.8%，超過加工貿易11.6個百分點。出口機電產品價值增長8.5%，占同期出口總值的65.7%；紡織服裝、塑料製品、箱包、玩具等產品，占出口總值的16%，同比增長2.1%。在出口規模不斷擴大的背景下，製造業供給側的短板依然顯著，即缺乏具有核心技術的出口產品，而技術水準較低的手機、集裝箱、船舶和勞動密集型的產品出口額增長明顯，雖然增速有所減緩，但是占比依然很大。總的來說，江蘇省的加工貿易和勞動密集型產品的出口額占比高，工業體系中企業數量多、技術水準低、競爭層次較低，整體經濟結構還需要轉型升級。近年來，江蘇省越來越重視供應鏈金融的開展，包括倉單質押、融通倉以及保稅倉等。在業務產品方面，江蘇省金融機構主要通過質押融資形式參與到供應鏈金融服務中；在業務區域方面，在蘇中和蘇南經濟較為發達的地區，其供應鏈金融業務發展得較好。但從實質上來看，江蘇省供應鏈金融還存在亟待解決的問題，部分金融機構對供應鏈金融服務業務理解得還不透澈，在其經營的過程中，出現了供應鏈金融與傳統信貸業務混淆的情況，導致供應鏈金融服務品牌難以建立。從江蘇省的經濟結構來看，製造業較為發達，外貿產業結構較齊全，囊括了勞動密集型產業和高新技術產業。但產業發展結構不均衡的情況尤為突出，造成了供給側產能過剩，先進產能效能不能有效發揮，受制於以增量取勝的發展模式。可以說，供給側短板已經成為江蘇省經濟持續發展的瓶頸：一方面，資源配置不合理，過剩產能擠占了資本、土地、勞動力等生產要素，導致經濟發展受阻；另一方面，供需錯位，供給側的低效率會導致市場上的消費者需求無法得到滿足。因此，實施合理分工價值鏈、增加資源集中度、提高供應鏈管理和供應鏈金融服務的效能能夠促進優勝劣汰，推進企業和經濟結構轉型升級。

江蘇省在對外貿易的產業國際分工中大多處於下游，顯然，供給側結構問題已經成為其經濟發展和國際競爭力提升的阻礙。作為商貿行業的供應鏈管理企業，利豐貿易公司充分發揮了供應鏈整體的競爭性優勢，已經成為供應鏈管理理念運作的現代跨國貿易集團，成為供應鏈管理的成功典型。首先，在維護國際客戶資源的前提下，接受訂單委託生產，並參與產品的設計和研發，為企業提供融資服務，甚至在與企業合作中瞭解並獲取消費者的需求偏好等信息，增強了對國際市場動態的把握能力。作為外貿供應鏈管理者，利豐通過對工作流、實物流、資金流、信息流等的有效管理發揮了生產性服務職能，促進了生產企業的發展。對於傳統經營占比依然很大的江蘇省外貿產業，也可以充分利用利豐貿易公司的模式，為企業提供個性化解決方案，改變純貿易跟單的模式，以合作者的身分嵌入跨國公司全球價值鏈，最終實現具備全球資源配置能力和國際競爭力的企業和經濟結構。

江蘇省在貫徹落實《國務院辦公廳關於積極推進供應鏈創新與應用的指導意見》中，因地制宜地提出了六點具體舉措：①以供應鏈創新促發展。引導製造業等優勢產業進行協同化、智能化，鼓勵製造業企業進行全鏈條供應鏈管理，並逐漸發展生產性服務業，探索推進「產業聯盟+總集成總承包」「電商+個性化定制」等服務模式。②以流通現代化促發展。將流通與生產結合起來，在供應鏈管理中融入現代技術，促進流通的扁平化、集約化、共生化，最終達到服務實體經濟的目標。實施「供應鏈服務企業成長工程」，大力培育新型供應鏈服務企業。③推動農村產業融合發展。優化農村產業組織體系、加強農業支撐體系建設、大力發展農村電子商務。首先，鼓勵建立集農產品生產、加工、流通、服務於一體的農業供應鏈體系，完善「企業+合作社+基地+農戶」的生產經營模式，促進多種形式的農業適度規模經營。其次，針對農產品的特徵發展「互聯網+冷鏈物流」模式，強化冷鏈物流基礎設施建設，著力提升冷鏈物流的信息化水準。最後，支持打造「網上供銷合作社」，充分發揮既有經營網絡優勢，進一步暢通工業品下鄉、農產品進城通道。④積極穩妥發展供應鏈金融。要求積極推進供應鏈金融服務實體經濟，與此同時嚴把風險關。由地區政府聯合徵信公司、金融機構、供應鏈核心企業等建立信息共享平臺，並推動建立債項評級與主體評級相結合的風險控制體系。政府以投資、採購、擔保等直接和間接手段參與到供應鏈金融服務中，並分部門對可能產生的金融風險進行監管。⑤積極倡導綠色供應鏈。大力推動綠色製造、綠色流通，旨在形成一個綠色製造供應鏈體系，倡導綠色、環保、有機的消費理念，培育集節能改造、節能產品銷售和廢棄物回收於一體的綠色商場，並建立環保信用

體系實施獎懲措施。加快再生資源回收體系建設，創新再生資源回收模式，鼓勵建立基於供應鏈的廢舊資源回收利用平臺。⑥努力參與構建全球供應鏈。融入國家「一帶一路」建設，積極融入全球供應鏈網絡，全面落實《江蘇省中歐班列建設發展實施方案（2017—2020年）》，加強對全省中歐班列的統籌協調和資源整合，強化國內外互聯互通，借鑑新加坡等境外工業園區的建設經驗，實行「建工廠+建市場」相結合的模式，鼓勵省內企業開展技術性海外併購，以擴大市場渠道、獲得關鍵技術和國際品牌。

1.2.5.2 對黑龍江開展供應鏈金融的評價分析

截至2017年年末，黑龍江省的涉農貸款餘額達8,518.3億元，占全省全部貸款餘額的43.8%；全省新型農業經營主體貸款餘額達769.9億元，同比增長5.89%，有超過13萬個新型農業經營主體獲得資金信貸支持。在2017年，全省支農再貸款累計投放220.2億元，同比增加111.5億元。可見，黑龍江省的農業供給側改革正在快速進行，並且其非公有制經濟發展總體平穩，運行呈現出穩中有進的態勢。2018年《黑龍江省金融運行報告》統計顯示，2017年黑龍江省內的非公有制經濟實現增加值8,634.6億元，同比增長約8%，增速也提高了0.1%，占該地區GDP的比重達到53.3%，同比提高0.2%。截至2017年年底，該地區企業數量達近370萬戶，而中小企業占比超90%，在中央和地區政府的扶持下，中小企業的蓬勃發展對該地區的就業、經濟發展等方面起到了舉足輕重的作用。在政策引導和市場競爭的環境下，金融機構主動進行風險管理，逐漸深入參與到支持中小企業融資的服務中。2017年，全省中小微企業貸款增長了33.6%，並且中小微企業的貸款利率較以往更低，平均貸款利率為5.35%，同比下降0.2%。但我們也應該意識到，目前黑龍江省的中小企業融資難問題還沒有得到完全解決，根據省內的相關統計，截至2017年年末，在省內330多萬戶的中小企業中，60%以上的中小企業沒有固定廠房，50%以上的中小企業沒有符合金融機構要求的高價值抵押品。通過銀行等金融機構貸款的中小企業的成功率不足70%。

農業是黑龍江省的支柱產業，近年來黑龍江省在農業方面取得了較好的成績，但還存在一些突出的問題，例如金融支農的效果還不能令人滿意，農戶和農業企業貸款難的問題仍然多見。究其原因，主要是農業貸款的頻率高、單筆額度小，農產品利潤不穩定、農業企業整體信用狀況較差、抵押品和擔保人欠缺等。因此，黑龍江省正致力於應用供應鏈金融服務農業生產。農業供應鏈金融是指各類金融機構通過審查整條農業供應鏈，集合供應鏈中的信息流、物流、商流、資金流，為農戶提供服務的融資方式，不再孤立審核中小企業自身

的財務情況和經營狀態等，而是以該企業在整個供應鏈中的地位，及其與核心企業的合作情況為考察重點。雖然農業供應鏈金融是金融領域的一項創新，但是其更重視對農戶生產效率提升的支持。接下來本書將用三個案例來闡釋黑龍江省農業供應鏈金融的發展。

2008年，中糧集團與龍江銀行開展了被稱為「五里明模式」的合作試點，即「公司+合作社+信託+銀行+科技」，當地農業合作社把社員的土地統一歸集起來，由中糧集團的中糧信託發布信託管理計劃、中糧肇東公司與合作社進行農產品交易、龍江銀行提供融資服務，收到的貨款在償還其貸款本息後再交付給合作社。此外，中糧集團聯合科研院所，在生產過程中對合作社的農戶進行全面技術指導，在該模式下企業、銀行、仲介機構合作共贏，促進了地區糧食產量和農戶生活水準的提升。自2013年年初以來，龍江銀行積極開展農業供應鏈金融服務，繼續探索「公司+合作社+農戶+龍江銀行+擔保公司+保險公司」六位一體的產業鏈模式，為當地大型企業——龍江元盛食品公司提供了8,500萬的資金支持，創新農業貸款政策和審批流程，為供應鏈金融服務打下了基礎。2017年，黑龍江省與廣東省深化糧食戰略合作，充分發揮各自的優勢產業，黑龍江主導糧食生產、收儲、加工、物流，廣東省主導糧食銷售，兩省互聯互通，依賴於網絡平臺進行網上交易、倉儲物流、供應鏈金融、信息諮詢等綜合服務。2018年，黑龍江省的網絡平臺「中國白瓜子產業網」正式上線，有效促進了當地白瓜子的產銷量，並進一步開展與白瓜子相關的研發加工產業，期間以供應鏈金融為保障，形成了白瓜子產業鏈條。

1.2.5.3 山東省供應鏈金融可持續發展研究

山東省是中國工業和製造業的重點發展省份，已經形成了農業、鋼鐵、機械製造等多種支柱性產業，物流行業也取得了長足進步，並逐漸形成較為完善的產業鏈條。其中，既有中國重型汽車集團有限公司和山東中菸工業有限責任公司等大型核心企業，也有占省內企業99%比例的中小企業。與此同時，山東省的金融業年均增長達15%，全省的融資規模達9,664.4億元，外幣貸款餘額突破5萬億關口，處於中國存貸款總量的第四位，金融業取得了良好的效益，發展迅速。本地的東銀銀行城市覆蓋率達85.1%，外資銀行在山東省也不斷發展，具備良好的金融創新環境，為供應鏈金融的探索和實施提供了良好的環境。

在供應鏈金融服務實體經濟的進程中，也應意識到山東省還存在的問題。首先，山東省的現代物流體系建設還不完善。從數量上來看，山東省物流企業約為18,000家，以中小微企業規模為主，主要以傳統運輸及儲存業務為主，

同質化和低效率競爭問題嚴重，物流運輸成本相對較高，導致物流業利潤率低，倉儲及運輸等利潤率下降至2%，急需拓展物流資源配置效率高以及具有更多專業化、集約化綜合服務且具備國際競爭力的物流企業。其次，提供供應鏈金融服務的山東省金融機構，其業務主要局限於工業和製造業，金融產品創新度較低，在預付類和存貨等方面金融產品發展緩慢，導致供應鏈金融服務實體經濟的效果有限。最後，供應鏈全球化水準較低，在防範風險的前提下，依託國家「一帶一路」倡議，未來應著力於拓寬經濟發展空間。

現階段全球經濟處於下行態勢，中國為了防風險穩經濟，對金融業的監管要求也在不斷提升，同一行業內的企業競爭已轉移到供應鏈競爭。由於中國供應鏈金融發展較晚，與國際供應鏈金融存在較大差距，比如摩根大通的Vastera公司，是一家擁有金融、運輸、法律等綜合服務的供應鏈金融企業；美國聯合包裹速遞公司與第一銀行合作後，實現了金融物流，並利用技術及徵信，實現了業務的進一步拓展。2018年11月，為深入學習貫徹習近平新時代中國特色社會主義思想和黨的十九大精神，認真落實《國務院辦公廳關於積極推進供應鏈創新與應用的指導意見》，山東省人民政府辦公廳發佈了《關於推動供應鏈創新與應用的通知》，為推動山東省供應鏈金融發展提供了政策依據：①完善農業供應鏈，發展現代高效農業。開展農業全產業鏈創新示範，推動農業產業組織現代化，推進智慧農業發展。②創新製造供應鏈，培育製造業新動能。運用互聯網、物聯網、雲計算、大數據等現代信息技術，促進製造協同化、智能化，完善製造業供應鏈體系，加快供應鏈技術創新。③優化流通供應鏈，提升流通現代化水準。鼓勵生產與流通企業共建供應鏈協同平臺，推動流通智慧化，深化流通與生產融合，培育供應鏈服務業。④發展供應鏈金融，推進產融結合。建立基於供應鏈的信用評價機制，提升供應鏈金融服務實體經濟的能力，加強對供應鏈金融的風險防控。⑤提升供應鏈全球化水準，拓寬經濟發展空間。積極對接國家「一帶一路」建設，加強全球供應鏈風險防範。⑥加強政策保障。營造供應鏈創新與應用的良好環境，打造供應鏈人才梯隊，加強供應鏈行業組織服務能力。

1.2.6　供應鏈金融發展中的機遇

隨著經濟全球化進程的加深和行業分工的不斷細化，分工與合作成為未來的發展趨勢。供應鏈中的核心企業以品牌構建、市場客戶關係管理、技術創新等為重點關注對象，而上下游的中小企業則主要從事製造、流通等工作。供應鏈中的中小企業與核心企業專業分工顯著，充分發揮自身的優勢，核心企業將

非核心業務外包給中小企業，而中小企業通過發展自身專長獲得更多的成長機會。通過在各自領域內的專業化分工，供應鏈整體以更低的成本獲得了更高的效率，從而增強了供應鏈的競爭力。僅僅依靠技術和規模擴張進行獲利的時代已經過去，自20世紀80年代開始，市場出現供大於求的情況，企業需要以質量和服務來贏得客戶，進入21世紀後，市場競爭異常激烈，企業紛紛開源節流，通過降低成本來擴大利潤空間。面向未來，從企業自身成本管理到供應鏈整體成本管理，從個體競爭到供應鏈競爭，產業生態變革驅動了經濟主體對資金流動的關注和供應鏈金融的產生。特別是在金融供給側結構性改革中，逐漸優化金融結構，強調增強金融服務實體經濟的能力，為供應鏈金融的發展提供了機遇。

1.2.6.1 現代技術的發展

互聯網技術的發展在為企業帶來紅利、為消費者帶來便利的同時，也催生了金融業的轉型升級。互聯網技術能夠幫助金融機構突破地域和時間的限制，創新金融產品和服務，也有助於金融機構全面及時地掌握往來企業的相關信息，有效防範和控制金融風險，實現金融服務系統化。充分利用互聯網技術的供應鏈金融，從中長期演變趨勢來看，將向著生態化和平臺化方向演變。從發達國家供應鏈的金融發展進程來看，中後期的供應鏈金融業務的主導權將由金融機構向核心企業轉移。近年來，中國互聯網技術的快速發展、信息化程度的提升、金融產業的創新程度加深以及企業競爭力的上升，使得以核心企業為主導的互聯網供應鏈金融迎來了快速發展期。

借助大數據、物聯網、數字化協同運行，供應鏈企業可以實現數據的即時共享和交互，可以極大程度地解決信息不對稱的問題，實現企業庫存、半成品、產成品等的可視化管理，使得整個供應鏈的情況更加真實可靠，同時提高金融機構與企業的合作效率，優化金融服務水準，降低企業融資成本，實現互利共贏。利用互聯網技術對海量數據進行分析，可以推動企業自動化進程加深，能夠提高庫存、採購等管理效率。在金融科技的推動下，供應鏈金融正向智慧化快速發展。對於核心企業而言，參與供應鏈金融業務不僅能增加自身的主導能力，還能在穩定的供應鏈環境下提升盈利能力，因此，會更加注重供應鏈金融產品的內部滲透率，中小微企業也能從中獲益。依靠金融科技的支撐，供應鏈金融也在不斷進行著轉型升級，智慧化平臺、數字化營運、智能化作業，擴展了供應鏈上下游中小微企業的資金流和物流管理，將使得對企業的考察轉變為對供應鏈企業整體的考察，同時也提高了核心企業的競爭力和拓展了金融機構的利潤源。

1.2.6.2 供應鏈金融服務組織創新

從實際經濟運行的結果來看，較難改變金融機構傳統的經營理念，其參與供應鏈金融服務的過程仍然非常謹慎。並且，供應鏈金融要又快又好發展，不能僅僅依賴於金融機構，而是需要整個供應鏈上的企業配合經濟運行的機制。因此，既要引導金融機構進行自我完善，又要調動企業共同推動。顯然，由金融機構、核心企業及其相關企業投資共建的、專門的供應鏈金融服務公司的出現能夠改變現狀，是突破傳統信貸理念、推動供應鏈金融發展的最有效舉措之一。供應鏈金融服務公司成立的目的，是促進融資服務，推動資本深度融合，實現供應鏈金融服務實體經濟，對供應鏈上的中小企業幫助尤為顯著，同時，也有利於國家經濟政策措施的落實，防止經濟脫實向虛。在經受了金融危機和經濟不景氣的影響，前期參與供應鏈金融的銀行，受到企業倒閉、跑路帶來的損失後，放慢了實施供應鏈金融業務的腳步，近年來，由核心企業主導的供應鏈金融逐漸發展起來，以融物與融資相結合的方式。總體來看，中國專業化的供應鏈金融服務公司初見雛形。

自2016年開始，國務院以及金融監管機構等發布了多項關於促進供應鏈金融發展的政策，可以說，在國家政策的扶持與引導下，基於互聯網技術發展供應鏈金融迎來了發展的契機，例如，以P2P產業為基礎的供應鏈金融產品擁有更廣闊的創新空間。P2P模式能夠充分利用互聯網集中社會閒散資金，並通過大數據或者雲計算等技術進行即時供需對接，制定個性化的金融產品。在國際經濟環境不明朗的情況下，中國外貿企業面臨著空前的壓力，無論是企業轉型還是對外競爭帶來的融資需求也更多，然而在傳統融資模式下，外貿企業尤其是中小型外貿企業，由於缺乏合格抵押品、內部制度不完善、資信情況不明等因素，融資困難重重。而在P2P模式下，融資門檻更低、議價空間更大，更能滿足中小企業的融資需求。P2P形勢下的外貿供應鏈金融可分為「P2P+核心企業」「P2P+核心資產」「P2P+核心數據」三種外貿供應鏈商業模式。中國中央和地方政府為解決中小型企業融資在多個方面進行了努力，已經取得了一定的成效，但是中小企業融資難的困境仍然存在，要切實做好中小企業融資服務，需要為其量身定制創新金融產品，而基於P2P產業的供應鏈金融則能夠滿足這一要求。

1.2.6.3 對供應鏈金融的扶持政策

供應鏈金融是金融與物流業的一項創新，在中國還處於初級發展階段，出於對新產業的保護和促進經濟發展的需要，國家出抬了一系列對供應鏈金融的扶持政策，從管理、稅收、法律等各個環節為供應鏈金融的發展創造了堅實的基礎。

在中國利率市場化進程不斷推進的過程中，2014年至2015年中國央行降準降息，直接節約了企業的資金成本，促進了市場投資獲利和實體經濟的發展。金融機構的穩健性、金融市場的准入條件、金融產品的價值確定以及選擇等，既是金融市場的規範，也是政府法律法規的監管對象。中國政府已經意識到供應鏈金融對經濟增長的重要作用，並且圍繞著供應鏈金融發展制定了多項政策法規，例如《國內貿易流通「十三五」發展規劃》《關於金融支持製造強國建設的指導意見》《小微企業應收帳款融資專項行動方案（2017—2019年）》《關於進一步排查中央企業融資性貿易業務風險的通知》《關於積極推進供應鏈創新與應用的指導意見》等，從實際情況來看，關於供應鏈金融的扶持政策和法律都起到了一定的作用，但就立法而言，滯後問題仍然比較突出，尤其是涉及農業供應鏈金融等單個領域的法律法規還存在空白。

1.3　供應鏈金融發展中面臨的困難和障礙

自改革開放以來，中國宏觀經濟和微觀企業都得到了飛速的發展，在市場競爭愈加激烈的環境下，各行各業均意識到，當下市場競爭不再是個體之間的競爭，而是整個供應鏈之間的競爭。2018年，中美貿易爭端備受關注，中國經濟受到了巨大的挑戰，形勢空前嚴峻，特別是經濟、政治環境出現了諸多不確定因素，國內經濟下行壓力加大，在這關鍵性的時刻，突破制約經濟發展的瓶頸，找到新的經濟增長點尤為重要。除了在宏觀層面進行外交談判平息事端外，在技術創新的助力下，積極開展金融與實體經濟的互利互惠，也是應對國內外形勢劇變挑戰的重要舉措。2012年美國發布了《全球供應鏈國家安全戰略》，把供應鏈建設上升到了國家安全層面的高度。中國供應鏈金融起步較晚，與國際先進的供應鏈金融水準還有差距，但經過近年來的快速發展，已經具備了供應鏈金融成長和興盛的基礎和條件。總體而言，中國供應鏈金融的發展面臨著前所未有的挑戰與機遇。

1.3.1　中國供應鏈金融面臨的挑戰

在傳統金融機構融資模式下，由於多種因素的制約，中小企業融資難的問題難以突破，供應鏈中的核心企業受制於上下游中小企業的困境，也無法實現順利營運，從而影響了整個供應鏈的可持續發展。接下來，本書將分別從核心企業、上下游中小企業、傳統金融機構三個方面，對中國供應鏈金融面臨的挑

戰進行闡述。

1.3.1.1 核心企業

核心企業一般規模較大，管理體系較為完善，經營狀況良好。在逐漸進入品牌優勢的時代，單純以技術和品牌進行快速擴張的策略不再適宜，應整合資源、合作共贏，逐漸轉向供應鏈效益的經營和發展。眾所周知，供應鏈中除了核心企業之外的上下游供應商和銷售商等企業，一般是以流動資產為主、信貸調查不易的中小微企業，其獲得外部投資較難，當經營過程中急需資金支持時，並不能得到金融機構充足、及時的資金支持。為了維持供應鏈的穩定發展和自身營運的順暢，核心企業願意幫助供應鏈中的中小企業，但受到諸多條件的限制，常常顯得力不從心。首先，對外擔保風險。在傳統融資模式下，中小企業的內部制度不夠完善，完整有效的財務報表、真實的償付責任等資料難以獲取，核心企業為其提供擔保的風險較大，因此不願對其融資提供擔保。其次，數據共享問題。數據資源已經成為市場競爭的有力武器，金融機構出於對自身的安全性和收益性的考慮，需要掌握訂單、物流等信息，然而出於對信息保密的考慮，部分企業不願意與金融機構共享數據。最後，系統對接問題。供應鏈金融業務需要核心系統、風險管理系統和業務系統等的共同支持，各個系統之間特徵不一、差異明顯，金融機構與供應鏈企業之間的系統缺乏整合與統一。因此，核心企業的合作夥伴發展不力，會直接影響核心企業的發展。

核心企業在供應鏈金融發展中的地位不言而喻，當前階段，中國供應鏈金融的發展特點之一，是在供應鏈中核心企業與中小企業交易的基礎上，為供應鏈提供切實可行的金融支持，這既是金融機構突破以往徵信和融資審批的手段之一，也是中小企業獲得資金支持的新方式。因為銀行等金融機構非常注重授信業務的風險，在供應鏈金融服務過程中，為了規避中小企業存在的信用風險、操作風險等，需要依附信譽良好的大型企業，將對中小企業的考察轉化為對核心企業的考察，在不同程度上淡化對中小企業的測評，以有效促進融資服務的實現。在實際經營過程中，供應鏈中某個企業一旦出現資金問題，將會影響到企業經濟發展和供應鏈的整體穩定，甚至可能引發金融風險。

1.3.1.2 上下游中小企業

在供應鏈中，核心企業的上下游存在眾多中小企業，在傳統信貸模式下，由於缺乏合格抵押品和規範的會計制度，中小企業難以提供信用憑據，也不能借助信息化建設進行管理，向銀行等金融機構的授信申請的通過率較低。融資渠道少、融資難、融資貴等問題，已經成為全球中小企業發展的障礙之一，大大降低了企業的競爭力。雖然經過實踐經驗的累積並不斷對外學習，中國經濟

制度和市場環境得到了長足的發展。但是，中國政府及相關管理部門、經濟企業、個體仍然存在觀念上的瑕疵。全面誠信的理念還未深入人心，在經濟蕭條時期，中小企業尤其容易出現老闆「跑路」、債務拖欠、商業詐欺等問題，其企業內部缺乏信用管理及資金安全防控機制，導致信譽保證含有運氣成分。此外，中國社會信用法律法規和徵信機制建設還處於初級階段，雖然已經出抬了對失信人限制乘坐高鐵、飛機和投資的措施，但是全國範圍的信用信息共享平臺還未成熟，個人和企業無法快速、低成本地獲取相關企業的信用信息，也缺乏對失信企業的處理與公開懲戒機制。在實際經濟運行過程中，金融機構獨立審查供應鏈中的所有企業的難度仍然較大，無法準確無誤地對每個企業的數據進行核實，導致金融機構無法依據獨立的調查，對供應鏈上的中小企業的實際營運情況進行核實，進而出現了經營良好且守信的中小企業融資仍然被拒的情況。

1.3.1.3 金融機構及制度

隨著中國對外開放和市場化進程的加深，加之互聯網技術的廣泛應用，傳統金融業受到了來自國外金融機構和新興金融業的強烈衝擊，銀行等傳統金融機構正積極應對，希望通過金融創新轉型來提高自身的競爭力。占中國企業總數90%以上的中小微企業融資得不到充分滿足的現實，必然成為銀行在金融創新領域中重點關注的問題。對於當下的傳統金融機構而言，要在保證安全的前提下對中小企業進行融資獲利，急需解決中小微企業的徵信成本高、難度大的問題。從商業銀行的角度來看，供應鏈金融屬於其對公業務，是規模和利潤增長的重要來源，但對於風險的防控要求和相關機制體制，其供應鏈金融業務的滲透率以及對生態圈融資環境的改善有限。在中短期內，互聯網供應鏈金融業務仍將對商業銀行傳統供應鏈金融業務帶來明顯的衝擊。從多年的財務數據來看，傳統金融機構的客戶以大型企業為主，供應鏈金融的崛起將導致傳統金融機構的供應鏈金融業務的流失，使其失去業務發展的土壤。

從金融制度來看，中國主要的融資渠道包括商業銀行信貸、爭取風險投資、資本市場直接融資、商業信譽等形式，具有融資期限長、門檻要求高等特點，對於規模較大、具有市場話語權、經營狀況良好的企業而言，能夠通過上述模式獲取融資服務，但對於中小企業和農業等弱勢群體，現有的金融體制導致其融資渠道不夠通暢。以農業為例，當農戶和中小農業企業出現融資需求時，首先，由於中國資本市場還不夠完善，需要的財務、徵信等信息較多，融資門檻較高，農業通過資本市場融資的情況較少；其次，風險投資機制不健全，雖然中國的風險投資發展較快，風險投資公司與資本總量都出現了明顯的

增加，政府也出抬了一系列政策措施來促進風險投資的發展。然而，中國的風險投資競爭力還是較弱，其一，政府和銀行性質的資本占風險投資公司資金來源的70%以上，資金渠道過於單一；其二，風險投資人才也十分緊缺；其三，風險投資的退出機制不暢，影響著風險投資公司的回報率。由於金融體系不完善，旨在通過企業股票上市、回購以及協議轉讓等方式退出的風險投資，無法實現良性循環以及資金二次增值。最後，商業銀行等傳統金融機構出於對風險和收益的考慮，要求的抵押品和徵信信息較多，而中小微企業和農戶幾乎無法提供商業銀行要求的材料。因此，對類似於農戶和農業中小企業的弱勢群體而言，傳統的融資渠道不暢，其將更多地使用商業信用進行融資。

1.3.2　供應鏈金融發展的影響因素分析

在逆全球化興起和貿易保護主義抬頭的時代，全球性的金融和貿易組織以及供應鏈體系都發生了不小的變化。中國的供應鏈金融發展雖然起步較晚，但是發展的基礎較好，未來應致力於參與到全球供應鏈體系重構中，實現價值鏈和供應鏈的上升。供應鏈金融作為一種金融創新，其從產生以來經歷了諸多的市場考驗，在蓬勃發展的進程中也受到許多問題的影響和制約，接下來，本書將從行業環境、法律環境和技術環境三個方面，對供應鏈金融發展的影響因素進行分析。

1.3.2.1　行業環境的影響

中國金融業起步較晚，金融創新的供應鏈金融業務發展的基礎相對薄弱，大部分金融產品僅是對傳統產品的轉型或改良，針對供應鏈金融專門設計的金融產品較少。特別地，受到國內外政治、經濟等環境的外部影響，以及傳統金融機構出於對自身的風險和收益的考慮，目前金融產品仍然存在不完整、不規範的問題，行政管理部門的管控力度掌握存在偏誤，產權認證、價值評估等第三方機構的能力有待提升，相關專業人才缺口較大，種種因素均制約了供應鏈金融業的發展。因此，從行業環境的角度來看，建立有效的、可操作的供應鏈金融規範勢在必行。

1.3.2.2　法律環境的影響

健全完善的法律制度是維持市場高效、穩定運行的基礎保障，對金融機構和金融市場的發展具有重大意義，也是支持供應鏈金融蓬勃發展的有效手段。簡單地說，中小企業缺乏固定資產，而流動資產較多，占據了大量的資金，容易出現流動性風險。因此，在供應鏈金融發展中，最大的獲益者之一就是缺乏不動產等抵押品的中小企業。金融機構面對以動產融資為主的中小企業，需要

健全的物權擔保法和信用相關規章制度,以增加其開展動產融資的效率和降低融資前後的成本。因此,完善動產交易法律體系和信用法律法規,應成為中國法律界未來的重點之一。

1.3.2.3 技術環境的影響

技術創新已經成為企業競爭的重要方式,新技術能為企業帶來新的增長點和高收益,甚至是壟斷地位。而將新技術運用到供應鏈金融的發展中,能夠加速供應鏈金融的完善,促進供應鏈金融更好地服務實體經濟。供應鏈金融需要將信息流、物流、資金流整合、傳遞和交換,即時掌握供應鏈上企業各個環節的真實信息,這就需要一個能夠對金融機構進行即時監管的技術支持。在互聯網快速發展的情況下,互聯網供應鏈金融應運而生,並受到各大企業和金融機構的追捧。通過運用大數據、互聯網、物聯網以及區塊鏈技術建立供應鏈融資信息平臺,加強供應鏈中企業與金融機構的即時信息共享及聯繫,有利於企業和金融機構互相掌握最準確和及時的信息,促成風險系統、信息系統等不同接口的有效對接,實現平臺的高效利用。

1.3.3 供應鏈金融困局的原因分析

供應鏈是以核心企業為基礎、以貿易為紐帶、由上下游相關企業共同組成的產業鏈條。中國供應鏈金融的發展進程還存在不少問題,本書認為問題出現的原因包括供應鏈自身缺陷、金融機構的缺陷和社會環境三個方面。

1.3.3.1 供應鏈自身缺陷

供應鏈自身的缺陷在於核心企業對上下游企業的把控能力有限。在供應鏈條中,核心企業是連接上下游企業的紐帶,為上游企業提供市場,為下游企業提供產品。在完善的供應鏈關係中,核心企業與上下游企業之間的關係應該是交錯複雜且緊密聯繫的,然而,在當前的供應鏈管理中,核心企業與上下游企業之間的聯繫幾乎只有交易,核心企業維護供應鏈管理的目的是獲得供應鏈上的穩定利益,供應鏈整體十分脆弱。供應鏈過度依賴於核心企業,一旦核心企業出現風險事件,或者由於上下游中小企業出現問題引致核心企業的地位瓦解,供應鏈就會分崩離析。隨之而來的則是物流、信息流和資金流的斷裂,供應鏈金融所提供的信貸資金償還保障也就不復存在,金融機構出現風險。此外,參與供應鏈的各個企業,都是以自身利益最大化為考量,無論是信用水準、經營管理,還是市場實力各個方面都存在巨大差異。那麼,在缺乏長效機制的前提下,從參與動機開始大家就注定更注重短期利益和自身利益,較少考慮長遠利益和整體利益。因此,要改變供應鏈中的企業以供應鏈整體利益為

主，達成共識、榮辱與共還需要多方努力。此外，作為金融創新的供應鏈金融，其提供的金融服務中涉及的產品較新、設計複雜、槓桿率高、金額較大，一旦被有心人利用，容易出現惡性操作風險事件，危害供應鏈的順利運行和可持續發展，導致參與的金融機構產生系統性風險。

1.3.3.2 金融機構自身缺陷

中國最重要、最傳統的金融機構——商業銀行，實行的是分支行體制，由總行、分行、支行組織構成了金字塔形的組織架構。在傳統行政體制沿革下，分支行機構基本上都是按照行政區域來設置的，並且出於風險管控和穩定經營的考慮，大多數銀行規定，區域之間的分支機構，其業務不能有交叉。而供應鏈金融在創立之初，就是以供應鏈上企業之間的交易為標的，由於企業與企業之間不存在區域限制，供應鏈常常是多區域企業之間的合作交易。在供應鏈金融的參與者當中，提供資金支持的金融機構一般僅有一個，即供應鏈金融服務由單個金融機構進行授信，並對多個關聯企業進行統一管理和協調。可見，要將中國實行分支行體制的金融機構，協調到同一主辦機構是很不現實的，即信貸組織體系與供應鏈金融要求存在錯位。更具體地看，傳統的金融機構信貸業務，在授信考察、審批的過程中，僅關注申請授信的企業和個體本身，雖然多年的傳統授信理論與實踐經驗，使得銀行等金融機構已經擁有一整套相關的評價體系和管理方法，但是其在授信對象選擇和收益擴張方面的局限性也顯而易見。與之對應的供應鏈金融，卻是以整個供應鏈上的企業為考察對象，「封閉運行、錢隨物走、債隨錢結」，擴大了授信對象的範圍，增加了考察的信息來源和可靠性，運行效率更高。這項創新的金融業務與傳統信貸業務既有聯繫又有本質區別，在現有的商業銀行組織架構和考核體系下，金融機構高管多數選擇淺嘗輒止，降低因嘗試新事物而帶來的風險，因此，存在信用評價和授信管理與供應鏈金融要求不匹配的情況。現代社會對人才的重視達到了空前的水準，然而，當下供應鏈金融專業人才還存在不小的缺口。供應鏈金融業務需要綜合考慮供應鏈整體及其參與企業，涉及的金融產品複雜、交易環節多，要求能夠全面掌握金融產品細節、有效防範金融風險，並對供應鏈金融有深刻理解的專業人才，以降低因主觀選擇而帶來的損失和風險。缺乏專業人才，難以突破傳統授信模式，供應鏈金融的理念將得不到充分的實踐。

1.3.3.3 社會環境缺陷

隨著中國市場經濟建設的不斷深化，社會經濟活動領域出現了二律背反現象：一方面，經濟的發展迫切需要人們普遍維護經濟秩序，恪守市場信用；另一方面，正是在經濟的發展過程中滋生了大量的違反市場秩序、破壞市場信用

的現象。這種恪守信用與破壞信用的矛盾，揭示出了未來中國市場經濟也必然是在恪守信用和破壞信用的矛盾中不斷發展的。因此，如何運用現代經濟管理手段和技術，建立良好的市場秩序和社會信用環境，已經成為當前中國市場建設和城市經濟發展的重要命題。政府、高校和科研所都在積極推進信用建設，北京大學中國信用研究中心「中國城市信用體系建設評價研究」課題組構建了如表1-2所示的指標體系。

表1-2 中國城市信用體系建設評價指標體系

目標層	模塊層	指標層
中國城市信用體系建設評價指標體系	社會信用體系建設工作基礎（12%）	社會信用體系建設的時間長短
		相應政策、法規、辦法的出抬數量
		徵信機構的數量
	信用信息共享平臺建設（10%）	是否建立了信用信息共享平臺
		是否開通公共信用信息查詢
	信用網址建設（15%）	是否建成城市信用網址
		城市信用網址信息的更新頻率
		城市信用網址中的信息種類
	信用信息和信用產品應用（10%）	年度企業信用信息查詢次數
		年度個人信用信息查詢次數
	以信用為核心的市場監管機制（16%）	行業信用監管機構數量
		守信聯盟的企業個數
		失信懲戒的企業個數
	工作保障和推進落實（15%）	牽頭組織中的領導個數
		專項工作的人員數
		媒體公開宣傳的次數
	特色和經驗（10%）	年度參與全國性信用建設活動的數量
		年度開展信用體系建設活動的數量
	社會信用體系建設的工作成效（12%）	不良貸款率
		失信案件數量
		市民滿意度

近十年，由中國人民銀行主導的社會信用體系正在逐步形成，企業法人、公民個人與金融機構有關的信用記錄在不斷完善，但與消費、結算、支付、社交、公民道德等相關的信用記錄還較為分散，沒有形成系統性的統一記錄，因而對法人和公民的信用評價體系維度較為單一。通過信用記錄，全面瞭解和掌握供應鏈中參與企業的信用情況還不太現實，信用報告在實際的社會使用中還存在較大局限。此外，供應鏈金融雖然突破了傳統信貸考察的局限，但是仍然是以物的價值作為信貸還款的保障，涉及交易物品的物權問題。因此，法律規範的完善對於供應鏈金融的發展意義深遠。當前，中國法律體系還不完善，受到不同區域的司法部門水準參差不齊、處理經濟糾紛的程序繁復、行政部門干預、地方保護主義等的影響，供應鏈金融物權確認、銀行授信的安全以及供應鏈金融業務的實際操作面臨著阻礙。

　　在金融業競爭中，無論是金融服務還是金融產品，都具有同質性，同業無序競爭時有發生。金融機構趨利避害，追求利潤最大化的本質始終如一，因此，在市場競爭中，經營良好的大型企業、蓬勃發展的朝陽行業是金融機構爭相搶奪的客戶群體，中小微企業或者相對不夠景氣的行業，金融機構常常將其拒之門外。但在供應鏈金融服務中，一旦對供應鏈中的企業授信的金融機構不止一家，供應鏈的平衡就將被打破，金融機構將失去對供應鏈的掌握，供應鏈的穩定性就會得不到保障。因此，在供應鏈金融中，金融機構還需要關注同業競爭問題。供應鏈金融是金融業與物流業的聯合，涉及倉儲、物流、監管、評估、法律事務等多個領域，需要仲介提供完善的服務體系。然而，還沒有一個體系或機制對這些不同領域進行整合，為供應鏈金融提供系統化的社會服務，可見，仲介服務是影響供應鏈金融發展的又一社會因素。

2 供應鏈金融發展對企業融資約束的影響

供應鏈商業模式的核心在於把握客戶的價值訴求而非僅僅是需求。在經濟學中，需求指的是消費者願意且能夠支付的商品數量。根據伍德拉夫的定義，客戶價值是指顧客對特定使用情境下有助於實現自己目標和目的的產品屬性，以及該屬性的實效和使用的感知偏好與評價。總體而言，客戶價值和客戶需求之間存在著許多不同，以客戶價值為基礎的供應鏈除了關注一般的產品屬性外，更強調效用和期望表現，高質量的產品還需要配以高質量的集成服務。此時，在網絡式的組織結構中，客戶不再是被動的服務對象，而是供應鏈的參與者，最終獲得的價值是由客戶與企業共同決定的。供應鏈構建、管理和維繫主客體網絡，能夠通過良好的商業形態實現多利益相關者協同、良好的產業內外系統，實現內外流程一體化、大數據管理，實現供應鏈網絡發展。供應鏈金融的任何舉措和發展都不能脫離供應鏈這個最基本的根基，以避免將金融的諸多投機理念錯誤地引入，不利於實體經濟的生存和發展。

2.1 供應鏈金融發展對中小企業融資約束影響的理論分析

2.1.1 企業現金敏感性分析

企業選擇在當期投資或者在未來投資會得到不同的效果。假設 $t=0$、1、2，即在當期、下一期和下兩期的經濟體，c_0、c_1 表示 0、1 時期產生的現金流，其中 c_1 有兩種可能，即較大值 c_1^H 和較小值 c_1^L，發生的概率分別為 p 和（$1-p$）；I_0、I_1 和 $f(I_0)$、$g(I_1)$ 分別表示 0 和 1 時期，投資及其相應在 2 時期產生的現金流。在不考慮折舊和風險的情況下，0 和 1 時期的投資成本均為 1，I_0、I_1 都能在 2 時期清算，設產生的收益為 $q(I_0+I_1)$。引入 F 和 G 兩個連續可導

的遞增凹函數，則 $f(I_0) = F(I_0) + qI_0$、$g(I_1) = G(I_1) + qI_1$，特別地，這裡假設企業只能通過抵押貸款獲取融資 $(1-\tau)qI$，那麼企業需要在預算和融資約束下謀求收益最大化，其中 d 為股息；B 為借款額；s 表示 H 和 L 兩種狀態；τ 為衡量外部融資能力的因素，該值越小融資能力就越強

$$\max(d_0 + pd_1^H + (1-p)d_1^L + pd_2^H + (1-p)d_2^L) \ s.t.$$
$$d_0 = c_0 + B_0 - I_0 - c \geq 0$$
$$d_1^s = c_1^s + h^s + B_1^s - I_1^s + c \geq 0$$
$$d_2^s = f(I_0) + g(I_1^s) - B_0 - B_1^s$$
$$B_0 \leq (1-\tau)qI_0$$
$$B_1^s \leq (1-\tau)qI_1^s$$
$$ph^H + (1-p)h^L = 0$$

根據假設條件和以上公式，企業的融資約束是由借款能力和投資水準共同決定的，因此企業擁有充足的資金或者較強的融資能力均可不受約束。容易發現，若企業不受融資約束，則需要滿足下式：$I_1^{FBH} = I_1^{FBL} = I_1^{FB}$，即不同狀態下的最佳投資均相同。相應的約束條件變為

$$I_0^{FB} \leq c_0 + B_0 - c$$
$$I_1^{FB} \leq c_1^H - \frac{1-p}{p}h^L + B_1^H - c$$
$$I_1^{FB} \leq c_1^L - h^L + B_1^L + c$$

企業融資約束的影響因素包括投資情況、已有資產的流動性及其產生的現金流。外部融資能力越強、投資規模下現金流越充足的企業，其融資約束就越小。對於一家融資約束較小甚至無約束的企業，現金持有量並不是影響企業價值的核心因素，即不存在現金—現金流敏感性。相反，受到融資約束的企業，必須持有部分現金，在帶來機會成本的同時也可能增加未來的投資收益，企業的現金持有量應同時考慮成本和收益。又由於交易成本、稅收和信息等摩擦因素的存在，融資約束企業的投資水準應低於前述的最佳投資水準。作為理性經濟人，企業在 0、1 時期會利用借貸融資但不會選擇發放股利，即

$$\max f\left(\frac{c_0 - c}{1 - q + \tau q}\right) + pg\left(\frac{c_1^H - \frac{1-p}{p}h^L + c}{1 - q + \tau q}\right) + (1-p)g\left(\frac{c_1^L + h^L + c}{1 - q + \tau q}\right)$$

令 $\lambda = 1 - q + \tau q$，通過 $h^L = p(c_1^H - c_1^L)$ 控制流動性風險，最佳現金持有量 c^*

$$f'\left(\frac{c_0 - c^*}{\lambda}\right) = g'\left(\frac{E_0(c_1) + c^*}{\lambda}\right)$$

接下來即可得到企業的現金—現金流敏感性

$$\frac{\partial c^*}{\partial c_0} = \frac{f'(I_0^*)}{f''(I_0^*) + g''(I_1^*)}$$

供應鏈金融對於上述企業融資約束的影響主要來源於現金流，$f(I_0)$、$g(I_1)$ 的參數在供應鏈金融體系下更具有確定性，因此借款的約束條件在原有的基礎上，能夠再增加 $f(I_0)$ 或者 $g(I_1)$，融資能力顯著增強。

2.1.2 交易成本理論

交易成本的概念由科斯在《企業的性質》中提出，主要是指交易發生前的信息收集、談判、合同擬定等；交易發生後的保障合同履行監督、糾正偏離的協商、違背合同等事件中所產生的費用。在隨後的深入研究中，交易成本被稱作「摩擦力」，是經濟社會無法避免的運行支出。Williamson 認為交易成本主要受三類因素影響，即人的因素、與特定交易有關的因素、交易的市場環境因素。金融機構信貸業務的交易成本與傳統定義的交易成本略有差異，更準確地說是金融交易成本。企業的發展離不開資金的支持，由於企業尤其是中小企業的合格抵押品較少甚至缺失、信用信息不足，金融機構與企業之間進行資金融通過程所產生的成本往往較高，可以說中小企業融資約束比國有企業或者大型企業嚴重；市場化程度低的地區企業融資約束更嚴重。而供應鏈金融的發展使得金融機構成為供應鏈中的一環，即嵌入資金流、信息流和物流的各個領域，金融機構同企業建立長期且穩定的聯繫，增加了信息來源的真實性和完整性，同時，還能通過與第三方物流倉儲行業的合作，進行倉單質押等業務，降低金融機構的貸前貸後管理費以及其他交易成本。供應鏈金融主要是從以下四個方面來降低中小企業的交易成本：①有限理性和機會主義。在供應鏈金融模式下，金融機構通過核心企業、第三方物流等可以提高信息的廣度和深度，解決有限理性導致的交易成本。而供應鏈的捆綁機制，在極大程度上減少了企業的機會主義，一旦失信違約不僅會使與金融機構的交易受損，還會打破與供應鏈上其他企業的交易關係。②不確定性。交易成本主要的構成包括交易前信息收集及交易後監管等，從本質上來看均源於不確定性。供應鏈金融首先以核心企業為中心，由信用良好的核心企業作為紐帶，使金融機構與供應鏈上的中小企業信息更充分。物流企業的參與使金融機構的質押物等獲得了充分的即時監管。③資產專用性。Williamson 指出資產專用性越高則其交易成本也越高，然而供應鏈金融在確保專款專用的同時並不會增加交易成本，因為供應鏈上企業長期穩定的合作關係保障了極低的道德風險、減少了監管成本、增加了違約成

本。④交易頻率。一般而言，交易頻率越高則交易成本相對越低，由於供應鏈上企業的關係是長期且穩定的，與傳統信貸業務契約的獨立性、一次性相比，供應鏈金融企業的交易是重複的，可以減少事前及事後交易成本。

2.1.3 信息不對稱理論

信息在經濟中的重要性不言而喻，理性經濟人要做出最優決策的前提之一是具有完全的信息，然而在實際經濟活動中，信息的搜集成本、傳遞阻礙都會導致不完全信息。GeorgeAkerlof（1970）通過「檸檬市場」中二手車交易存在的問題，首次提出了信息不對稱的概念。一般認為信息不對稱表現為經濟活動中行為人之間的信息不均，信息不對稱既存在於買賣雙方之間，也存在於賣方之間、買方之間，大部分情況下都指的是買賣雙方的信息不對稱。根據信息不對稱發生的時間還可以劃分為事前信息不對稱的「逆向選擇」和事後信息不對稱的「道德風險」。企業的成長關係到宏觀經濟的穩定與發展，尤其是在現代社會，中小企業占據著非常重要的地位，但出於許多先天的不足，其外部融資約束較為明顯，大部分金融機構與企業之間存在著信息不對稱，從而導致資金融通不暢。除非自有資金非常充足，任何企業失去了資金支持都將影響到企業的生存和發展。供應鏈金融的出現，就是要通過更完善的金融市場來促進產業發展，特別是解決中小企業融資難的問題，借助於供應鏈中的核心企業信用，依託真實的業務往來，突破金融機構與中小企業之間的信息不對稱的瓶頸。

2.2 發展供應鏈金融對中小企業的重要意義

2.2.1 有助於緩解資金緊張，解決融資難、融資貴的問題

《國務院關於進一步促進中小企業發展的若干意見》指出，中小企業是中國國民經濟和社會發展的重要力量，促進中小企業發展是保持國民經濟平穩較快發展的重要基礎，是關係民生和社會穩定的重大戰略任務。黨的十八大和十九大都明確了對中小企業發展的重視，而2014年的《政府工作報告》特別指出：「促進互聯網金融健康發展，完善金融協調機制，密切監視跨境資本流動，守住不發生系統性和區域性金融風險的底線。讓金融成為一池活水，更好地澆灌小微企業、『三農』等實體經濟之樹」。無論是政府的政策指引還是市場經濟的真實要求，都促進了以互聯網為基礎的供應鏈金融的蓬勃發展，也使其成為與產業發展關係最密切的金融形式。

《2015中國企業信用風險報告》指出，賒銷已經成為企業最廣泛的支付方式，占據的比例由2007年的54.1%上升到2014年的89.6%。但隨之而來的是逾期情況的加劇，2014年有56.7%的企業表示被拖欠的款項較前一年有所增加，平均逾期天數超過90天的企業也增加了近2%。可見，在很大程度上內源性融資並不能滿足企業的發展需求，同時，由於金融市場的限制，中小企業獲得金融股票等資本市場融資的可能性非常小，因此銀行信貸仍然是其最主要的融資渠道。銀行在選擇貸款客戶的時候往往會以大型企業為主，以規避中小企業資信狀況不明、財務制度不健全、擔保品缺乏和抗風險能力弱等問題，即使中小企業獲得了銀行的信貸，其付出的成本代價也更高，而供應鏈金融則為突破這種隔閡提供了一種依託商務交易數據的新融資模式。

2.2.2 有助於打造產業生態圈，提升供應鏈的整體競爭力

隨著現代化經濟專業分工和協作的深化，以供應鏈為紐帶形成的產業集群對於各國經濟乃至全球經濟的發展都產生了重要的影響。在此背景下，物流業也呈現出穩中向好的發展態勢，物流轉型升級持續推進，物流業與製造業、流通業、金融業等聯合深化的程度日漸增加。資金是產業發展的血液，根據各個環節的特徵配以合理的資金供給，在保障產業發展的同時，也為金融業的發展提供了新的方向。供應鏈金融已經成為中小企業融資的重要方式，其中，作為供應鏈集成服務的供應商，物流企業具有信息紐帶和信用保障的作用。根據統計數據，2013年社會融資規模達17.29萬億元，而物流企業參與監管的融資規模則占到了17.4%。

市場競爭已經逐漸從個體之間的競爭轉變為產業鏈之間、供應鏈之間的競爭。為了增強市場競爭力，核心企業打造可持續發展的產業生態圈，需要對供應鏈上的企業從資金、信息和物流等多個方面進行協同管理。目前，隨著互聯網、物聯網和大數據技術的發展，物流和信息流的協同和傳導問題已經取得長足進步，相比之下，供應鏈中的資金流卻呈現出低效率的問題，影響了供應鏈整體效率的進一步提升。如前文所述，採用賒銷和預付款方式的融資模式並不能解決企業的資金和發展需求，外部融資勢在必行，核心企業在供應鏈資金流中充當全局把控和頂層設計者，通過各種技術手段獲得供應鏈企業的各項信息，從而在起到優化資源配置作用的同時為自己做出最優決策。核心企業通過發展供應鏈金融，拓展了業務空間，增加了利潤來源。此外，核心企業通過供應鏈金融服務，與供應鏈上的企業聯繫更緊密，產業生態圈更穩定，整個供應鏈的效率和競爭力也隨之提升。

2.3 供應鏈金融緩解中小企業融資約束的優勢分析

2.3.1 改善企業融資面臨的制度環境

在市場經濟環境下,「看不見的手」起著重要的作用,但是金融市場影響著國民經濟命脈,在中國金融市場還不夠完善的情況下,政府對准入機制、準備金制度、業務限制和價格波動等的政策管制也必不可少。從中國改革開放的歷史進程來看,國有大型企業作為經濟和金融活動的主導角色並未完全改變,政府的宏觀經濟政策一般也以大型企業為主,對中小企業的關注相對較少,潛在的制度約束在一定程度上給中小企業帶來了困難。儘管中小企業融資難的問題已經引起了廣泛的關注,政府也出抬了一系列政策,例如中國人民銀行發布了《關於進一步改善對中小企業服務的意見》,但效果並未達到預期。面對中小企業的高風險,在沒有法律和制度保障的前提下,以營利為目的的金融機構仍然敬小慎微,中小企業面對融資問題收效甚微。中國中小企業集聚的江浙地區,市場活躍度高,經濟發展快速,但與中小企業發展相關的法律法規不全,出現了大量的不良貸款。由於先天的不足,中小企業在一定程度上並不能用《中華人民共和國擔保法》《中華人民共和國經濟法》等條例進行融資考察。

供應鏈金融使中小企業融資更具有柔韌性,成為其突破制度因素限制的新舉措。供應鏈金融的實質在於金融機構通過對供應鏈整體企業的評價,針對流動性較差的企業資產,借助於供應鏈上仲介企業的渠道優勢以供應鏈上確定的未來現金流為還款擔保,創新金融產品,為供應鏈提供全面服務。供應鏈上的企業協同制訂適宜的財務計劃,利用現代技術協調物流、信息流和資金流的關係,使單個企業在金融市場中更易得到肯定。同時,供應鏈也是企業依賴的載體,供應鏈的良好運轉是企業發展的必要條件,因此上下游企業保證自身相關鏈條的暢通也是在保證企業自身的發展。

2.3.2 解決企業面臨的信息不對稱問題

信息對於當今社會經濟活動的重要性不言而喻,一般而言,金融機構獲取中小企業信息的方法較為有限。具體來說,在傳統金融視角下,中小企業具有的規模較小、經營風險較大、信用風險和道德風險高、財務制度不健全等特點,使得成本收益不經濟。而在供應鏈金融視角下,其運作過程涉及渠道內多個交易主體,能夠獲得供應鏈內大量的信息。一方面,中小企業嵌入的供應鏈

的交易信息和供應鏈的篩選機制使信息和信用問題得以從根源上解決；另一方面，供應鏈中的企業會主動對上下游企業進行嚴格的監察，信息得以及時流動，道德風險問題較少，供應鏈金融的安全性和收益性增強（見表2-1）。

表 2-1　不同視角對中小企業的認知

傳統金融視角	供應鏈金融視角
信息披露不足	供應鏈中的交易信息充足
信用風險高	供應鏈中的企業對關聯企業的篩選能力使上下游企業及其自身經營能力較強，信用風險較低
道德風險嚴重	供應鏈上參與企業的管理體系，使中小企業的准入資格和退出成本影響較大，降低道德風險
成本較高	供應鏈有效降低了中小企業信息的獲取成本

此外，傳統的金融方式一般是以被動為主，金融機構在資金融通前，要求中小企業提供具有還款能力證明的擔保，而弱化了中小企業的整體問題，使金融機構處於被動地位，缺乏客觀評價的機制。而供應鏈金融中的企業，為了在供應鏈中提升地位、維持良好聲譽以便於與核心企業和外部金融機構開展業務，信息高度公開化。同時，為了企業自身的發展，這些企業對供應鏈上其他企業的評價和篩選信息會持續不斷地進行，從而使金融機構信息採集成本下降、風險減小。

2.3.3　促進企業吸收金融機構貸款

在融資過程中，銀行重點關注已經進行交易的貸款業務，每發生一筆業務就要對中小企業的信譽狀況進行重新評估，來為之後的融資業務提供保障，以達到控制貸款風險的目的。符合標準指標的，繼續按照之前的交易流程進行。若出現財務指標不符合基本要求的中小企業，則將根據其預留在銀行的抵質押品獲得還款，以彌補中小企業資金流不充足的缺點。在供應鏈的運作過程中，企業會在生產和貿易中，形成存貨、預付款或應收帳款等資金沉澱環節，並由此產生融資需求，這些流動性較差的資產在傳統金融領域或許不足以成為擔保品，但卻為供應鏈金融開展金融服務提供了理想的資源。在供應鏈上，這些流動性不足的資產會產生未來確定的現金流，供應鏈金融則針對各項資產進行設計安排，將多項金融產品有效供應於各個環節。

在供應鏈金融模式下，由於有核心企業作為支撐，銀行可以適當降低貸款的准入機制，淡化對企業的財務分析，將業務重心放在每一筆具體的業務交易情況上。供應鏈運行中的每一筆交易、每一項物流活動、每一個信息流動，經

過整理分析，不僅有助於企業經營決策，還能引導供應鏈金融活動。因此，金融機構可以不再單純依賴於企業的基本財務和經營資料來判斷是否進行資金融通，而是依據供應鏈的整體情況，以企業的真實交易為切入點，以資產未來的現金流為依託，做出合作決策。沒有供應鏈就沒有供應鏈金融，而供應鏈的質量和穩定性，則決定了供應鏈金融的規模和風險。

2.4 供應鏈金融緩解企業融資約束的研究方法

2.4.1 基於博弈論方法的研究

供應鏈金融的出現使供應鏈上的企業、第三方物流和銀行能相互監督、協同，在實現供應鏈高效運作的同時，每個單位均能追求自身利益最大化。建立供應鏈金融動態博弈模型，可以研究供應鏈中企業之間的經濟關係以及其對金融機構的行為的影響。在國內外對供應鏈金融的研究中，使用動態博弈論方法的研究不在少數，這些研究對比分析了供應鏈金融的優勢，或是分析了流動性對金融機構和中小企業行為的影響。國內近十年來，大量文獻運用銀企信貸動態博弈模型理論，發現降低銀企交易成本和實施有效的動產質押是解決中小企業融資難的有效路徑，供應鏈金融具備更完備的服務體系、司法體系及擔保體系，從而可增加銀企間的信息透明度，在解決中小企業融資難的問題方面具有重要作用。此外，物流企業常被作為控制變量引入博弈模型，隨著研究的深入，越來越多的學者將關注重點由物流和信息流轉向了資金流，財務現金流也被引入博弈模型，並找出了供應鏈參與者實現利益最大化的均衡機制。

無第三方參與的債權控制融資博弈分析。首先，供應鏈上的中小企業，將其所擁有的核心大企業的債權作為抵押物，或者利用核心大企業提供擔保的方式向銀行申請貸款。這種融資模式在本質上與傳統金融模式一致，接下來本書將通過博弈模型分析無第三方的融資問題。完全信息靜態博弈支付矩陣如表2-2所示。

表 2-2

銀行	企業	
	償還	失信
貸款	L C	-X X
不貸	-L 0	0 0

其中，L為銀行放貸收益；X為企業失信收入；C為企業守信收入。顯然X>C。如果信息是完全的，在得知銀行將放貸時，企業的最優策略是失信，而銀行在得知完全信息時，將不會放貸。此時的納什均衡為銀行選擇不放貸，企業選擇失信，收益為0。容易發現，在信息完全時發展較好的中小企業還款能力高，與銀行合作能保持良好循環，而發展較差的中小企業經營發展成功率受限，失信的可能性較大。當然，現實社會是較難達到信息完全重複的，此時供應鏈金融便可成為解決該問題的方式。根據前文的分析，供應鏈上的中小企業一般具有良性的發展態勢，與核心企業開展著穩定的交易，當其需要融資服務時，核心企業能為中小企業提供金融機構所需的信息甚至做出擔保。相反，發展較差的中小企業即使參與到供應鏈中，由於業務交易的信息在供應鏈上傳導，信息透明度增強，核心企業作為理性經濟人並不會為其提供擔保，劣性企業得不到貸款。簡言之，供應鏈金融通過成功區分中小企業的優劣，為信貸工作和供應鏈的發展均提供了有利條件。

有第三方參與的供應鏈金融融資模式最優分析。第三方即物流企業，其特徵在於擁有貨物的監管權。銀行與物流企業合作，可使銀行變被動為主動，將中小企業的利益轉變為銀行的利潤，使供應鏈上各方的利益均得到保障。對於銀行而言，物流企業的加入，可使其信用風險大大降低並將信貸範圍延伸至物流企業的上下游產業；對於物流企業本身而言，參與供應鏈金融將顯著增強企業的競爭力和利潤源，可見供應鏈金融在資本市場和商品市場均能起到優化作用。

2.4.2 基於案例分析法的研究

案例分析法起源於法律教育，距今已有一百多年的歷史。一般採用實地調研的方式，選擇案例分析對象，通過收集數據和資料，從現象著手深入本質，從而得出一般性、規律性的結論。特別是在現象與實際環境邊界模糊、變量確定困難的時候，該方法適用性顯著。案例分析法主要是以定性研究為主，但其所特有的邏輯設計、資料搜集和分析方法，能夠對案例進行深刻和全面的分析，對動態的相互作用過程與所處的情境脈絡加以掌握，從而得出事物一般性、普遍性的規律。一般有實地觀察和文件資料分析兩種方式。

在供應鏈金融的具體應用中，可以簡單的理論分析為基礎，通過特定銀行或企業的具體情況，對真實案例中供應鏈金融促進中小企業融資、減少銀行信貸風險及交易成本的過程進行分析。此外，還可以通過對比分析，研究信貸環境對中小企業融資能力的影響，進一步說明供應鏈金融對企業融資約束的緩解

能力。美國對供應鏈金融的案例分析起源較早，大量文獻在對美國銀行的案例進行分析的基礎上，認為對物流、信息流及資金流的管理和監督是銀行對供應鏈金融管理的基礎，可通過降低相關成本促進銀行發展。中國學者對供應鏈金融的案例分析集中於近十年，一般以銀行融資業務為切入點，分析中小企業融資約束影響因素以及供應鏈金融提高企業融資能力的優勢。相應地，案例對比分析也是常用方式，例如張艷（2017）對 UPS 和京東的供應鏈金融從各項指標進行對比分析，為供應鏈金融服務實體經濟的發展提出了優化建議。

以美國 Big Lots 公司和第三方服務商 PrimeRevenue 以及美國國民城市銀行為例，分析供應鏈金融在融資服務中的具體作用。作為一家主營零售的世界 500 強企業，美國 Big Lots 公司商品種類繁多，成功的經驗使得該企業的供應鏈管理能力較強，但市場環境和全球經濟的變化也讓 Big Lots 公司出現了資金問題，這不僅意味著該公司自身的資金存在問題，而且主要是供應商的資金問題。各種零售商品的供應商主要是以中小企業為主，這些企業難免出現流動性問題，當融資不暢時，最常用的方式即加大折扣力度，價格的波動不僅對 Big Lots 公司不利，更可能導致供應鏈上的企業出現惡性競爭，最終甚至擠出同類對手以達到壟斷地位。而供應鏈上的企業承擔的成本都隨著供應鏈流向上游企業，換言之，Big Lots 公司後期的採購成本有可能增加。此時，供應鏈金融通過應收帳款融資計劃能解決融資約束問題，從而使供應鏈上的各家企業擺脫困境。PrimeRevenue 基於雲平臺 OpenSCi 為客戶管理資產和現金流。當 Big Lots 公司採購了某家供應商的產品後，將形成一筆應收應付帳款，產品交易完成後相關票據和交易信息將上傳至雲平臺，若供應商流動性充足，可以選擇等待 Big Lots 公司全額支付，否則其可以選擇將應收帳款進行貼現轉讓，而轉讓對象面向的是參與 PrimeRevenue 網絡服務的眾多金融機構。本案例以城市銀行為代表說明，由於交易和票據的信息真實有效，金融機構的風險源從供應商轉移到 Big Lots 公司，其後的款項將由 Big Lots 付給該金融機構。顯然，供應商得到了資金的融通，滿足了流動性需求，金融機構也降低了風險、賺取了利潤，而 Big Lots 公司自身和供應鏈的穩定也得到了保障。

如圖 2-1 所示，在 Big Lots 涉及的供應鏈金融模式中，直接參與者包括多級供應商，作為核心企業，Big Lots 需要建立嚴格的認證和管理類體系，以便形成穩定的交易關係，將物流、採購、票據等信息共享。借助於雲平臺，供應鏈金融的參與者均能隨時掌握相關信息，同時根據核心企業提供的共享信息，信息透明度和可信度大幅提升，資金融通得以順利進行。可以說，PrimeRevenue 服務商在提供金融服務的同時充當了風險管理者的角色，城市銀

行則作為風險承擔者提供了資金融通服務，整個過程不涉及任何借貸業務，對中小企業的信息收集成本和門檻顯著降低，銀行在為中小企業提供資金渡過難關的同時也擴大了收益來源。

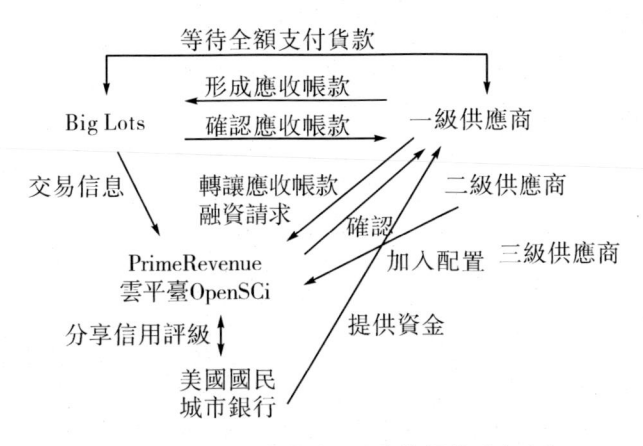

圖 2-1　Big Lots 供應鏈金融應收帳款融資流程

2.4.3　基於實證分析法的研究

實證分析法的優勢在於排除了研究者的價值標準和主觀偏好，有助於對客觀現象的內在成因及其普遍聯繫進行準確判斷，通過現象推測事物的本質及其運行規律。其以數理實證分析為主流，運用數學計量工具將複雜的現象之間的內在關係顯現出來，強調科學結論的客觀性和普遍性。實證研究以數據或證據為依託，必須是可以重複驗證的過程，根據數據類型的不同，可以分為定量實證研究和定性實證研究，一般包括四個步驟：確定研究對象，對研究對象的事實資料進行整理、分析；釐清假設條件，雖然假設條件時常並不符合現實情況，但是沒有假設條件影響的因素繁多且複雜，無法進行科學的實證分析，恰當的假設條件十分重要；提出設想，對現象的客觀研究在未進行驗證之前，從理論和經驗的角度進行概括和總結；驗證，為了得出具有普遍意義的結論，在特定條件下需要對設想進行檢驗，包括預測分析。供應鏈金融對企業融資約束的影響的實證分析一般以緩解融資約束的效果以及信用風險度量和評價為主。在具體的實證分析中，大量文獻在有相關理論支撐的前提下，通過構建例如 logistic 的實證模型，以現實企業為樣本，驗證供應鏈金融對企業融資約束的相關影響。如王立清、胡瀅（2018）整合信息經濟學理論，將產融結合、戰略承諾納入供應鏈金融與企業融資約束研究框架，利用 2012 年至 2016 年中國製造業、建築業、批發零售業等 354 家上市公司的面板數據進行實證分析，得出

了供應鏈金融有利於緩解融資約束，產融結合與戰略承諾均對供應鏈金融與企業融資約束間的關係具有顯著的正向調節作用的結論。劉可、繆宏偉（2013）通過2001年至2011年中國上市的製造業中小企業的經營數據，從投資—現金流敏感性方面進行實證分析，發現該行業的中小企業存在顯著的融資約束，在供應鏈金融的支持下，其融資約束的程度得到了緩解。李寶寶、李婷婷、耿成軒（2016）同樣以製造業中小企業為樣本進行實證分析，在得出供應鏈金融對其融資約束起緩解作用的類似結論的同時，對樣本按照金融發展水準進行分組，發現金融發展水準可以對供應鏈金融緩解企業融資約束起到正向調節作用。

2.5 供應鏈金融緩解企業融資約束的形態

2.5.1 應收帳款融資

在競爭日益激烈的市場環境下，賒銷已經成為主要的銷售方式，應收帳款則是伴隨著企業銷售而形成的一項債權。對於銷售商品的企業而言，通常是在確認收入或者壞帳的同時，確認應收帳款。賒銷可以促進企業銷售收入增加，但從交易開始到最終獲得貨款，授信企業需要對應收帳款進行管理以確保在最大程度上保證足額、及時收回應收帳款，防範企業的流動性風險和信用風險。供應鏈應收帳款融資模式是指企業為獲得資金融通，以真實交易產生的應收帳款作為還款來源和標的進行資金融通的業務，主要有保理、保理池、反向保理、票據池以及出口企業的應收帳款池和出口信用險等幾種方式。

保理是指在賒銷業務中，金融機構通過收購企業的應收帳款為企業提供融資等金融服務。如圖2-2所示，當需要融資的企業與下游企業達成交易並形成應收帳款後，金融機構首先與融資企業簽訂保理協議，將賒銷產生的應收帳款出售，在實際經濟活動中，該賒銷期一般為90~180天。根據有無追索權，有兩種處理方式，對於無追索權的保理，金融機構的帳款由買方償還，需要對買方進行嚴格的資信評估；對於有追索權的保理，即使當買方無法償還時，金融機構還能向融資企業追償。

保理池融資方式與保理之間最大的差異在於應收帳款不再是單一的業務或者由買方形成的。如圖2-3所示，融資企業對應於多家下游企業，產生的不同金額、不同期限的應收帳款可以用與保理業務類似的處理方式一次性轉讓給金融機構，此種方式可將零散的應收帳款綜合，減少多次進行保理業務的繁瑣手

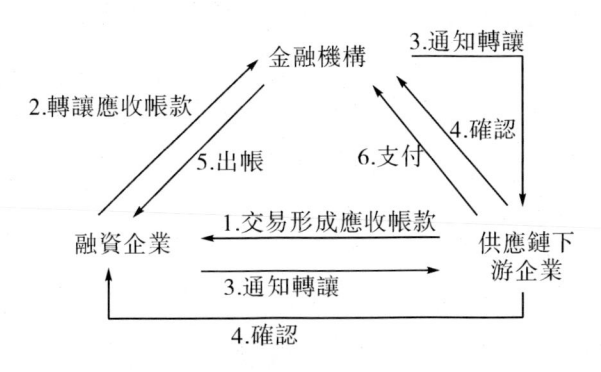

图 2-2 供應鏈金融—保理業務流程

續，提高融資效率。但相較於單筆保理業務，保理池融資的風險更大，要求金融機構具有掌控每筆應收帳款動向的能力，避免壞帳。同時，多家買方企業的出現，也從另一個層面降低了金融機構的風險，畢竟多家企業同時發生信用風險的概率較低。總體而言，防範保理池融資業務的風險，主要需要關注以下四點：篩選信用良好的客戶；篩選信用良好的客戶對應的優質應收帳款；規範應收帳款保理的單據，要求確保其真實性；建立事後的動態監察系統。

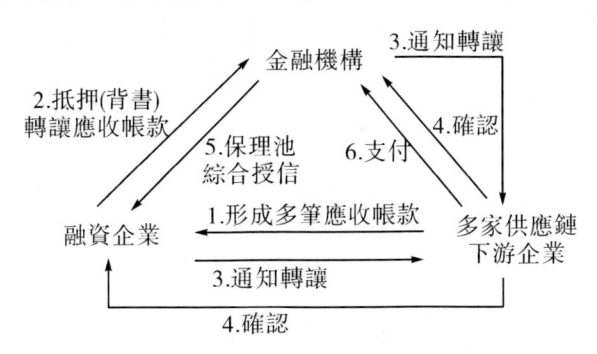

圖 2-3 供應鏈金融—保理池業務流程

反向保理特別適用於資信狀況良好的中小企業或者與核心企業具有長期穩定關係的中小企業，金融機構基於核心企業的經營狀況，考察與之聯繫緊密的中小企業的融資需求，為其提供資金融通服務。此時金融機構的考察對象不再是中小企業，而是其與核心企業之間的應收帳款，由於核心企業資信狀況易知，只要該筆應收帳款得到了核心企業的認可，金融機構即可通過轉讓應收帳款的形式融通資金。與保理最大的不同在於，反向保理的金融機構主要考察核

心企業，而不是融資企業，如圖2-4所示，作為採購商的核心企業與融資供應商之間達成交易關係，產生應收帳款後，核心企業將應收帳款交給保理商，通過相關的資質核查和驗證後，保理商對該筆應收帳款進行貼現，供應商即獲得了資金融通，待款項到期時由核心企業與保理商進行結算。

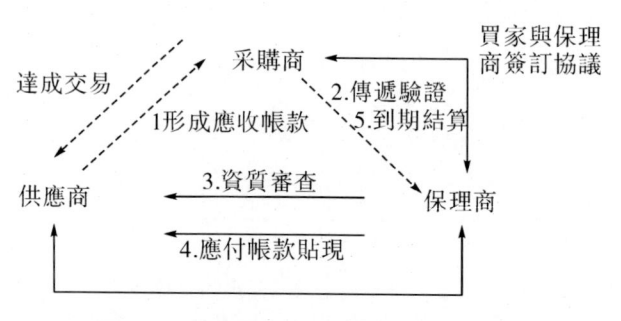

圖2-4 供應鏈金融——反向保理業務流程

供應鏈金融中的票據池涉及的主要是商業票據，金融機構為企業提供票據管理、托收和授信等一系列服務。金融機構對企業的票據進行質押或者轉讓處理後，形成票據池作為授信資產對企業進行融資服務。對於融資企業而言，票據池減少了其管理票據的工作，還能通過金融機構對票據進行拆分、合併，解決多種不同的資金需求。

對於出口型企業，供應鏈金融還具有特殊的形式，尤其是針對中小型出口企業，可以解決以賒銷為主的保理、出口信用險融資門檻高、缺乏擔保手段等問題。金融機構根據中小型出口企業的現金流和結算記錄，將多筆應收帳款合在一起成為「池」，並根據池內餘額提供一定比例的短期融資便利。其融資過程與保理池業務類似，但出口應收帳款池業務中的金額較低，如圖2-5所示。

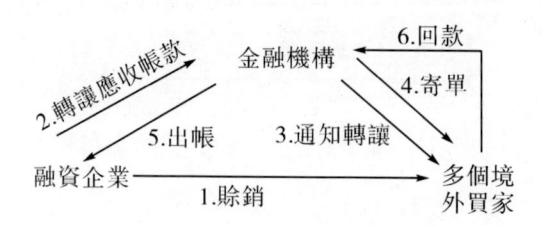

圖2-5 供應鏈金融——出口應收帳款池業務流程

對於已經投保出口信用險的客戶，可以通過轉讓賠款權益從金融機構處獲得短期融資。此時，一旦發生保險責任範圍內的損失，保險公司將根據協定款項理賠給金融機構，如圖2-6所示。這種融資形式的特點包括：通過保險公司將風險分散，充分發揮專業分工優勢，無須抵押和擔保，金融機構願意給出口

企業授信；能夠有效鎖定收匯金額，降低匯率風險。

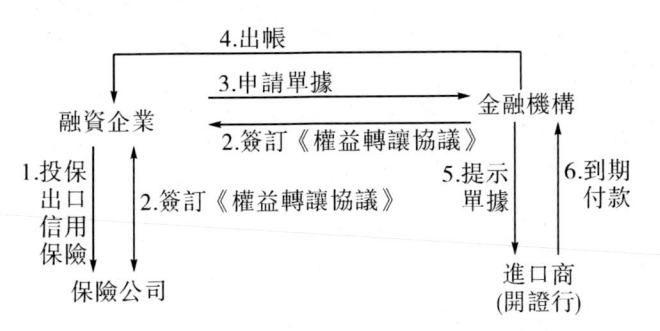

圖 2-6　供應鏈金融—出口信用險業務流程

2.5.2 庫存融資

中小企業往往具有不少庫存，而庫存成本是供應鏈成本的重要組成部分。因為庫存而被占用的資金使企業喪失了使用該筆資金可能獲得收益的可能性。庫存融資在中國的表現形式主要有靜態抵質押授信、動態抵質押授信、倉單質押授信三種。

靜態抵質押授信是貨物抵質押業務中對客戶要求最嚴苛的方式，金融機構通過第三方物流企業對融資業務的抵質押物進行監管，只允許通過追加保證金來贖貨，其業務流程如圖 2-7 所示。

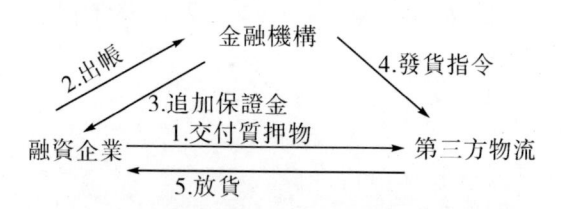

圖 2-7　供應鏈金融—靜態抵質押業務流程

動態抵質押授信與靜態方式基本一致，其業務流程如圖 2-8 所示。這種抵質押授信最主要的特徵在於金融機構為融資企業設定了最低限額，允許在限額以上的商品自由出庫，允許以貨易貨。

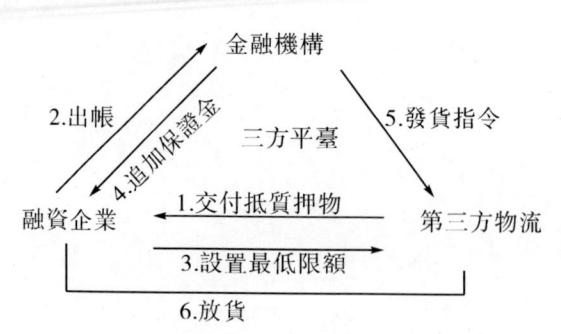

圖 2-8　供應鏈金融—動態抵質押業務流程

倉單質押授信根據倉單的類型可以分為標準倉單質押和普通倉單質押。若為期貨交割倉單，則稱標準倉單，具有流動性強、手續簡便、成本低廉的特點，適用於參與期貨交易市場的客戶，標準倉單質押業務流程如圖2-9所示。

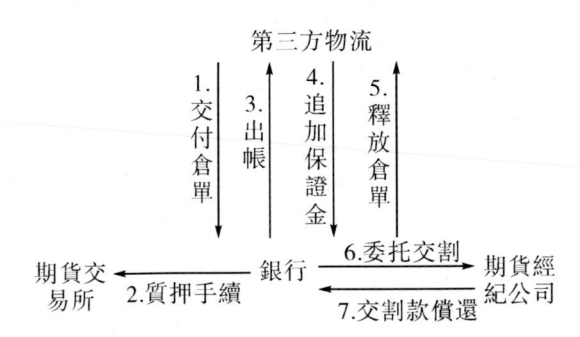

圖2-9　供應鏈金融—標準倉單質押業務流程

對於非期貨交割倉單的普通倉單，一般由倉庫或者第三方物流公司提供，要求出具倉單的企業具有很高的資質。普通倉單質押業務流程如圖2-10所示。

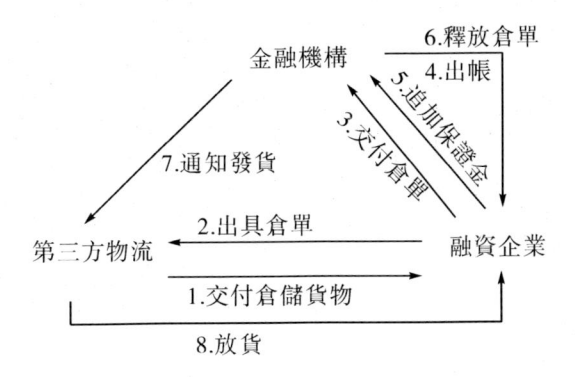

圖2-10　供應鏈金融—普通倉單質押業務流程

2.5.3　預付款融資

預付款融資的擔保基礎是融資企業對供應商的提貨權，或是提貨權實現後的在途存貨、庫存存貨。該模式主要是指融資企業由第三方物流企業提供信用擔保，以金融機構控制提貨權並認可的倉單向其申請質押貸款，主要分為五種類型：先票（款）後貨、擔保提貨（保兌倉）、進口信用證未來貨權質押、國內信用證以及附保貼函的商業承兌匯票。

先票（款）後貨授信方式與存貨融資類似，融資企業交納保證金後從銀行等金融機構取得授信，製造商得到銀行全額貨款後發貨，貨物由第三方物流

發運並於抵達後作為金融機構的抵質押物。相較於存貨融資，此種方式授信時間更長，涵蓋了排產以及在途期，到貨後亦可轉化為存貨融資，因此融資效果更強，在某種程度上還可以提前鎖定商品採購價格，其業務流程如圖 2-11 所示。

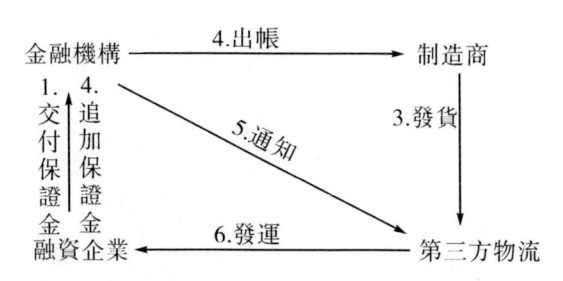

圖 2-11　供應鏈金融—先票（款）後貨業務流程

在擔保提貨（保兌倉）授信方式下，融資企業採購某種商品時，通過交納保證金給金融機構，由金融機構付全款給供應商，隨後融資企業可分多次向金融機構交納保證金，而金融機構則分次通知供應商發貨，對於發貨不足的部分，供應商需向金融機構退款。對於金融機構而言，此時沒有第三方物流參與，簡化了監管難度。可見，當大批量採購時，若供應商無法一次性交付發貨，而又需要採用一次性付款方式時，適用於此種融資方式。擔保提貨的業務流程如圖 2-12 所示。

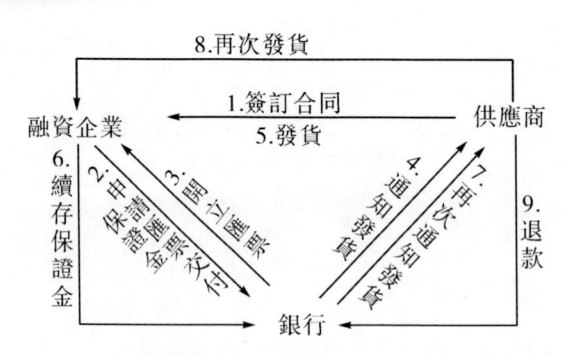

圖 2-12　供應鏈金融—擔保提貨（保兌倉）業務流程

信用證，是指銀行根據進口人（買方）的請求，開給出口人（賣方）的一種保證承擔支付貨款責任的書面憑證。在信用證內，銀行授權出口人在符合信用證所規定的條件下，以該行或其指定的銀行為付款人，開具不得超過規定金額的匯票，並按規定隨附裝運單據，按期在指定地點收取貨款。進口信用證是未來貨權質押授信，是一種銀行等金融機構以融資企業繳納的保證金為前提，以融資企業獲得的貨權為還款保障的融資形式。在貨物到港後可以轉化為存貨抵質押授信，對於需要大量採購的進口企業，此種方式允許其利用少量的保證金擴大採購規模，具體的業務流程如圖2-13所示。

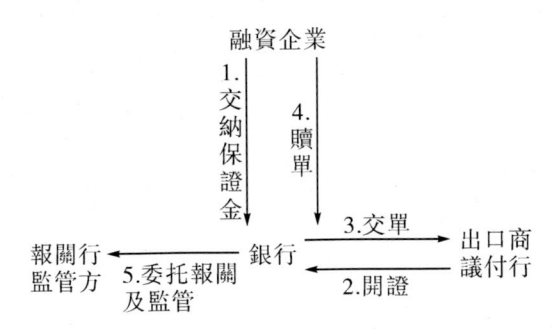

圖2-13　供應鏈金融—進口信用證未來貨權質押業務流程

　　國內企業之間也可以採用信用證條款的單據來支付貨款，以彌補商業信用的不足。國內信用證交易更簡便，融資企業甚至可以利用在開證銀行的授信額度開立延期付款信用來提取貨物，用銷售收入來支付而不需占用自有資金。融資企業與供應商簽訂合同後，融資企業向開證行申請開立信用證，經開證行受理後向通知行開立國內信用證，通知行收到信用證後通知供應商，然後供應商發貨並向通知行交單，通知行審單議付後向供應商支付對價，此後通知行將單據交付開證行委託收款，其業務流程如圖2-14所示。

　　在國內信用證授信業務中，若供應商期望以未來收到的信用證項下的貨款為還款來源，獲取滿足生產運輸需求等的資金，則可以採用國內信用證項下打包貸款，其額度一般在信用證額度的80%以內。分銷商與供應商基於真實交易簽訂以信用證為結算方式的合同，分銷商向開證行提出開證申請，經審查資質後開證行開立國內信用證，通知行告知供應商並交付信用證，然後供應商向通知行申請打包貸款，若申請通過，通知行便付款給供應商，此後供應商發貨並獲取相關單據，供應商將單據交於通知行，通知行以此單據向開證行要求分銷商付款，開證行向通知行付融資款項，通知行扣除打包貸款額及利息費用後，餘額交付給供應商，其業務流程如圖2-15所示。

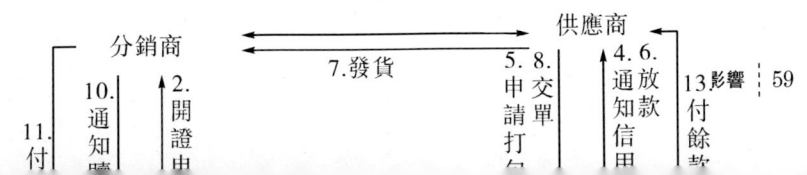

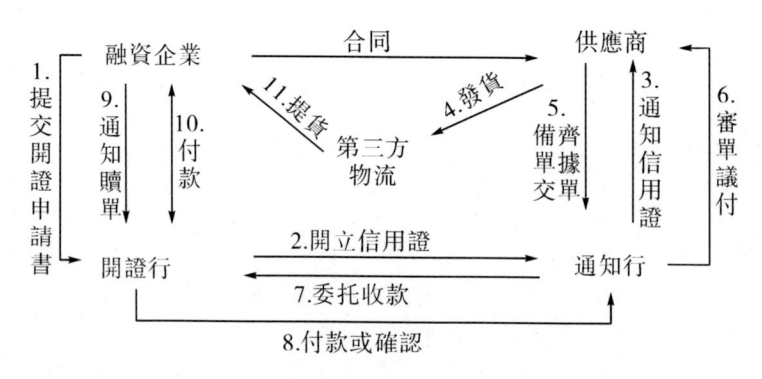

图 2-14　供應鏈金融—國內信用證業務流程

商業承兌匯票保貼是指對符合金融機構條件的企業，以書函的形式承諾為其簽發或持有的商業承兌匯票辦理貼現，即給予保貼額度的一種授信行為，本質上是對企業發放的授信額度，可在額度內循環使用。票據的承兌人、持票人或貼現申請人均可申請保貼額度，對於出票人的授信流程如圖 2-16 所示。

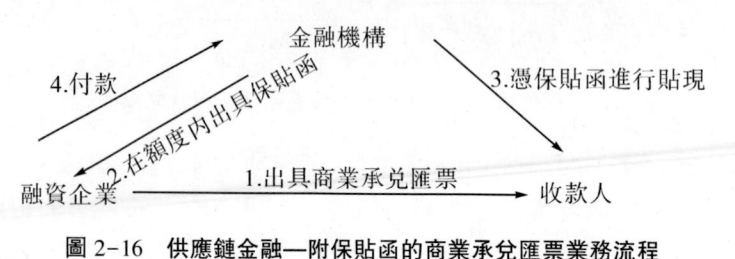

圖 2-16　供應鏈金融—附保貼函的商業承兌匯票業務流程

2.5.4　戰略關係融資

組織間的交易治理機制分為契約治理和關係治理，契約治理主要存在於計劃性交易，是法律原則下的規定交易內容的條款，可使履約獲益。相比之下，關係治理是一種非正式的垂直交易過程。一般情況下，在通過契約治理保障雙方權益的前提下，進行關係治理能有效彌補信用風險。戰略關係融資即為供應鏈融資下的關係治理，供應鏈上下游企業在長期穩定的合作關係形成後，基於信任而進行的融資活動，能夠在加深合作關係的同時促進未來價值的創造，具體的業務流程如圖 2-17 所示。

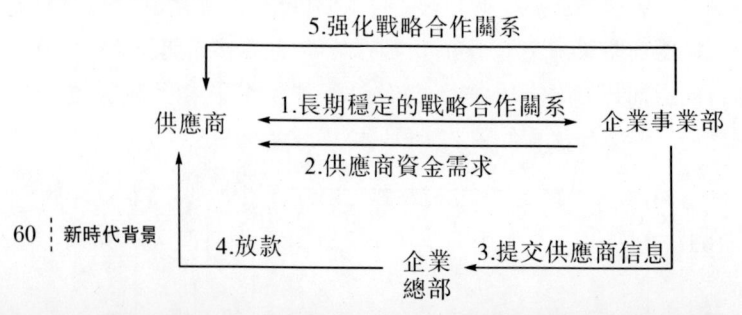

處於領先地位的企業，為了自身的發展以及供應鏈的穩定，為抓住優質供應商，除了提供計劃內的支持舉措之外，還會對其進行關係融資。如圖2-17所示，該企業的事業部根據歷史信息和數據篩選供應商，並主動瞭解其資金需求情況，以保證其生產的順利進行和效率的提升，若供應商出現資金需求，事業部可向財務部門提出申請，並由企業總部直接放款。

2.6 供應鏈金融下的中小企業融資體系

供應鏈金融下的中小企業融資體系，體現為相對更複雜的融資模式，參與者除了中小企業外還包括供應鏈上的核心企業、第三方機構和金融機構，基於產業鏈視角對供應鏈金融體系進行構建，主要有建立融資擔保體系、核心企業信用評級體系和融資企業信用信息數據庫三個方面。

2.6.1 建立融資擔保體系

根據《中華人民共和國擔保法》，擔保是為了促進債務人履行債務實現債權人的權利的一種方式，擔保可以分為「人保」和「物保」，保證擔保即「人保」，而最為常見的是抵押、質押、留置和定金的「物保」。在供應鏈金融模式下，建立中小企業融資擔保體系是指核心企業與提供資金的金融機構約定，當借款的中小企業發生違約不能清償債務本息時，由核心企業承擔擔保責任代為履行債務，可以看作是傳統擔保中的「人保」模式。首先，建立融資擔保體系能夠直接為供應鏈上的中小企業帶來資金融通的可得性和便利性，解決中小企業流動性缺乏、應收帳款週轉期長、財務和交易信息不完善等問題。其次，供應鏈金融擔保體系的建立還有助於監督中小企業的生產和經營，提升其綜合實力和信用水準。最後，對於以盈利為目的的金融機構，供應鏈金融模式降低了其承擔的風險，在增加金融機構盈利能力的同時調節了社會資金配置。

2.6.2 建立核心企業信用評級體系

信用評級於20世紀初產生於美國，目前國際公認的三大信用評級機構分別是穆迪 Moody's、標準普爾 Standard & Poor's 和惠譽 Fitch Rating。得益於完善的管理體制和龐大的市場化信用服務主體，信用交易占據了美國經濟的絕對主導地位，而保障信用交易得以順利進行的條件之一即為健全的信用評級體系。企業特別是中小企業的財務信息不完善、企業信用意識的不足，以及金融機構

與中小企業之間存在嚴重的信息不對稱，都極大程度地制約了中小企業的融資能力。除了通過供應鏈上的核心企業提供擔保之外，對企業進行有效的信用評級也能達到緩解中小企業融資約束的目的，這就需要建立適用於供應鏈金融的企業信用評級體系。一旦該評級體系建立完成，不僅能區分中小企業的優劣，從而有效解決融資難題，同時還能為金融機構賺取利潤、規避風險提供可靠的參考依據，降低其信息收集成本，從長遠來看更有益於供應鏈上下游企業的蓬勃發展、供應鏈整體和社會的穩定。如前文所述，中小企業本身的信息量較少且真實性有待考察，因此，在構建供應鏈金融企業信用評級體系時，供應鏈上的核心企業的作用最為重要，可以通過核心企業以及相關的上下游企業、物流企業的信息，從側面瞭解融資中小企業的日常經營狀況。

2.6.3 建立融資企業信用信息數據庫

中國企業信用信息數據庫是在國務院領導下，由中國人民銀行組織建立的企業信息共享平臺。通過採集、保存、整理的企業信用信息，可以為金融機構、企業、行政部門提供信用信息，對社會各方識別企業誠信度、完善社會信用體系、促進經濟發展具有深遠意義。在供應鏈金融形式下，融資企業信用信息數據庫能否成功建立，直接關係到融資體系的組建以及信用資源的透明度。中國的企業信用信息數據庫是由政府主導建立，使得獲取稅務、法院、工商、質監等有關部門的相關信息的便利性得到了大幅提升，而供應鏈上的核心企業和上下游企業也傾向於主動提供自身所掌握的中小企業信息匯總到信用信息數據庫中。

3 供應鏈金融合作模式

供應鏈金融涉及多個參與主體，本章從供應鏈金融參與主體的選擇、參與主體之間的行為博弈、供應鏈金融合作模式的運行分析等方面著手，將供應鏈金融合作模式具體化，並關注供應鏈金融對中小企業融資的利弊效應，形成一種具有普遍適用性的模式，以應用於更多的行業和符合條件的企業，成為一種解決資金問題、提高資金使用效率、增加供應鏈整體效率的模式。

3.1 供應鏈金融合作模式參與主體的選擇

供應鏈金融的參與主體一般包括金融機構、政府機構、第三方物流企業、供應商、銷售企業以及核心企業等。其中核心企業在供應鏈中的地位較高，一般由大型企業充當，而供應商和銷售企業主要是以供應鏈上下游的中小企業為主，地位和信用級別較低，更容易產生融資需求。供應鏈金融中的金融機構大部分指的是商業銀行，在其中充當資金供給者的角色，同時還開展結算業務、中間業務、擔保業務等，通過核心企業提供的相關信息對供應鏈上下游的中小企業展開業務。政府機構在供應鏈中主要充當監管者的角色，通過制定法律法規、貨幣政策和財政政策甚至進行行政干預等，促進中小企業融資、維持金融秩序、推進金融改革。第三方物流企業在供應鏈中最主要的作用體現在其對貨物，即對抵質押物的存儲和運輸服務方面，可以作為一個第三方為金融機構提供信息等資料。

3.1.1 供應鏈金融合作模式參與主體的選擇原則

供應鏈金融的參與者從不同的層面可以分為：宏觀的環境影響者，包括制度環境和技術環境；中觀的機構參與者，包括實體經濟中供應鏈的參與者和金融機構，全球商業研究中心在 2007 年將供應鏈金融的參與者分為供應鏈賣方、

買方、供應鏈金融平臺支持服務商、風險管理者等；微觀的機構參與者，包括營運活動所涉及的採購、生產、分銷等部門，以及處理資金和財務的各部門。

供應鏈服務本身是一種商業模式，通過內部相互作用達到以最小的成本獲得最高效率的企業生產和服務水準，從而贏取更多的利潤。而供應鏈金融管理要求以通過分散風險來提高金融資源配置效率為核心任務。因此，對於供應鏈金融中的金融機構的選擇，應首先保證金融機構參與供應鏈金融後能降低風險；其次，能夠提升金融機構的競爭力；再次，有助於擴展銀行業務；最後，能保證其盈利性。以商業銀行為例，供應鏈金融的業務模式與傳統商業銀行的信貸業務差異較為明顯，但核心原則並未改變，即①風險收益平衡原則。商業銀行在收益與風險之間的權衡上，根據風險調整後的資本回報率 RAROC 指標以及股東價值評價，供應鏈金融業務必須滿足 RAROC 大於其要求的最低回報率。②全面風險管理原則。供應鏈金融業務應同商業銀行的其他業務一起被納入風險管理體系，根據巴賽爾協議進行定性和定量風險判斷，對可能出現的風險形成事前檢測和事後處理反饋機制。③協同監管原則。由於中國形成的分業經營和監管的金融體制，商業銀行和供應鏈中的核心企業、第三方物流企業或者供應商都不能單獨完成供應鏈金融服務，自然要求商業銀行在與供應鏈上的企業合作的同時，進行協同監管。

核心企業因其掌握了供應鏈的核心價值，是供應鏈整體物流、信息流和資金流的核心樞紐，在一定程度上決定了上下游企業的交易質量和整個供應鏈的效率和穩定情況。此外，核心企業還能對上游供應商和下游分銷商融資。從供應鏈金融涉及的大量交易來看，供應鏈金融主要是基於真實的商業貿易而產生的，成功融資的前提是對銷售合同、訂單、發貨單、收貨單等票據憑證的真實性的審查，並結合融資企業的歷史經營狀況，而這些均離不開核心企業的參與。可以說，核心企業對供應鏈組成有決定權，對供應商、經銷商、下游製造企業有嚴格的選擇標準和較強的控制力。顯然，在供應鏈金融中核心企業是融資的關注重點，把握了核心企業的地位和財務狀況就能對供應鏈上的其他企業的情況做出判斷。一方面，供應鏈上的中小企業在需要融資時，核心企業可以為其提供擔保，將自身的資信實力和融資能力甚至是以提供抵質押物的方式，轉化為上下游中小企業的融資能力。另一方面，由於核心企業與融資企業的長期合作關係，其互相瞭解程度相較於金融機構更深入，核心企業在融資中承擔了中小企業的違約風險，會加強對融資企業的監督並控制資金的使用，督促業務的進展和貸款的償還，減少金融機構的風險，增加融資企業的資金可得性。對於核心企業的選擇原則，這一方面能夠幫助核心企業自身穩定上下游的供銷

渠道；另一方面通過核心企業的信用能夠有效提升供應鏈的核心競爭力。

除了核心企業之外，對於供應鏈上的供應商和分銷商等企業的選擇主要是相對弱勢的中小企業。這些企業一般由於財務管理不完善、信用等級不高、缺乏銀行要求的財務報表和抵質押品而較難從銀行獲得授信。而供應鏈金融使得這一情況發生了轉變，銀行對這些中小企業的信用評估方式和授信思路，由單一針對企業個體變更為針對整個供應鏈的經營情況以及核心企業的資信情況，從對靜態財務指標的評價轉向了對企業經營動態的跟蹤。

3.1.2 基於企業類型的不同選擇主體企業

根據企業的不同類型，對各個主體的選擇進行詳述，主要包括核心企業、上下游中小企業、第三方物流企業。如前文所述，核心企業在供應鏈中起著中心樞紐的重要作用，對於由不同類型的企業構成的供應鏈，其核心企業出現的具體環節也不同，一般核心企業都掌握了供應鏈上的關鍵技術，例如在傳統製造業中，核心企業一般是製造關鍵零件或實現整合的企業；而在高科技行業中，核心企業往往是具備核心研究能力和核心技術的企業；對於零售或者物流等行業，核心企業通常是能掌控整個銷售網絡，擁有龐大的客戶群體的企業。從另一個角度來看，核心企業大部分是國際、國內或者行業內的著名企業，處於行業領先甚至是壟斷地位，對該領域能產生顯著的影響力和號召力。儘管根據分析可知不同類型的企業的核心企業的選擇節點不同，但是總體具有一致的特徵：首先是占據絕對的優勢地位，核心企業基於對價值鏈上的關鍵技術和價值的壟斷和掌控，使其在交易談判、資金融通和資源配置等方面均處於優勢地位；其次，基於自身的行業領先技術和地位以及信用等級優勢，核心企業資金充沛且較易獲得資金融通；最後，核心企業的經營情況形成了技術領先、信用等級良好的品牌效應良性循環，成為各商業銀行競相爭取的優質客戶。

對於供應商和分銷商等在供應鏈中處於相對弱勢地位的企業，同時也是通過供應鏈金融能夠直接獲得融資服務的企業，一般以中小企業為主，在供應鏈中處於低附加值的環節。相較於核心企業，這些企業沒有核心技術、價值和豐富的資源，以勞動力密集、非核心技術的行業技能和條件在供應鏈中出現。同樣地，這類企業具有一致的特徵：首先是處於相對弱勢的地位，無論是談判地位還是資源調用均不及核心企業，而由於缺乏核心技術、同業競爭異常激烈，其在價格制定、財務結算、供貨方式和效率、銷售規模等方面，不斷被核心企業所排擠，最終經營業績下滑，現金流日趨緊張；其次，由於缺乏結算的談判優勢地位，出現了大量的應收帳款，並使得這類企業的流動性問題較為嚴重；

最後，這類企業一旦出現融資需求，就會常常由於缺乏抵質押物和信用等級評價資料，難以獲得授信或是獲得更高成本的資金融通。因為在商業銀行看來，這類企業屬於資信等級偏低、基礎薄弱、風險偏高的客戶。

第三方物流企業作為提供物流服務的外部供應商，其業務一般包括提供運輸、倉儲管理、配送等服務，所謂第三方是指其本身並不生產或銷售，而是為生產和銷售環節提供服務的中間第三方。在一定程度上，第三方物流企業在供應鏈金融中充當金融機構的代理人的角色，對抵質押物進行有效監管，還可以對融資企業的經營活動等情況進行實現監測，針對金融機構的要求及時向銀行發出預警信號，並進行適當的應急處理。第三方物流企業按照物流成本加上需求方毛利額的20%收費，可見，此時的物流企業的收益與風險不再是獨立的，其與需求方形成了風險共擔、利益共享的物流聯盟關係。首先，第三方物流是合同導向的一系列服務，區別於傳統物流和運輸業的單一服務；其次，第三方物流企業提供個性化物流服務，第三方物流服務的範圍包括物流、信息流等均是隨著價值流流動的，服務週期期長需要按照客戶的業務流程來定制，更為專業；最後，第三方物流以現代電子信息技術為基礎，電子技術的發展不僅使物流企業的倉儲管理、運輸更為方便、快捷和高效，還提高了供應鏈上其他企業與第三方物流企業之間信息交換的時效性。

3.1.3 供應鏈金融合作模式主體選擇的普遍適用條件

首先，供應鏈金融合作的主體選擇必須在同一個供應鏈中。供應鏈的定義是以客戶需求為導向、以整合資源為手段，實現產品設計、採購、生產、銷售、服務等全過程高效協同的組織形態。供應鏈是指圍繞核心企業，從配套零件開始，制成中間產品以及最終產品，最後由銷售網絡把產品送到消費者手中的，將供應商、製造商、分銷商直到最終用戶連成一個整體的功能網鏈結構。供應鏈管理的經營理念是從消費者的角度出發，通過企業間的協作，謀求供應鏈整體最佳化。成功的供應鏈管理能夠協調並整合供應鏈中的所有活動，最終使其成為無縫連接的一體化過程。

其次，主體企業之間必須有真實的貿易背景。供應鏈金融是在企業全球化、網絡化時代為了獲得競爭優勢而形成的產物之一，其能夠幫助企業最大限度地發揮自身優勢，形成良好的交易環境，注重企業以及系統的金融資源和現金流運轉效率。柔性網絡組織形態，有助於資金的合理高效流動，促進網絡供應鏈的發展和提高供應鏈中企業的經濟績效，因此，構築能與供應鏈中相關企業有效連接的金融體系，是該供應鏈獲得競爭優勢而成功發展的主要源泉。在

供應鏈金融中企業真實的貿易背景是維繫關鍵客戶和戰略供應商、實現共同發展的基礎保障，並且供應鏈金融具有自償性的特徵，主要依賴於真實的貿易交易背景。在融資過程中，真實交易背後的存貨、應收帳款、核心企業補足擔保等是授信融資實現自償的根本保證，一旦交易背景的真實性不存在，就會出現偽造貿易合同、融資對應的應收帳款的存在性與合法性出現問題、質押物權屬與質量有瑕疵、買賣雙方虛構交易惡意套取銀行資金等狀況，將使資金融通面臨巨大的風險，使供應鏈金融的穩定性和持續性受到挑戰。

最後，有相對強勢和弱勢的主體企業。最早的供應鏈金融的定義指出，供應鏈上的參與者與提供金融支持的外部金融機構建立協作，以實現供應鏈的目標。此時，外部融資不再是從組織之外獲取資源，而是作為一個大實體，該實體外的資源才成為外部資源，即在供應鏈金融環境下，內部融資的可選擇性被擴展了。一般而言，供應鏈上的企業為了緩解資金流動性問題，有三種運作方式：一是單方面延長支付，多數發生在強勢下游客戶對弱勢供應商的交易中，雖然表面上為下游供應商解決了資金問題，但是卻給上游供應商帶來了麻煩，可能使其過度關注資金問題而忽視產品質量；二是早期支付折扣計劃，即下游客戶提前支付款項可獲得的較好的折扣價，這在一定程度上也能解決上游企業的資金問題，但存在著將折扣算入價格的現象，從而可能提高下游客戶的供貨價格，在涉及國際貿易時更會導致複雜的手續；三是供應商管理庫存，即買賣雙方在一個共同的協議下由供應商管理庫存，承擔在下游企業倉庫中的庫存管理和代價，直到供應產品被下游客戶使用時才進行所有權轉移。該方式以雙方都獲得最低成本為目的，能在提高供應鏈運行效率的同時解決資金占壓問題。從競爭性戰略到協作性戰略，供應鏈中的企業存在著相對強勢和弱勢之分，只有這樣才能產生資金實力的不平衡和結算方式的不平衡，從而存在平衡資金和信貸資金配給的需求。

將借助核心企業（強勢企業）的資信為中小企業（弱勢企業）融資的方式更加抽象化，把不拘泥於借助大型企業的資信為中小企業融資的方式，提煉為借助相對強勢企業的資信為相對弱勢企業融資或借助於強勢企業的貿易背景豐富融資手段、為弱勢企業融資，這樣的模式更具有適用性，強勢企業不一定為大型企業，而弱勢企業也不一定為小型企業。

3.2 供應鏈金融合作模式主體間的行為博弈

在某種程度上，合作的達成是各參與主體博弈的結果。本節將分析在供應

鏈金融環境下，各參與企業在內部融資和外部融資中的博弈情況，解釋融資困境出現的原因，進而探討供應鏈金融解決融資難的依據和途徑。博弈行為能夠為供應鏈金融中的企業通過合作在競爭中取得領先優勢提供新思路，使其在複雜的市場競爭中取得長期優勢。

在傳統的融資模式下，企業的最優或者利益最大化決策，均是從自身出發而制定的，因此可以使用逆向歸納的原理，從下游到上游依次尋找供應鏈中各企業的最優變量。而在供應鏈金融模式下，企業不再僅僅考慮自身，而是要以供應鏈上企業共同利益最大化、供應鏈價值增值為目的。

3.2.1 無第三方參與的債權控制融資博弈分析

當融資行為產生而無第三方參與時，一般情況下，處於供應鏈節點上的中小企業，會以其所擁有的核心企業的債權作為抵押物，或者利用核心企業為中小企業提供擔保來獲得貸款。這種融資模式，使得中小企業在金融機構更容易獲得融資的同時，還可以降低金融機構的信貸風險。利用博弈的思想，通過模型定量分析供應鏈金融下的融資問題、銀行企業的均衡問題。在供應鏈生產經營過程中，參與主體包括以製造商為代表的核心企業 c，供應鏈中的供應商——上游中小企業 i，以及經銷商——下游中小企業 j。首先，考慮融資成本即貸款利率 r。從金融機構的角度，利率是由資金成本 r_0、預期損失率、風險溢價以及其他經營成本 c 組成。其中，預期損失率是借款企業違約概率與違約損失率的乘積，即 $D\lambda$；風險溢價等於 $k(\delta - r_0)$，k 表示授信級別，顯然企業信用程度越高 k 值應越小。因此，在傳統融資模式下供應鏈中的核心企業和上下游企業的融資利率分別為

$$r_i = r_0 + c_i + D_i\lambda + k_i(\delta - r_0)$$
$$r_c = r_0 + c_c + D_c\lambda + k_c(\delta - r_0)$$
$$r_j = r_0 + c_j + D_j\lambda + k_j(\delta - r_0)$$

若為供應鏈金融模式，則此時最大的區別在於，核心企業不僅在生產中處於核心位置，還能憑藉較強的資信實力為上下游中小企業做擔保，從金融機構的角度來看，凡是具有核心企業擔保的額度，其預期損失率和風險溢價的計算均以核心企業的數據為準，其中擔保率為 p，那麼，在供應鏈金融模式下貸款利率 R 可表示為

$$R_i = r_0 + c_i + p_i * D_c\lambda + (1 - p_i) * D_i\lambda + k_i(\delta - r_0)$$
$$R_j = r_0 + c_j + p_j * D_c\lambda + (1 - p_j) * D_j\lambda + k_j(\delta - r_0)$$

接下來，更重要的是考察在傳統金融模式和供應鏈金融模式下企業的受益

情況，採用貼現的思想，用 $\Pi_{上}$ 和 $\Pi'_{上}$ 分別表示兩種模式下供應鏈中上游企業的收益，考慮到核心企業違約情況非常少並為了簡化計算過程，核心企業的違約風險成本忽略不計

$$\Pi_{上} = [1 - a_i * (L_i + L_a)] * W_i q_i - C_i q_i - C_u q_i -$$

$$[1 - a_i * (L_p + L_i + 2L_a)] * W_i q_i * r_i * \frac{L_p + L_a}{360}$$

$$\Pi'_{上} = [1 - a_i * (L_i + L_f)] * W_i q_i - C_i q_i - C_u q_i -$$

$$[1 - a_i * (L_p + L_i + 2L_f)] * W_i q_i * r_i * \frac{L_p + L_f}{360}$$

其中，a 表示企業每單位資金在單位時間內的機會成本，取值範圍為 $(0, 1)$，當 a 趨於無窮小時可以用 $1 + at$ 近似替代 $(1 + a)^t$；L 表示借貸批准時間，供應鏈金融模式由於具有擔保使得中小企業的貸款批准時間 L_f，小於傳統模式下其貸款批准時間 L_a，大於核心企業的貸款批准時間 L_c；C_i 和 W_i 為上游企業和核心企業的採購成本；C_u 為供應商除了融資成本、違約風險成本和融資擔保風險成本以外的其他成本；q_i 為交易數量；L_i 和 L_p 分別表示上游企業和核心企業的生產加工銷售週期。

根據供應商企業資金的流動情況，從生產週期的原點開始，首先是資金流出用於採購等成本支出 $-(C_i + C_u)q_i$，經過生產週期 L_i 達成交貨，此時利用應收帳款可以向金融機構融資，經過貸款批復週期 L_a（在供應鏈金融模式下為 L_f），獲得融資 $+ W_i q_i$，對供應商而言達到了提前收回應收帳款的效果，直到應收帳款到期，製造商向供應商支付貨款，融資到期，供應商向金融機構還本付息。

同理，作為供應鏈中的下游經銷商，也有傳統融資和供應鏈金融融資兩種模式。在傳統融資模式下，如果經銷商向製造商採購時自有資金不足，可以向金融機構融資然後以銷售收入還本付息，而在供應鏈金融融資模式下，經銷商以核心企業以及整個供應鏈的信用為保證，能夠更高效地獲得低成本融資。用 $\Pi_{下}$ 和 $\Pi'_{下}$ 分別表示兩種模式下供應鏈中下游企業的收益：

$$\Pi_{下} = [1 - a_j * (L_j + L_a)] * (P_j q_j - W_j q_j - W_j q_j * r_j * \frac{L_j}{360}) - C_d q_i$$

$$\Pi'_{下} = [1 - a_j * (L_j + L_f)] * (P_j q_j - W_j q_j - W_j q_j * R_j * \frac{L_j}{360}) - C_d q_i$$

採用現金流貼現的方式來分析收益，需分析經銷商的資金流動情況。首先是資金流出用於從製造商進貨等成本 $-C_d q_i$，然後經過下游企業的加工銷售週

期 L_j 以及貸款批復週期 L_a（在供應鏈金融模式下為 L_f），獲得交易金額 $P_j q_j$ 並償還融資本利。

作為核心企業，其核心地位不僅體現在與供應鏈企業的交易中，更體現在對於支付方式和付款期限的話語權上。當核心企業採用賒銷方式進行採購時，一般會在商品成功銷售給下游企業後進行結清。在傳統融資模式下，核心企業利用其壟斷地位，在供應鏈中與上下游企業進行交易，也同時面臨著交易對手違約的風險。在供應鏈金融模式下，核心企業以自身的信用為交易對手做擔保，提高了供應鏈上中小企業的融資成功率和實效性，並降低了融資成本，使供應鏈系統更穩定。若此時發生中小企業違約事件，則核心企業將在擔保額度內對其承擔違約責任。因此，在傳統融資模式和供應鏈金融模式下，核心企業的收益分別用 $\Pi_{核心}$ 和 $\Pi'_{核心}$ 表示：

$$\Pi_{核心} = [1 - \alpha_c * (L_p + L_a)] * (W_j Q_j - W_i Q_j - W_i Q_j D_i \lambda) - W_i Q_j D_i \lambda - C_m Q_j$$

$$\Pi'_{核心} = [1 - \alpha_c * (L_p + L_f)] * (W_j Q_j - W_i Q_j - p_j W_j Q_j D_j \lambda) - p_i W_i Q_j D_i \lambda$$

類似地，以核心企業的現金流為導向進行收益分析，在傳統融資模式下，首先核心企業有 $-C_m Q_j$ 的成本支出，出現違約時的損失為 $-W_i Q_j D_i \lambda$，經過核心企業的加工銷售週期 L_p 以及貸款批復週期 L_a，獲得交易金額 $W_j Q_j$ 並償還採購費用。在供應鏈金融模式下，首先核心企業需要從上游企業獲得生產資料，若採用賒銷方式，可以其應收帳款為上游企業提供擔保，擔保責任為 $-p_i W_i Q_j D_i \lambda$，經過核心企業的加工銷售週期 L_p 以及貸款批復週期 L_f，從下游企業獲得收入 $W_j Q_j$ 並償還上游企業的應收帳款，同時承擔對下游企業的擔保責任。

可見，通過供應鏈金融，核心企業與金融機構能夠最大限度地發揮作用，幫助供應鏈上的中小企業實現高效融資甚至促成新交易的達成，提高資源配置效率和供應鏈整體運行效率，提升社會總效益，甚至推動產業升級。

3.2.2 有第三方參與的供應鏈金融融資模式博弈分析

供應鏈金融中有第三方參與意味著，物流企業利用其對商品天然的監管權，可以協助金融機構為中小企業提供融資服務，這在擴展物流企業利潤來源的同時，也提升了中小企業的融資成功率和供應鏈運作效率。簡單地說，供應鏈金融實現了實體經濟與金融資本的高度融合，特別是在有第三方物流企業參與的情況下，常通過預付款融資和存貨質押融資，增強金融機構和物流企業等多主體的競爭力，促使金融機構、產業供應鏈和企業互惠互利、協同發展。基

於金融機構與第三方物流企業的協同合作研究，實質上是對以契約為基礎的合作博弈的研究。供應鏈最基本的特徵之一，就是多方主體間形成了戰略聯盟關係，如物流企業面向所有供應鏈上的其他主體的物流聯盟，每一種聯盟關係都建立在個體理性的前提下，並在各自利潤最大化目標的驅使下，進行著互補又伴隨競爭的合作關係，最終達成聯盟價值增值與合作共贏的博弈均衡。

　　作為第三方的物流企業參與供應鏈金融，實現互利共贏是建立在第三方物流企業對質押品的有效監管的基礎上的。以規避信貸風險以及金融機構融資便利帶來的更多供應、生產、銷售客戶群和物流增值，即要求完全信息和完全理性條件。然而，如前文所述，基於契約聯盟的金融機構與物流企業的合作博弈，雙方均是在自身利益最大化的條件下進行著不斷的權衡和選擇。特別是在市場信息不對稱或者不完全、有限理性存在的環境下，會形成干擾雙方行為決策的因素，導致短期利益與長期利益的偏離。因此，在有第三方參與的供應鏈金融融資模式下，金融機構與物流企業之間的博弈過程及其穩定性需要引起重視。

　　接下來本書將對有第三方參與的供應鏈金融進行博弈分析。一方面，在該情況下的供應鏈金融中，第三方物流企業既是金融機構的風險監管代理人，又是供應鏈企業的物流代理人，因此當兩者利益不一致時，物流企業的選擇將會影響利益的分配以及金融機構選擇與其合作的穩定性；另一方面，第三方物流企業的合作意願也會受到金融機構合作方案的影響。假設在初始狀態下，選擇合作的金融機構和物流企業的比例分別為 x 和 y，即選擇非合作的比例分別為 $(1-x)$ 和 $(1-y)$，均選擇非合作時金融機構的融資收益和物流企業的服務收益分別為 V_B 和 V_L；均選擇合作時帶來的價值增值等額外收益分別用 $\triangle V_B$ 和 $\triangle V_L$ 表示，若設定收益分配比例為 α，則 $\triangle V_B = \alpha \triangle V$，$\triangle V_L = (1-\alpha)\triangle V$；當對方採取合作策略而自身採取非合作策略時，能夠獲得的投機淨收益分別用 S_B 和 S_L 表示，反之，自身採取合作策略而對方採取非合作策略時的損失分別用 D_B 和 D_L 表示，主要為維持合作的機會成本和因對方非合作而帶來的直接損失；若兩者為供應鏈金融合作付出的成本為 C_B 和 C_L，則可以得到金融機構與第三方物流企業的博弈收益矩陣（見表3-1）。

表 3-1　金融機構與第三方物流企業的博弈收益矩陣

金融機構	物流企業	
	合作 y	非合作 $1-y$
合作 x	$V_B + \alpha \triangle V - C_B$ $V_L + (1-\alpha) \triangle V - C_L$	$V_B - C_B - D_B$ $V_L + S_L$
非合作 $1-x$	$V_B + S_B$ $V_L - C_L - D_L$	V_B V_L

在供應鏈金融中，當金融機構和物流企業均選擇合作時，除了能夠獲得非合作時金融機構融資收益和物流企業的服務收益 V_B 和 V_L，還可以獲得由合作帶來的額外收益 $\alpha \triangle V$ 和 $(1-\alpha) \triangle V$，再減去兩者分別的成本 C_B 和 C_L 即可。同理，若僅有一方選擇合作，而另一方選擇非合作時，不僅不能獲得由均合作帶來的額外收益，選擇合作方還需要減去此時維持合作帶來的損失 D_B 或 D_L，而選擇非合作方則能夠獲得金融機構的融資收益或物流企業的服務收益 V_B 或 V_L，以及投機淨收益 S_B 或 S_L。對於不同的策略選擇，當採取合作時所有參與者的期望收益高於採取其他策略時的期望收益，合作方式便會在群體中擴散開來。因此，對於金融機構和物流企業的策略選擇頻數的度量至關重要，本書將以微分方程的形式進行分析。

首先，為了衡量隨著時間推移，策略選擇的頻率或者比例的變化，利用複製動態方程，對金融機構而言有

$$\frac{dx}{dt} = x[E^x(U_B) - \bar{E}(U_B)]$$

$$E^x(U_B) = y(V_B + \alpha \triangle V - C_B) + (1-y)(V_B - C_B - D_B)$$

$$\bar{E}(U_B) = xE^x(U_B) + (1-x)E^{1-x}(U_B)$$

若 $\frac{dx}{dt}$ 結果大於 0，即隨著時間的增加，金融機構選擇合作的比例會增加，反之則降低。其中，$E^x(U_B)$ 表示金融機構採取合作策略時的期望收益；$\bar{E}(U_B)$ 表示金融機構的平均期望收益，包括採取合作和非合作策略兩部分，其中 $E^{1-x}(U_B)$ 為其採用非合作策略時的期望收益

$$E^{1-x}(U_B) = y(V_B + S_B) + (1-y)V_B$$

最終可得：$\frac{dx}{dt} = x(1-x)[y(\alpha \triangle V + D_B - S_B) - (C_B + D_B)]$

同理，可得第三方物流企業策略選擇的頻率隨時間變化的微分方程

$$\frac{dy}{dt} = y[E^y(U_L) - \bar{E}(U_L)]$$

$$= y(1-y)x[((1-\alpha)\triangle V + D_L - S_L) - (C_L + D_L)]$$

其中，$E^y(U_L)$ 表示第三方物流企業採取合作策略時的期望收益；$\bar{E}(U_L)$ 表示第三方物流企業的平均期望收益，同樣包括合作和非合作策略兩部分，其中 $E^{1-y}(U_L)$ 為其採用非合作策略時的期望收益。

$$E^y(U_L) = x[V_L + (1-\alpha)\triangle V - C_L] + (1-x)(V_L - C_L - D_L)$$

$$\bar{E}(U_L) = yE^y(U_L) + (1-y)E^{1-y}(U_L)$$

$$E^{1-y}(U_L) = x(V_L + S_L) + (1-x)V_L$$

在一定程度上，金融機構與物流企業的策略選擇頻率隨時間變化的微分方程，刻畫了博弈過程中對於合作與非合作策略選擇的演化，結合兩者可對博弈均衡及其穩定性進行研究，進而尋求有第三方參與的供應鏈金融融資模式最優點。在期望收益最好的同時，博弈參與者不存在行為突變，或者部分參與者行為變化帶來的收益小於原來的群體收益時，這部分改變行為的個體會逐漸失去參與的機會；反之，如果這部分行為變化的個體收益大於原來的群體收益，該部分個體將影響整體的策略選擇，進而改變最終的狀態。因此，本書在厘清邏輯關係的基礎上，旨在通過數學的方法進行定量研究，即通過複製動態方程表示策略選擇合作頻率的變化，然後分別求偏導數，找到可微方程與給出點的最優線性逼近，以雅可比矩陣行列式的值和矩陣的跡，進行策略穩定性分析。

根據 $\frac{dx}{dt}$ 和 $\frac{dy}{dt}$ 的公式，能夠求得可能的納什均衡點，包括 $(0, 0)$；$(0, 1)$；$(1, 0)$；$(1, 1)$；$\left[\frac{C_L + D_L}{(1-\alpha)\triangle V + D_L - S_L}, \frac{C_B + D_B}{\alpha\triangle V + D_B - S_B}\right]$ 接著對 $\frac{dx}{dt}$ 和 $\frac{dy}{dt}$ 的公式分別求 y 和 x 的偏導數，得到如下雅可比矩陣 A

$$A = \begin{Bmatrix} (1-2x)[y(\alpha\triangle V + D_B - S_B) - (C_B + D_B)] & x(1-x)(\alpha\triangle V + D_B - S_B) \\ y(1-y)[(1-\alpha)\triangle V + D_L - S_L] & (1-2y)x[((1-\alpha)\triangle V + D_L - S_L) - (C_L + D_L)] \end{Bmatrix}$$

進而，計算矩陣 A 的行列式的值 B 以及矩陣的跡 C

$B = (1-2x)[y(\alpha\triangle V + D_B - S_B) - (C_B + D_B)](1-2y)$
$x[((1-\alpha)\triangle V + D_L - S_L) - (C_L + D_L)]$
$- x(1-x)[(\alpha\triangle V + D_B - S_B)]y(1-y)((1-\alpha)\triangle V + D_L - S_L)$
$C = (1-2x)[y(\alpha\triangle V + D_B - S_B) - (C_B + D_B)] + (1-2y)x[((1-\alpha)\triangle V + D_L - S_L) - (C_L + D_L)]$

根據雅可比矩陣的性質可知，如果在某個納什均衡點上行列式的值大於0，並且矩陣的跡小於0，那麼該均衡點便具有穩定性。因此，可以將前文求得的5個可能的納什均衡點帶入，找出供應鏈金融中有第三方參與時可能的均衡策略。根據前文求得的行列式的值和矩陣的跡，穩定狀態可分為以下四種情況來探討：

首先，若 $\alpha \triangle V - C_B - S_B$ 和 $(1-\alpha) \triangle V - C_L - S_L$ 大於零，即金融機構或者供應鏈中的物流企業選擇合作時的額外收益都超過對方採取合作而進行非合作的投機收益，則計算可知（0，1）和（1，0）不滿足平穩性條件，均為非平穩點。通過計算發現，在點（0，0）處，行列式的值由式 $(C_B + D_B) \times (C_L + D_L)$ 可得大於零，矩陣的跡由式 $-(C_B + D_B) - (C_L + D_L)$ 可得小於零，為穩定點。同理，在點（1，1）處，行列式的值大於零而矩陣的跡小於零，也為穩定點，換言之，兩者均採取合作或者非合作狀態為穩定策略。此外，在點 $\left(\dfrac{C_L + D_L}{(1-\alpha) \triangle V + D_L - S_L}, \dfrac{C_B + D_B}{\alpha \triangle V + D_B - S_B} \right)$ 處，行列式的值受到C、D、$\triangle V$ 等多個變量的影響，為不確定值，而矩陣的跡為零，因此該點為演化博弈中雅可比矩陣的鞍點。

其次，若 $\alpha \triangle V - C_B - S_B$ 和 $(1-\alpha) \triangle V - C_L - S_L$ 小於等於零，即金融機構或者供應鏈中的物流企業選擇合作時的額外收益都不足以彌補對方採取合作而進行非合作的投機收益，此時的 $\left[\dfrac{C_L + D_L}{(1-\alpha) \triangle V + D_L - S_L}, \dfrac{C_B + D_B}{\alpha \triangle V + D_B - S_B} \right]$ 不再滿足均衡點條件，則計算可知（0，0）滿足平穩性條件，為平穩點，而（0，1）和（1，0）的行列式的值為負，矩陣的跡不確定，因此均為鞍點，即在此情況下，穩定狀態只存在於兩者均採取非合作策略。

再次，若 $\alpha \triangle V - C_B - S_B$ 大於零、$(1-\alpha) \triangle V - C_L - S_L$ 小於零，即金融機構選擇合作時的額外收益大於對方採取合作而進行非合作的投機收益，而物流企業選擇合作時的額外收益小於對方採取合作而進行非合作的投機收益，$\left[\dfrac{C_L + D_L}{(1-\alpha) \triangle V + D_L - S_L}, \dfrac{C_B + D_B}{\alpha \triangle V + D_B - S_B} \right]$ 亦不再滿足均衡點條件，則計算可知（0，0）滿足平穩性條件，為平穩點，而（0，1）和（1，1）的行列式的值和矩陣的跡均為正，為非平穩點。點（1，0）的行列式的值為負而矩陣的跡不確定，因此該點為鞍點，即在此情況下，穩定狀態只存在於兩者均採取非合作策略。

最後，若 $\alpha \triangle V - C_B - S_B$ 小於零、$(1-\alpha) \triangle V - C_L - S_L$ 大於零，同理，

$$\left[\frac{C_L+D_L}{(1-\alpha)\triangle V+D_L-S_L},\frac{C_B+D_B}{\alpha\triangle V+D_B-S_B}\right]$$不滿足均衡點條件，則計算可知(0，0) 滿足平穩性條件，為平穩點，而 (1，0) 和 (1，1) 的行列式的值和矩陣的跡均為正，為非平穩點。點 (0，1) 的行列式的值為負而矩陣的跡不確定，因此該點為鞍點，即在此情況下，穩定狀態只存在於兩者均採取非合作策略。

綜合上述四種情況，除了探討的第一種情況以外，其他情況下當且僅當金融機構和物流企業均採取非合作策略才能出現穩定博弈狀態，即當供應鏈金融合作下帶給任意一方的額外收益小於投機收益時，博弈的最終狀態只有雙方均採取非合作策略，而當合作的額外收益大於投機收益時，才可能以雙方均採取合作策略的方式達到博弈的穩定狀態。可見，合作的額外收益與非合作的投機收益是決定博弈結果的重要影響因子，由此便可深入挖掘，找出能夠促使雙方均採取合作策略的方式。

根據數學性質可知，在 $\alpha\triangle V-C_B-S_B$ 和 $(1-\alpha)\triangle V-C_L-S_L$ 大於零的情況下，存在兩者均採取合作或者非合作狀態兩種穩定策略，而具體出現合作或是非合作策略，主要受到博弈的初始狀態的影響，當初始狀態在 (0，1) (1，0) (0，0) 與鞍點圍成的範圍內時，穩定狀態為非合作策略；而當初始狀態在 (0，1) (1，1) (1，0) 與鞍點圍成的範圍內時，最終穩定狀態為合作策略。同時，兩個不同初始可能範圍的面積決定著出現可能博弈演化狀態的概率，顯然，該面積又取決於 C_B、D_B、S_L、S_B、D_L、D_B、$\triangle V$ 以及 α 等。綜上所述，在有第三方物流企業參與的供應鏈金融中，需要滿足多種限制因素才能促成合作共贏的穩定博弈狀態，要從政策法規方面降低任何一方的投機收益預期和、增加合作收益、減少合作成本；要從合作契約方面強化違約責任；要從技術方面加快供應鏈金融信息系統建設，從而提供可供政府及相關利益主體即時監管信息來源的系統設備等。

3.3 供應鏈金融合作模式的運行

供應鏈金融合作模式是基於參與主體之間的多方博弈，在參與的每個主體都能互利共贏的狀態下，最終形成的較為穩固的合作模式。在實際經濟運行中，供應鏈金融合作模式根據供應鏈金融涉及的實體經濟類型主要可以分為應付帳款類、預收帳款類、存貨類三種模式，通過博弈而形成的狀態並非無懈可

擊，為了保持供應鏈金融合作模式的穩定運行，需要對供應鏈上參與的各個主體進行必要的約束，主要包括經濟利益導向和失信懲戒保障措施兩個方面。

3.3.1 合作各方利益的制衡與分配

在傳統供應鏈金融模式下，首先要合理分配和制衡金融機構、核心企業以及供應鏈上的中小企業的利益，找出不同地位、不同角色企業之間的替代關係，尋求實際應用中合作各方利益制衡和分配的普遍適用條件，接下來本書將分別從金融機構、核心企業和中小企業的角度分析利益制衡與分配問題。

金融機構的利益制衡與分配。金融機構參與供應鏈金融的主觀能動性，主要體現在成本、風險和效益三個方面。首先，在國內經濟不斷改革、國外金融機構不斷湧入的空前壓力下，傳統國有商業銀行的競爭優勢和利潤來源均受到了極大的挑戰。與此同時，城市商業銀行和農村信用社雖然經歷了一段快速發展的時期，但是擴展到全國範圍時其競爭力仍然較弱，特別是利率市場化不斷加深後，傳統金融機構無論是主觀自主還是客觀要求，都必須進行經營改革。其次，從金融機構尤其是商業銀行的歷史數據來看，過多追求大企業、好項目，進而形成了貸款的行業集聚效應，甚至形成了貸款向某些客戶集聚的效果，此時容易導致金融機構的信貸結構失衡、信用風險的發生概率升高，最終發展為金融機構的不良貸款。最後，以銀行業為代表的金融機構，其產品具有趨同性，導致金融機構開展競爭時以產品差異化為誘因的情況較少，對於優質客戶的爭奪主要是以服務和情感經營為主。面對大客戶提出的非合理要求，金融機構容易妥協，從而造成收益和風險不匹配的狀況，甚至出現惡性競爭的局面。基於以上三個方面的考慮，尋求新的利益增長點、客戶黏性是當下金融機構亟須解決的問題，而供應鏈金融則為其提供了合適的機遇。一方面，在供應鏈金融模式下，交易在供應鏈上各個主體之間展開，金融機構只需通過對供應鏈貿易的監察，便能從產品源頭進行風險監控，即對產品訂單、生產、運輸、儲存等各個環節進行監控。可見，在供應鏈金融模式下，信貸資金直接在第三方結算，金融機構能夠規避資金被挪用的風險，並且授信資金的還款來源具有供應鏈上真實的貿易作為保障，只要供應鏈得以健康發展，貿易便會源源不斷地產生，也為金融機構創造了連續性的授信機會。另一方面，在供應鏈金融模式下，金融機構只要掌握了核心企業的業務，在某種程度上便掌握了供應鏈上與核心企業有關聯的所有企業客戶。核心企業在供應鏈中的地位不言而喻，通過其資質、信息和信譽，金融機構在降低風險的同時，還能夠拓展客戶群、擴大融資服務業務範圍。總而言之，在供應鏈金融模式下，金融機構不再是一對

一的信貸或者營銷，而是通過供應鏈上的某個客戶打開與之有關聯的一系列客戶，具有顯著的規模效應。

核心企業的利益制衡與分配。隨著經濟社會的發展，市場競爭不再局限於企業之間，而是已經演變為供應鏈甚至是經營網絡之間。在此情況下，經營良好或者占據關鍵技術的大型企業，能夠成為供應鏈的核心企業，並通過供應鏈金融模式增強其所輻射的中小企業的信譽和相互之間的戰略合作關係，核心企業本身在供應鏈中也能降低採購原材料等的機會成本，即在增加單個企業競爭力的同時，也促進了整個供應鏈的穩定和資金效率的提升。總體來看，參與供應鏈金融模式，核心企業能夠獲得多方面的益處，例如，供應鏈金融為供應鏈上的中小企業提供信貸服務，並全程參與企業之間的貿易流轉，加強了中小企業的營運能力，為核心企業帶來了更多可靠的合作機會；基於核心企業在供應鏈中的地位，金融機構在為其提供融資額度和商業信用時，相較於普通信貸，此時核心企業更易獲得低成本融資；為供應鏈上的核心企業和中小企業解決資金問題，不僅是為單個企業的競爭力和經營提供幫助，更提高了整個供應鏈的經營效率，推動了供應鏈整體產品效益的提高；在供應鏈金融模式下，供應鏈上的企業能夠以合理的成本及時獲得金融機構的信貸服務，即在資金運轉流暢的情況下，沉澱資金進一步降低，有助於提升財務管理水準，增加利潤來源。

中小企業的利益制衡與分配。中小企業融資難的情況，早已成為學術界和實體經濟的重點關注問題，利用供應鏈金融模式，與核心企業相關的上下游中小企業，以核心企業為擔保，解決了低資質、低信用的限制，也保障了金融機構的利益。此時，金融機構不需過多關注難以獲取信用信息資料的中小企業，而可以通過關注整個供應鏈的情況，以及核心企業的資質、信用和經營狀況，評定中小企業的資信狀況，決定授信標準，從而降低了中小企業的授信准入資格。換言之，金融機構在對供應鏈上的企業進行授信時，考察對象不再是企業本身，尤其當授信對象是中小企業時，而是主要以供應鏈上的核心企業的資信和整個供應鏈的貢獻度作為授信依據，依託於供應鏈上的實際貿易業務和與核心企業相關的擔保。因此，中小企業能夠從供應鏈金融中獲得與核心企業近似的融資機會和成本，享受金融機構較為優惠的信貸服務，在很大程度上供應鏈金融降低了其獲得授信的門檻和融資成本。中小企業在借助供應鏈金融獲取所需額度的低成本資金的支持後，其資金管理狀況和經營情況更容易獲得提升，例如銷售收入和營業利潤增加等，中小企業從中獲得的收益顯而易見。可見，要解決中小企業單一依靠抵押自身資產、求助於擔保公司的融資問題，其中一個重要的方式就是加入供應鏈，與供應鏈中的核心企業進行緊密的業務往來，

以增加金融機構對其的瞭解和信任。

3.3.2 失信懲戒保障措施

傳統金融機構保障措施的效率較低。眾所周知，信息不對稱已經成為制約交易達成的主要因素之一，這在信貸市場中更為突出，無論是事前獲取相關資料的信息不對稱，還是事後執行情況的信息不對稱，金融機構的傳統做法是依靠抵押物或者財務報表來進行信用評級，並通過評級結果初步確定信貸與否以及信貸額度。一般情況下，金融機構授信的業務流程包括三個方面。第一，在金融機構特別是商業銀行中，根據獲取的相關資料，客戶被事先劃分為不同的信用等級，客戶經理再在該信用等級的基礎上對其進行篩選和授信額度的判斷。第二，在完成授信以後，商業銀行便會進入事後監管階段，此時會採用一套行業內近乎成熟的監督機制，旨在降低和規避道德風險。第三，在授信合同約束的其他義務履行時，金融機構根據當時的情況做出初步判斷，並提出實施意見。由此可見，傳統的金融機構面對的失信保障措施存在較大的問題，其主要依賴於事前充分的資料收集和篩選，一方面，如果存在信息不對稱，那麼金融機構的篩選、監督和執行工作都將在錯誤的導向下進行；另一方面，即使通過大量的人力物力完成了成功的篩選、監督和執行工作，此時高昂的成本也不是追求利潤最大化的金融機構所期望的。特別地，由於金融業本身的利益誘惑，對於內部操作風險的監管也是一個難題。因此，金融機構作為信用仲介，在獲取信息和處理信息時都存在一定的局限性，在執行保障措施時可能比其他組織的效率更低。

供應鏈金融信用保障的可能性。金融機構對於信息和信用的要求尤其苛刻，其經營成功的關鍵在於對信息做出及時的反饋。然而，信用市場的特殊性使得信用信息的收集和處置的成本非常高，而對真實性的考察也相對困難。根據前文的博弈分析可以看出，企業之間穩定的合作關係是建立在利益協調的基礎上的，即合作能夠更好地協調經濟資源，為參與方都帶來好處。金融機構出於對成本、能力局限性等方面的考慮，對於信息收集和處理可能交由專業的第三方進行，或使用統一的信用評級公式，根據定量公式計算得出決策。此時，如果採用供應鏈金融模式，那麼金融機構通過供應鏈核心企業以及供應鏈整體獲得的信息，在信用市場中將比單個企業尤其是中小企業更有效率。

供應鏈金融實現懲戒保障措施的可靠性。由於信息收集的質量在某種程度上體現了風險評估的效力，也是進一步處理和分解信息的基礎，對比傳統金融機構選擇企業的指標和方式，利用供應鏈金融模式對企業進行評價與選擇，比

單獨考察某個企業更為有效。一般而言，在傳統的風險評估流程中，金融機構過度依賴於企業的歷史和預期等資料，例如財務報表、預期收益和計劃等，而在收集這些材料的過程中，即使對象是經營多年的大型企業，也需要耗費大量的人力物力來確定其資料的真實性和完整性，而這對於中小企業就更是難以實現。與之相反，供應鏈金融考察的對象是供應鏈企業之間彼此的長期戰略合作關係，可以根據企業之間常年累積的日常交易以及與核心企業穩定的貿易往來關係來進行判斷。這樣，金融機構的授信依據更加準確，也增加了金融機構的業務範圍和領域。因此，對於授信企業的關注不僅可以採用傳統的方式即從其自身的資料出發，還可以對供應鏈上下與之有關聯的企業進行考察，這樣更容易採集到完整、真實、及時的資料，並且供應鏈上與授信企業有業務往來的企業也比金融機構更瞭解其情況，信用評價可以更多地依靠企業之間真實的貿易往來，這樣有助於金融機構分析、理解所獲取的資料。可見，供應鏈金融既在資信評估方面具有顯著優勢，也能在信貸資金借出後更有效地預警授信企業的風險活動，進行事後的監督工作。換言之，供應鏈不僅能夠獲取金融機構的信息源，還能夠利用信用市場仲介的角色獲得其他的信息。一方面，對於授信前後的考察和監督來說，供應鏈金融比金融機構傳統的做法更具有優勢。另一方面，對於授信到期後的還款而言，供應鏈金融模式下有真實貿易完成後的確定現金流作為保障，可以說供應鏈各個環節形成了金融的閉環，使得金融機構的安全性得到了最大程度的保護。供應鏈上的企業，致力於維護合作的持續、順利，因此，若某個企業有惡意拖欠行為，不僅會在金融領域受到失信懲罰，還會失去參與供應鏈貿易合作的機會。

4 供應鏈金融服務實體經濟的路徑

黨的十九大報告指出,要建立現代化金融體系,增強金融服務實體經濟的能力,走向高質量發展的道路,金融業脫虛向實已經成為政策導向和客觀經濟發展的共同要求。雖然為了解決中小企業融資難的問題,從政府到金融業都進行了大量的改革,但是目前還呈現出實體經濟成本高、利潤薄,中小微企業融資貴、融資慢等問題,金融服務實體經濟的範圍和力度都還有很大的進步空間。著名供應鏈管理專家 Martin Christopher 認為「市場上只有供應鏈,沒有企業」,現代社會的競爭不再是企業與企業之間的競爭,而是供應鏈與供應鏈之間的競爭。從理論上來看,供應鏈金融是金融資本與產業資本高度融合的產物,從嚴格意義上來講,金融資本是產業資本的一種,是推動經濟社會發展的重要動力,但歷史也在警醒著人們,金融不能脫離實體經濟,以貪婪推動的金融發展只能得到金融危機的結果。隨著時代的進步,基於信息技術發展的互聯網專業人士,為金融的創新實踐提供了新的動力,如當今盛行的移動支付機構微信和支付寶,由此,理論和實踐研究逐漸轉入了供應鏈金融。2017 年 10 月 13 日,國務院辦公廳印發《關於積極推進供應鏈創新與應用的指導意見》,首次對供應鏈創新與應用發表了指導思想。未來供應鏈產業的發展至關重要,因此要深入瞭解供應鏈這一戰略資產在企業決策和增值中的核心地位,厘清供應鏈營運對吸引投資和融資的關鍵作用,從微觀層面上助力企業優化供應鏈金融績效、打造高效的價值鏈。因此,在培育現代供應鏈的同時,也需要構建和完善中國的供應鏈金融機制。

隨著《金融支持製造強國建設的指導意見》《金融支持工業穩增長調結構增效益的若干意見》《關於積極推進供應鏈創新與應用的指導意見》等文件的出抬,金融和供應鏈服務面臨的要求進一步提高。作為近年來國內外發展迅猛的一種創新型融資模式,供應鏈金融既是順應時代發展的產物,又是在當前環境下解決實體經濟問題的必然選擇。一方面,傳統金融機構不斷受到新的挑戰,經濟大環境有所下滑、利率市場化逐步推進、金融脫媒、國外金融機構的

湧入和互聯網金融的興起等，使得依靠存貸利差盈利的傳統模式不再適宜，例如商業銀行的利潤增速在 2011 年為 36%，到 2016 年卻僅為 2.4%，而不良貸款率不降反增。另一方面，在對社會和經濟的貢獻中，中國中小微企業起著重要的作用。據統計，中小企業的產值一度達到 GDP 的 60%，納稅突破總稅收的一半，並且對於就業具有強大的拉動作用，根據《全國小型微型企業發展報告》中 2013 年的數據，小微企業吸收了新增和再就業總量的 70%。然而，中小微企業獲得的信貸支持卻相去甚遠，據央行發布的《2017 年四季度金融機構貸款投向統計報告》顯示，2017 年年末，小微企業貸款餘額占企業貸款餘額的 33%，普遍存在貸款難的問題，由此還出現了民間借貸盛行的金融異象。供應鏈金融從供應鏈基本的結構出發，通過核心企業與上下游企業之間的物流、信息流和資金流管理，以整個供應鏈為考察對象，為其中的中小企業提供金融服務，是保障實體經濟運行的舉措之一。《2016—2021 年中國互聯網金融行業市場前瞻與投資戰略規劃分析報告》提到，中國物流與供應鏈金融的市場規模已經達到十萬億元，到 2020 年會再增加 50%，因此找到供應鏈金融服務實體經濟的有效路徑不僅對中小企業具有重大影響，對國民經濟的發展也具有深遠意義。

4.1　企業財務績效和價值形成

　　企業在營運過程中需要協調好各種資源和相關因素，供應鏈給企業經營帶來的優勢已經逐漸成為共識，因此，能夠將供應鏈作為戰略性資產的企業在市場中處於更有利的地位。同時，供應鏈的良好發展也離不開所有參與者的共同努力，要求供應鏈上的企業誠實守信、高效運行，提供具有市場競爭力的產品和服務，在為企業創造更多價值的同時也促進供應鏈整體的發展。為了清晰闡述供應鏈金融服務實體經濟的路徑，本書認為可以從供應鏈和營運的角度，對企業的財務績效和價值形成過程形成清晰的認識，瞭解企業提高經營價值和盈利能力以及實現企業的經濟目標和市場預期的過程，從而對供應鏈金融服務實體經濟的路徑形成基礎的認知。

4.1.1　企業估值

　　對於管理者而言，企業估值代表著管理者的管理技巧、企業營運、競爭環境及效果；對於所有者和股東而言，企業估值意味著回報收益；對於企業員工

而言，企業估值是其退休規劃中的重要影響因素。供應鏈對企業估值的影響呈現出多重性，在保證成本可控的同時，通過對每個部門的良好管理，提供高品質的產品、服務，提升企業的財務價值。傳統的企業估值比率體現的是企業的市場價值，接下來本書將具體探討供應鏈中對企業的估值。市場競爭會削弱企業的競爭優勢，影響企業的持續經營，再加上企業的長期價值都要求持續的企業改進。長期價值增值戰略可能會以短期的財務績效為代價，但從長遠的角度來看卻是價值增長的重要舉措，是企業保持市場優勢地位的必備條件。若高效利用資本和資源，企業擁有充足的現金流，則估值也會更高，即優秀的投入資本回報率和收入增長率引致的充足現金流，以及資本成本共同構成了企業價值。資本回報率與資本成本之間的差額就體現了價值創造部分，因此，資本回報率和收入增長是企業價值的主要驅動力。在大部分情況下，企業會利用營銷和經營手段來在競爭中取得成功，例如通過品牌價值，建立與消費者的信任關係、提供高品質的產品和服務、開發新產品和新商業模式等；也會通過維護和有效利用資本、成本獲得競爭優勢，例如最大化規模經濟、最小化邊際成本、利用更高效的技術和制度等。總體來說，生產、物流和客戶管理可以提高客戶滿意度和客戶回報率，而商業系統能夠增加利潤、降低成本，對競爭對手形成壁壘。收入增長對企業價值創造的重要性不言而喻，但成本同樣是企業發展所必需關注的重點，而供應鏈是促進企業發展的有效模式。

4.1.2 項目管理

企業參與項目管理能夠增加現金流，實現企業價值的提高，增加股東的財富，幫助企業保持市場競爭力，是企業成功的關鍵所在。每一個項目，在規模、類型、關注重點等方面都差異較大，例如信息技術相關的項目，旨在改善組織在整個供應鏈中的溝通和效率。一個項目有著較為明確的界限，在一定的預算和資源限制下，需要通過複雜的、一定階段的努力來達到明確的目標。項目管理的好壞直接決定了項目的質量，從成本的角度來看，工資、設備租賃和貸款利息是降低成本的典型領域，因此按時或者提早完成項目能夠獲得流動性並減少成本，避免聲譽損失和罰金。項目管理成功的決定因素較多，首先要選擇合適的項目作為對象，然後再是專業的執行並不斷吸取項目開展進程中的經驗教訓，並權衡項目中的利益相關者，例如消費者關心產品質量、股東關心盈利能力、供應商關心供需問題、項目管理者關心業績獎勵等。若成功完成項目，則不僅能夠獲得項目帶來的利潤，使企業在業界的競爭力加強，還能夠以獲得的現金流及更多的收益，降低罰款和股東價值下降的可能性。

首先是項目選擇，中小企業資金有限，因此在不同部門提議的項目選擇上會存在激烈的競爭。能夠增加現金流、為企業和股東創造價值的項目是最受青睞的，而準確預測項目收益、成本和風險是選擇優勢項目的基礎，要避免過度樂觀和有意識的道德風險因素的項目選擇失誤給企業帶來的發展阻礙。此外，即使準確預測到項目的情況，企業也可能出現出於對短期目標的考慮，減少初始投資、降低財務比率的情況，從而拒絕了前景好進行價值高的項目。在進行項目選擇時，企業通常會利用財務分析工具，例如淨現值、內部收益率、投資回收期、投資回報率等，用於考察項目對於企業價值增值的貢獻。在預算約束的條件下，實現淨現值最大化是實體經濟中最常用的標準，主要有證書規劃和獲利指數兩種方式可以根據預算對項目進行排序選擇。獲利指數的計算方式是對一系列現金流進行貼現加總比上初始現金流出，該方式適用於初始現金支出後會收到一系列現金流入的簡單項目。如果獲利指數的值大於1，那麼表明現金流的現值比投資額高，項目是有利可圖、能夠接受的。這種選擇方式與淨現值的方式在本質上是一樣的，決策者會做出一致的接受或者拒絕的決定。從整數規劃分析來看，主要是預算為約束再考察總淨現值。

　　其次是項目實施過程，一個良好的項目實施，能避免預算超支以及資金流動性問題，一般要求企業合理估算作業時間，構建良好的項目網絡，高效運作以縮短項目工期並管理項目風險。估算項目作業時間不僅僅會對工期交付產生影響，還能對準確預估費用、成本，合理分配資源以及預測盈虧和現金流等產生影響。由於技術、成本等因素的限制，企業對作業時間的估計往往依賴於常年的項目經驗，由專家團隊組成的估算小組會對項目作業確定三個可能的完成時間，即悲觀的完成時間 b、最有可能的完成時間 m 和樂觀的完成時間 a，對三個完成時間用公式 $t = \dfrac{a + 4m + b}{6}$ 進行計算就可以預估出整體作業時間。在量化完作業時間，包括相關的延遲風險估計後，就要創建項目的網絡，良好、高效的項目網絡能夠節省成本、縮短項目時間。選擇不同的網絡路徑，會出現不同的效果，而路徑中最長的或最關鍵的環節，決定了項目的完成時間，因此確定關鍵環節非常重要。

　　最後是項目完成階段，根據前文所述的項目選擇和項目實施過程，細緻的網絡規劃、將資源從非關鍵環節轉移到關鍵環節，可以減少不必要的作業時間和成本，不可忽視的是項目相關人員可能因獎金、職位等提出縮短項目完成時間的需求。如果不是在理性且合理的情況下縮短作業時間，就可能會出現趕工現象。對於提前完工的想法，可以通過計算 z 值 $\left(z = \dfrac{新的持續時間 - 預期持續時間}{\sqrt{\sigma_p^2}} \right)$，

即新的持續時間與預期持續時間的差值標準差的程度，並通過正態分佈表找到對應的成功概率。其中，預期持續時間需要對路徑中的環節作業時間進行加總，而在實踐中由於路徑上的環節變動，此方法可能不能提供準確的項目完工預期，更有效的方法是通過仿真模擬。在真實的生產活動中，典型的縮短作業時間的方法主要有增加資源或者延長勞動力的工作時間，無論是採用外包的形式還是自有員工的加班行為，這種長期的加班行為都可能帶來工作效率低的負面影響，導致員工的工作倦怠。總體來看，企業進行項目投資的目標是實現更高的投資回報率和充足的現金流，而這可以通過提高營業利潤來實現。項目投資的好處之一，就是在增加收入或者降低成本的過程中可以帶來營業利潤，如果項目管理良好，那麼營業利潤也會更高，所需的資本投入也會更少。

4.1.3 庫存管理

對於所有企業而言，庫存的重要性都不容忽視，過少的庫存會阻礙生產和銷售，而過多的庫存則會造成資金積壓，從而降低收益率。要在市場服務和庫存成本之間找到平衡協調的均衡，就要求企業密切關注管理庫存的方式，瞭解並管理庫存對於供應鏈的成功運行也具有重要意義。接下來本書將重點分析庫存管理如何影響庫存水準並改變財務和業務績效，以及庫存管理與需求之間的關係。一般而言，庫存可以分為原材料、在成品、成品和在途庫存四種類型，主要用來滿足儲備和銷售需求、交付變化以及防止價格波動等。良好的庫存管理需要做好數量管理和時間管理兩點，即擁有多少庫存量和何時訂購庫存。

庫存採購模型可以幫助管理人員確定每次訂購的庫存量以及訂購頻率，根據庫存的不同類型分別進行庫存採購模型的選擇有利於庫存採購的合理進行。通常，庫存模式的選擇取決於庫存跟蹤方式，如果某種商品具有持續供應、需求相對穩定的特點，對該商品的跟蹤是持久狀態，那麼可以採用簡單的經濟訂貨批量模型來進行計算。以最小化儲存成本和訂購成本的訂貨量 Q 為標準，找到最佳的訂購庫存量，$Q = \sqrt{\dfrac{2 * D * S}{H}}$，其中 D 代表每年的產品需求，S 代表訂購成本，H 代表每年的單位儲存成本。庫存持有成本一般被表示為年平均庫存資金所占的百分比，比使用絕對量資金更容易計算和可行。總持有成本貫穿於整個企業，包括設備、公共事業費、保險、稅收、管理費和工資、資本成本和廢棄等，若要細分為庫存成本，則較為困難。計算庫存持有成本的方法有很多，但都是基於資本成本和非資本成本兩部分。在統計學中，為了讓管理者確定何時下訂單補充庫存，在再次訂購的計算前需要瞭解消費者需求、生產週

期、交貨時間可變性以及服務水準等。由於需求和生產的不穩定性，庫存的安排就十分必要，安全庫存是由可變需求和可變生產週期所導致的超出預期需求和預計生產週期的庫存數量。特別是在供應商可靠性不足、原材料質量不穩定、運輸時間不確定和受政策影響較大的情況下，安全庫存更顯得尤為重要。而期望的服務水準衡量了企業對安全庫存量的嚴格程度，用 ROP 表示再訂貨點，則 $ROP = d * L + z\sqrt{\sigma_d^2 * L + \sigma_L^2 * d^2}$，其中 d 代表平均日常需求，L 代表平均交貨時間，z 代表前文項目管理中的 z 值，σ_d^2 和 σ_L^2 分別表示需求和交貨時間的方差。根據 ROP 計算出的數值，如果庫存低於該水準，就應該進行再次訂購，以保證安全庫存。當然，企業管理者也會重視庫存的削減，庫存過多會掩蓋許多企業的問題，而削減庫存的過程不僅能優化企業的資金和管理效率，即庫存週轉率、庫存天數和資產利用率，還能暴露出業務上的諸多問題，例如供應商的選擇問題。

降低庫存的方式之一是降低安全庫存。根據前文的分析，可以通過集中化管理、縮短生產週期、減少交貨時間可變性、增強與供應商和物流企業之間的合作緊密性等降低安全庫存量。此外，還能通過調整期望的服務水準降低安全庫存，顯然降低服務水準能有效地降低安全庫存，當初始服務水準特別高時，降低服務水準還能改善企業的資金狀況，但是服務水準的高低不能隨意變動，過低的服務水準會導致缺貨的情況出現。在會計中，存貨的盤點方式除了前文假設的永續盤存制，還有實地盤存制等，不同的盤存制度付出的成本不同，取得的效果也不同，因此對於安全庫存的要求也不同。在供應鏈模式中，對於安全庫存的審慎態度，還能夠以及時且準確地獲取到的供應鏈上的相關企業信息來替代，例如及時瞭解下游銷售企業的消費者需求和交貨時間的更新情況，減少不確定性以減少安全庫存量。可見，供應鏈模式能夠有效利用開放式交流和協同來降低庫存水準，從而改善企業績效。

如前文所述，除了訂購量之外，訂購頻率也是重要的影響因素。為了減少多餘庫存而減少每次訂購量、增加訂購頻率的做法，可能並不能完全起到減少成本、提高效率的作用。中國汽車行業在這方面做得較好，汽車整車製造企業與供應商之間的物理距離大部分較近，有利於降低物流成本，縮短交貨時間，同時加強上下游企業之間的信息交流。此外自動化和簡化訂購程序降低了交易成本、交易頻率並減少了人為影響因素，從而降低了企業的訂購成本。在供應鏈中，協作配合和流暢的溝通能夠提供更準確的信息，供應鏈上游企業一般會根據歷史交易進行需求預測，但歷史與實際情況可能不一致，因此，訂單、生產、發貨會和實際需求產生偏離。技術進步使需求預測更為準確，也讓企業認

識到需求預測的價值，逐步擺脫對歷史交易信息和傳統預測方式的依賴，開發靈活的供應鏈，用及時的預報市場行為來適應不斷變化的市場需求模式。

4.1.4 採購與供應管理

採購是從第三方獲取商品或服務的過程，對企業的成功營運和市場地位的提升都非常重要，每一項採購決策都會對財務、產出甚至市場產生影響，並將企業本身置於風險之中，改變企業的收入和支出。沒有一種採購策略適合所有企業，企業之間的異質性和動態發展進程，都要求採購策略的多樣性。基於環境和社會因素所做的盡職採購決策，對於股東、員工和相關企業都大有益處，也能夠體現企業的經營水準和形象。從採購對環境的影響上來看，一方面，採購活動會直接影響工作和生活的環境；另一方面，企業的利益相關者也要求經營管理者重視環境問題。政府和公眾對環境問題關注的加強，以及各項政策舉措和碳排放權交易概念的提出等，都使得企業越來越關注對溫室氣體和危險物品等的處理，與環境保護背道而馳的企業經營措施會受到行政懲罰，也會損害企業形象，減少企業收入。因此，以破壞自然資源、污染環境和浪費原材料等為代價的生產不再可行。從採購對社會的影響上來看，企業傾向於利用低工資優勢，使用低成本供應商，由此可能出現勞動行為、人權、員工健康和安全等問題，對員工的公平和效率造成影響。社會價值觀普遍要求企業給予員工公平、合理的待遇，提供安全的工作環境和平等的競爭環境，避免因道德和行業法規問題而損害企業形象、降低收益，甚至導致企業陷入困境。企業常用的採購結構包括集中式採購和分散式採購，採購結構會影響信息交流的速度和準確性、服務水準、採購成本以及庫存連續性。一般情況下，組織結構簡單的小型企業更願意選擇集中式採購，隨著企業的發展也可能轉變為分散式採購，為了同時利用兩種採購形式的優點，許多企業同時採用兩種模式的混合採購形式。顯然，集中式採購企業的議價能力更強，但由於業務部門不集中，缺乏對各個部門需求的瞭解，信息共享的局限性較大；而分散性採購具有反應速度快、易於部門間協調的優點，但失去了規模效應。採購示意圖見圖4-1。

任務──→策略──→供應鏈──→采購──→財務／環境

圖4-1 採購示意圖

企業的採購部門還需要決定採購的對象，即供應商以及區域。與全球化採購相比，本地化採購能夠降低風險和複雜性，便於企業之間的信息溝通交流，縮短交貨時間等。當然，全球採購的優勢主要在於專業和領先技術方面，區域貿易協議能夠在一定程度上降低成本。典型的採購策略包括現貨採購、批量折扣、預購與套期保值等，其中現貨採購是旨在滿足企業當下需求的採購策略，批量折扣就是在採購量較大或者合作關係穩定的情況下的採購策略，預購與套期保值都是面對未來所做的採購決策，預購著重於對未來的需求的考慮，而套期保值更注重於風險對沖。為了保證供應的連續性，採購人員需要保持內部職能部門與外部供應商的信息交流順暢，以降低供應鏈中斷的風險。導致供應鏈中斷的因素與產品流中斷的因素是不同的，供應鏈中與財務、營運、信息等有關的環節都可能引起產品流問題，而外部環境例如恐怖主義、罷工、自然災害以及供應商違約等則會導致供應鏈中斷。隨著供應鏈的全球化進程的加劇，越來越長並複雜的供應鏈也增加了風險出現的概率。與管理金融風險類似，供應鏈風險管理也需要對風險進行分類，並確定風險因素、評估事件發生的影響和價值損失、估計事件發生的概率和制定防範監控策略。在面臨風險和不確定性以及在相同市場選擇供應商時，使用決策樹都是較為有效的方法。

4.2　中小企業發展與實體經濟整體發展的協同效應分析

在中小企業的生產運作過程中，由於自有資金的限制，中小企業可能難以根據市場需求實現自身最優數量經營，因此，中小企業具有尋求融資服務、擺脫資金約束的動機。隨著社會化大生產的不斷發展以及全球化進程的不斷加快，社會生產的分工形式已經由過去的產品分工和產業分工，發展到了產品內分工，由此產生了供應鏈的概念，為中小企業的融資實施奠定了整體性解決方案和基礎。而供應鏈金融憑藉制度創新，依託實體經濟中供應鏈上的真實交易關係，為供應鏈上下游的中小企業提供了一系列融資產品，在突破融資困境和技術瓶頸、有效降低供應鏈整體融資成本的同時，也為金融機構帶來了盈利的新模式和理念，拓展了第三方仲介企業的業務模式。可以說，供應鏈金融實現了從對中小企業生產的靜態考察，向對其動態經營考察的轉變，風險擔保也實現了從實物擔保，向供應鏈中的物權控制的飛躍，將關注重點從大企業，向與大企業有關的中小企業轉變。因此，供應鏈金融具有良好的市場潛力和風險控制效果，以金融手段打造供應鏈上的結構調整和產業升級，不僅有利於供應鏈

的順暢運行，更有助於經濟轉型升級和發展。

轉變經濟發展方式，不僅要突出經濟領域中數量的變化，更要強調和追求經濟運行中質量的提升和結構的優化，而技術創新又是影響經濟結構調整及區域可持續發展的重要因素。本書通過探究中小企業對技術創新、區域經濟增長、經濟結構變遷的作用機制，進而分析中小企業對區域經濟和國民經濟整體的動力機制，研究中小企業發展與實體經濟整體發展的協同效應。接下來，將首先分析中小企業推動技術創新的機制；其次，分析中小企業推動區域經濟增長的機制；最後，對中小企業發展推動區域經濟結構變遷進行分析。

4.2.1 中小企業是技術創新的主要載體

關於技術創新推動經濟增長的理論，可以追溯到熊彼特的《經濟發展理論》。在提出創新理論後，他進一步對創新內容進行了細分，認為以新產品、新工藝過程的市場變化為主的創新是決定資本主義發展的主要因素，創新是打破經濟穩態的動力，能夠推動經濟往前發展。他特別強調了中小企業和企業家在創新中的重要作用，在市場完全競爭的條件無法得到完全保證的實體經濟中，該理論受到了越來越多的認可。根據阿羅在《經濟福利和發明的配置資源》一書中的分析，完全競爭和完全壟斷環境相比，完全競爭市場更有利於發明創造。趙立康（2006）在《加快建設科技型中小企業聯合擔保平臺，緩解科技型企業融資難問題》一文中指出，在美國，70%以上的專利是由中小企業創造的，在中國，科技型創業企業提供了66%的發明專利、74%的技術創新、82%的新產品開發，是中國技術創新的重要力量和源泉。一般認為，研發投入是企業創新的主要來源，若深入研究，可以發現研發投入為中國科技型中小企業創新提供了基礎支撐，而其特殊的產業組織結構和發展的集聚性、制度創新效應等，在綜合作用下才使得中小企業的創新效率相對更高。

首先，壟斷競爭的市場結構是中小企業創新的主要激勵。大型企業主要通過規模經濟的方式占據主導地位，這要求產業建立在成熟的技術基礎上，而新興產業一般建立在高新技術的基礎上，因此，創新主要是以中小企業為主。雖然此時中小企業生產所需的創業投資金額較小，但是高科技的技術壁壘代替了規模經濟的壁壘。基於技術壁壘，中小企業的市場結構有別於一般的完全競爭市場結構，屬於壟斷競爭的市場結構，其產業集中度較低，沒有大型的壟斷力量，產品差異較大，企業能夠在一定程度上排斥其他企業。隨著科技信息的迅速傳播，任何一個企業想要在同一領域長期維持技術的壟斷地位，變得尤為困難，且中小企業的壟斷競爭市場結構，使得激烈的競爭環境構成了中小企業進

行技術創新的主要動力。

其次，集聚創新和知識擴散以中小企業為中心。經過理論和實踐的不斷累積，業內已經形成共識，認為以企業為核心，通過企業內外部關係結構，充分發揮內部經營優勢、所有權優勢和規模經濟等，與區域內中小企業、政府、高校和科研所等組成區域創新網絡，有利於瞭解社會的新需求，並將最新的創新成果運用到產品之中。在有助於企業降低生產經營成本的同時，還可以促進企業和所在區域參與區域外競爭，增加區域內產品在市場上的競爭力，甚至擴大出口以獲得更多的市場佔有率，提升整體經濟實力。然而，以大企業為核心的區域創新網絡，由於存在控制和影響小企業的情況，在某種程度上影響了創新的活力和積極性，並不是真正有效的學習型創新網絡。縱觀經濟發展活力較好的集群，他們都非常重視對學習型網絡的創建，中小企業在相互競爭的同時，也促進了技術信息的傳遞。

最後，中小企業的內部激勵機制為創新創造了條件。從中小企業的創立和經營情況來看，其投資者大部分既具有技術能力又是企業的經營管理者和所有者，能夠避免高新技術產業出現技術持有者利用信息優勢進行牟利，從而出現信息不對稱導致道德風險的情況。並且，該經營模式還能減少中間環節，便於計劃、指令等的傳遞，從而保證決策的有效性。在所有權方面，大部分中小企業採用有限公司的形式，普遍實行持股分配，讓具有經營能力、技術能力等的關鍵人員入股，為技術創新增加了激勵機制。同時，企業在進行技術研發時，能夠靈活組合，以適應科技快速發展和產品不斷更新的需求。

4.2.2 中小企業發展推動區域經濟增長

儘管經濟增長並不意味著經濟發展，但是經濟增長決定著人民的生活水準和經濟發展的進程，在市場經濟條件下，作為區域經濟細胞的企業是區域經濟增長過程的參與主體，而不同類型的企業在區域經濟增長的過程中則發揮著不同的作用。從古典經濟學理論的開端來看，促進經濟增長主要有兩種途徑，包括增加生產性勞動的數量和提高勞動效率，顯然，對於現代經濟而言，效率更加重要。西方經濟學的經濟增長理論經過眾多學者和實踐的積澱，將經濟增長因素分為勞動因素、資本因素、創新因素，其中創新可分為技術創新和制度創新。中小企業基於前文提到的創新優勢，能夠促進區域經濟增長。一方面，中小企業的發展推動了區域投資增長，社會的儲蓄和投資需要保持在一個良好的水準，儲蓄過多則總供給大於總需求，會出現經濟減速甚至衰退，反之投資大於儲蓄，則總需求大於總供給，會出現經濟過熱和通貨膨脹。因此，保障經濟

運行的一個重要條件，就是要保證儲蓄順利轉化為投資，而中小企業在其中發揮著重要作用。大型企業的主要融資渠道是金融機構和資本市場，相反中小企業對於固定投資和整體營運資金的要求更低，是私人投資的主要渠道，因此，在社會儲蓄轉化為投資的進程中，中小企業更能帶動經濟增長。另一方面，中小企業發展有助於提高區域就業水準，根據前文對經濟增長的分析，勞動在經濟增長中的作用不容忽視。因此，區域經濟增長必須重視勞動力就業的情況。企業作為勞動力就業的微觀主體，就業水準的高低取決於企業經營發展的狀況，並且不同類型的企業對於勞動力的吸收能力差異顯著，因此，合理的企業規模與結構是提高就業水準的前提條件。科技型中小企業最大的特點就是集合了科技和中小的特點，即與勞動密集型中小企業一樣，具有高度吸納就業的能力，而科技型中小企業的科技特徵主要體現在人力資本上，其依靠高素質勞動力而不是固定資產盈利。因此，根據馬克思資本有機構成不變資本和可變資本的方式，科技型中小企業的資本有機構成較低，並且科技型中小企業是高素質勞動力的聚集體，勞動密集型企業是低端廉價勞動力的聚集體，科技型中小企業是實現區域高素質勞動力就業的主要載體。

4.2.3　中小企業發展推動區域經濟結構變遷

如前文所述，經濟發展不僅僅是經濟增長，即產量的增長，應該還伴隨著經濟結構方面的調整，而經濟結構變化的速度和合理性，體現了經濟體系的成熟化和高度。因此，結構變遷是衡量經濟發展的重要方式，以產業結構變化為主。接下來本書將對產業結構變遷的相關理論和中小企業優化區域產業結構的機制進行分析。

亞當·斯密在《國富論》中論述了產業部門、產業發展以及資本投入要遵循農工批零商的順序，而後 Colin Clark 的《經濟進步的條件》一書指出，隨著人均國民收入水準的提高，勞動力首先由第一產業向第二產業移動，然後會向第三產業移動。並且，農業部門在國民收入中的占比，應該隨著經濟發展逐漸降低，工業部門大體上呈現上升的趨勢，其中勞動力的吸納比例會略微上升，顯得相對穩定，服務部門的勞動力比重上升最為顯著。總結產業結構調整的影響因素，主要有兩個方面。其一是需求結構，包括消費需求、投資需求和出口需求。個人消費結構是影響生產消費資料的產業結構的重要因素，而個人消費結構又取決於收入水準，根據恩格爾定律，隨著收入的提高，消費在吃穿等溫飽上的比例將會降低，而在耐用消費品上的比例會升高，這顯然會影響到生產消費資料的產業結構，進而影響一個國家或地區的產業結構。從投資需求

來看，投資能夠通過生產加大供給，進行影響需求。因此，投資方向的差異是改變已有產業結構的動力。此外，在有對外貿易的情況下，資本、勞動和技術等生產要素在區域間流動，也會對產業結構產生影響。其二是供給結構，主要有資源稟賦、勞動生產率、技術進步、經濟體制和政策等。例如中國的產能過剩問題，就出現在需求不足的部門，生產絕對量的增加，導致其在國民經濟中地位降低，相反，在技術和工藝改進的部門，產品的優化會引起需求的增加，從而使其在國民經濟中地位逐漸上升。可見，需求和供給的變動，使經濟結構隨著經濟增長而不斷變化，經濟結構也在此過程中不斷演進。

　　中小企業的技術創新的優勢對產業結構調整和經濟結構變遷具有重要作用。無論是發達國家常用的產業組織政策還是直接的產業結構政策，最終都應以引導資源的最優配置為目的，而中小企業是最具有創新精神和開拓精神的主體，隨著企業在市場中開發新產品、新技術、新服務等，新老企業會面臨優勝劣汰，在這一過程中，企業、消費者和經濟結構都能得到優化。儘管中小企業具有自身的局限性，例如融資能力、銷售與經營環境不穩定等，但是其具有創新激勵、制度優勢、組織靈活性等長處，在全球化和知識經濟加速發展的時代，集群趨勢使得中小企業在成為區域增長極和推動區域空間發展的進程中優勢明顯。首先，中小企業在增強自身競爭力、進行創新活動時，還能通過創新效應對周邊區域產生影響。根據法國經濟學家佩魯的增長理論，增長極內的科技型中小企業的創新活動能使其產出增長率、投資回報率高於同區內的其他企業，從而引發效仿和學習，有利於將科技型企業的優勢成果聯動轉化，促進區域經濟結構優化。此外，中小企業對於社會價值觀、行為方式和組織結構的引導作用顯著，其能強化個體和群體的創新意識和進取精神，推動周邊地區勞動力效率的提高，最終使產業結構朝著更優的方向轉變。其次，中小企業的前向聯繫和後向聯繫誘發的產業相關生產活動，一方面促進了企業間在生產、技術等方面合作的加強，在激烈的競爭環境條件下，促使社會分工、企業專業化進程加快；另一方面，中小企業的發展，尤其是科技型中小企業能夠吸納更多的高素質人才集聚，從而使得當地的消費需求增加，為服務業發展提供基礎，而城市化經濟的良好運行也能進一步吸引投資與研發活動。更重要的是，企業或者產業之間的合作，能夠放大創新的有利條件，創造出信息、專業化制度等集體財富。總體而言，由於中小企業具有創新優勢和集群特徵，在為中小企業發展帶來契機的同時，還能夠帶動區域內外的能力創新，以及區域關聯企業、產業、勞動力素質的能力提升，最終帶動區域經濟增長和能力創新、優化產業結構。然而，雖然中國的中小企業已經是國民經濟的重要組成部分，在技術創

新、創造就業、促進結構優化等方面都具有顯著作用，但是其強勢弱位的狀態還未改變，尤其是融資問題，已經成為中小企業發展的瓶頸。因此，為中小企業解決資金配置問題，不僅是金融機構的關注點，還是政府和公眾未來面臨的重要問題。

4.3 供應鏈金融解決實體經濟問題的路徑選擇

在第五次全國金融工作會議上，習近平總書記主要對服務實體經濟、防控金融風險、深化金融改革三個問題進行了詳細安排，習總書記也特別強調了金融工作需要迴歸本源、以市場為導向、優化結構、強化監管這四個原則。其中，讓金融迴歸本源就是要求金融以服務實體經濟為本質。供應鏈金融突破了以單個企業為對象的局限，為金融機構和企業進行信息交流、展開授信提供了新途徑，成為金融服務實體經濟的重要方式之一。與此同時，供應鏈上的參與主體在金融支持下不斷發展，也使得整個供應鏈更有效率。眾所周知，金融是現代化經濟重要的推動力，而中國的金融體系存在起步較晚、發展不完善等問題，並不能有效融合多種資源，導致了資源配置效率、實體經濟運作效率和市場競爭力受到限制的問題，在金融體系置身於更大風險的同時也阻礙了實體經濟的發展。雖然供應鏈金融直接表現為化解中小企業的融資困境，但是其實質在於對實體經濟的服務和幫助。基於前文對供應鏈金融合作模式的分析，本書認為供應鏈金融服務實體經濟可以選擇的路徑主要有電商平臺、地方產業集群、核心企業交易體系和金融倉儲監管四種模式。

4.3.1 電商平臺模式

互聯網的高速發展，為電商平臺提供了絕佳的培育基礎，而買賣雙方通過電商平臺留下的大量的交易信息，也為了解客戶需求以及信用信息提供了基礎，成為供應鏈金融對上下游供應商和客戶提供金融產品和服務的前提。目前，電商平臺參與供應鏈金融，既有通過擔保的間接形式，也有向客戶提供資金的直接形式，即電商平臺憑藉其在資金流、信息流、實物流等方面的優勢，向第三方金融機構擔保授信企業以助其獲得資金或者以自有資金採用恰當的渠道為客戶融資。具體而言，實物流代表了實體經濟中企業真實經營的情況；信息流則是指數據和信息的交換、流動的情況；資金流是指金融機構與企業的資金流動方面。經過多年的發展，實物流還未普遍轉化為信息流，並且實物流與

资金流的传导也不够顺畅，导致金融或者供应链金融对于实体经济的支持力度和范围受到了限制。究其原因主要有两个方面：一方面进行生产经营的企业，特别是中小微企业，由于经营体系的精简和成本的限制等，并没有足够的动力进行基于业务的数字化操作，因为就企业本身而言，这样做可能带来信息泄露等一系列风险，而且也不能获得与之匹配的收益。另一方面，在进行数字化转型的企业中，许多企业也存在时滞、不完整、不全面、不系统等问题。而当信息流不足以完全反应企业和市场的情况时，便会带来资金流和实物流的错配，出现金融机构经营的风险性变大而服务实体经济的能力不足等情况。根据电商平台模式的分类，本书将以 B2C 模式和 B2B 模式探讨供应链金融服务实体经济的这一路径。

B2C（business-to-consumer）模式，是指商家直接面向消费者交易的零售模式，天猫、京东都是典型的 B2C 模式，均依托于电商平台，首先从供应商处采购商品，然后以自营的形式向客户销售，甚至自建物流进行配送，形成了资金流、信息流、物流的封闭链条。同时，利用第一手数据的优势来构建大数据管理，对供应商的销售情况和消费者偏好进行统计，解决了信息不对称和信用评估缺乏的问题，从而进行供应链金融服务。在 B2C 模式中，电商平台通过即时的物流和商品信息，能够对商品仓储、运输等进行全面管理，在提高经营效率的同时，还能掌握客户与供应商的多项信息。在此基础上，若供应商和消费者提出融资要求，电商平台便可依据历史交易信息和资信状况向其融通资金。显然，此时授信的最大优点在于，平台拥有收集信息的能力，能够低成本、高效率地解决信息不对称的问题，为客户提供资金的同时降低了自身风险。其缺点主要在于客户群的来源或者受众群体，以在该平台上进行交易的客户和供应商为主，严重依赖平台的实际交易规模，业务的外延性较差。

另一种常见的电商模式是 B2B（business-to-business）模式，即企业与企业在交易时，利用网络传输媒介，将交易数据等信息进行交换、传递并达成一致的商业模式。研究发现，B2B 电商平台模式，通过为生产领域的发展注入所需资金，拉动了企业的生产和经营活动，当调节对不同领域和行业的支持力度时，能够为供给侧结构性改革做出贡献。B2B 模式与 B2C 模式最大的区别在于 B2B 模式将消费品领域扩展到了生产领域，通过互联网网络与客户群建立联系，能够更快捷、准确地提供服务，对于企业的发展和实体经济的运行具有重要的现实意义。虽然 B2B 模式具有许多优点，但是并非所有企业都适用于通过该模式下的供应链金融形式进行资金融通。一般而言，在 B2B 模式中运用供应链金融服务实体经济，主要适用于规模较大、产值较多的行业，例如煤

炭和鋼鐵業。在具有這些特徵的行業中，供應鏈上的核心企業借助電商平臺能夠掌握行業的大量信息，在整合供應鏈上下游關於生產、庫存、採購以及產品的價格等信息後，可以掌握上下游企業的經營情況、信用信息以及資金狀況，此時便能夠對其提供信息服務和金融支持。

4.3.2 地方產業集群模式

地方產業集群模式特別適用於具有鮮明的產業特徵或者代表性大型企業的地區，例如湖南省株洲市的軌道交通裝備製造業、重慶市的汽車製造業、山西省的煤礦業等。從中國的實際情況來看，該模式一般會由政府部門引導，首先構建起圍繞某個或多個大型代表性企業的地區性產業信息平臺，使信息充分匯聚並被共享，然後在此基礎上為該企業所在供應鏈的上下游中小企業提供融資服務，即該模式在具有鮮明的行業特色、同類企業集中度較高的地區尤為合適。顯然，地方產業集群模式也是供應鏈金融服務實體經濟的形式之一，其最大的優點在於針對性強，能夠通過扶持地區代表性企業及其供應鏈上的中小企業，準確、高效地帶動地區經濟的發展。

湖南省株洲市的支柱產業是以軌道交通為代表的裝備製造業，其中中車集團是其核心企業。圍繞該核心企業存在著行業內的產業集群和眾多中小企業，此時，適宜採用地方產業集群模式的供應鏈金融對中小企業進行資金融通。事實上，由株洲市發改委和央行株洲中心支行聯合制定的《軌道交通裝備製造業供應鏈融資解決方案》指出，採用應收帳款質押融資、倉單質押融資及票據轉貼融資等多種供應鏈金融產品，截至 2015 年年末，累計為軌道交通配套企業解決流動資金 34.5 億元。隨後這一融資模式被推廣至軌道交通、新能源汽車、航空動力三大高端製造業，融資累計超過 75 億元，為該地區的經濟發展提供了大量的資金支持。

4.3.3 核心企業交易體系模式

當供應鏈上的核心企業與中小企業進行交易時，特別是在與上游中小企業達成交易的過程中，會形成對核心企業的應收帳款，核心企業交易體系模式就是以此為依據。由於核心企業信用狀況良好、資產充足，金融機構在以該應收帳款為擔保品向中小企業授信時，資金安全更能得到保障，因而該模式下的中小企業更容易獲得資金支持。總體來看，核心企業交易體系模式常常以應收帳款或保理的形式，出現在供應鏈的銷售環節，而金融機構授信的考察依據，是作為購買方的核心企業，其良好的商業信用保障了應收帳款的實現，也為中小

企業貸款的還款提供了來源。具體來講，根據資金來源的不同，核心企業交易體系模式可分為兩種形式：一種情況是資金來源於傳統商業銀行等金融機構，核心企業通過與金融機構達成協議，獲得以應收帳款作為擔保品的融資；另一種情況是資金來源於核心企業自身，通過成立互聯網金融公司的方式，對應收帳款的質量進行審查，審核後向與核心企業交易的上游中小企業提供融資。

作為中國農業產業化國家級重點龍頭企業，新希望集團以農牧產業為主營業務，因此其上游供應商主要是廣大涉農小微企業和農戶。為了解決其資金短缺且缺乏合格抵押物的問題，同時也為了自身企業的生產能獲得更優質、穩定的農業產品來源，新希望六和股份有限公司與新希望集團共同投資成立了希望金融平臺，該互聯網金融服務平臺以新希望所在供應鏈為基礎，將農牧業產業集群整合在一起，融合了自由資金和供應鏈上其他企業的資金渠道。在充分發展後，希望金融平臺還可以參與到資本市場，用金融手段獲取更多資金，為上游涉農小微企業及優質農戶提供資金融通服務。

4.3.4 金融倉儲監管模式

金融倉儲監管模式在有第三方物流企業參與的供應鏈環境下更為適用，而此時的物流企業主要是指具有完備的倉儲條件和設備的大型企業。作為物流企業，其對於商品有著得天獨厚的監管條件和控制權，因此能夠以倉儲的商品為擔保物，參與到金融機構對倉儲客戶的資金融通過程中，該模式有助於金融機構對授信對象的考察和風險規避。根據前文對供應鏈金融模式的分析，該方式主要適用於基於倉單的供應鏈金融模式中。

湖南一力股份有限公司是一家以物流、地產等為主營業務的企業，基於其在行業內的核心地位，該企業建設了鋼材流通的園區，其鋼材交易量甚至占到了全省的90%。此外，該企業還對園區內的鋼鐵客戶提供除鋼材商品交易之外的一系列服務，例如物流信息、倉儲分揀、加工製造、配載配送等現代物流業務。同時，由於充分掌握了客戶的經營、流動性、信用等信息，其還與金融機構合作，幫助園區內客戶獲得了資金融通。而金融機構出於對該物流公司的信任，以客戶存放在一力物流園區內的倉儲物品為擔保品，這樣既減少了金融機構的風險，又保證了信貸資金的安全。可見，在該模式中，物流公司對授信客戶倉儲商品的有效監管，是金融機構授信考察的重點，也是其保障資金安全的重要環節，如果物流企業不能充分起到即時、有效的監管作用，那麼該模式的實際運行將受到極大的制約。目前，與此相關的行業規範和法律法規還未出抬，市場上物流企業參與供應鏈金融的狀態和能力參差不齊，某些物流公司的

不盡責或惡性事件，也制約了該模式的發展進程。因此，首先需要政府部門聯合金融機構和物流行業，構建相應的法律法規或行業準則，對物流企業的行為進行規範，明確物流企業的責任，做到獎懲有度，而物流公司也應以誠信為重，將風險控制作為首要目標，而不能為追求規模盲目地參與金融倉儲監管行為。

綜上所述，供應鏈金融是對傳統金融的創新，是適應於新常態的金融支持模式，有助於解決中小企業融資難的問題，對於中國提出的供給側改革也具有促進作用。因此，我們需要探究讓供應鏈金融更好地為實體經濟服務的路徑。當然，不同地區、不同企業，由於基礎的經濟社會水準差異較大，在發展供應鏈金融時也應考慮到各自的特徵，從區域發展水準、產業發展模式、供應鏈發展狀態等方面進行綜合考量，從而選擇適應於區域、產業發展的有效路徑。

4.4　供應鏈金融助力鄉村振興

鄉村振興既是新時代下黨和國家的重要戰略之一，也是解決三農問題的重要部署。從各項指標來看，中國是一個農業大國，但還不是農業強國。不僅在宏觀層面上，農業發展對一個國家的重要性不言而喻，而且在微觀層面上，農業企業的發展對農民增收、農業增值、農村穩定也有著舉足輕重的影響。然而農業具有天然的弱質性，與土地分佈關係密切，到目前為止「大國小農」仍然是中國的基本國情，並且農業收益的穩定性較差。要將眾多的小農戶與現代農業的發展進行銜接，滿足一方或者雙方合作的資金需求，需要解決土地流轉機制不完善、農業擔保機制不健全、有效抵押物不足等一系列問題，使金融機構對農戶進行授信既不過鬆也不過緊，在適度謹慎的前提下加大金融對農業的支持力度。2018年中央一號文件指出，要構建農村產業融合發展體系，而供應鏈金融在農業中落地生根是農村產業融合發展的基礎。在供應鏈金融模式下，金融機構對農戶的授信是建立在農業供應鏈中農戶、小微企業、農業合作社等整個體系的基礎上的，此時與普通的供應鏈金融模式一樣，資金也處於閉環流轉，這就減小了金融機構的信用風險，在合理定制金融產品的情況下，能夠在一定程度上解決農業融資難的問題，促進農業現代化的發展。供應鏈金融在運用到農業上時，既要結合中國農業悠久的歷史特徵，又要用具有前瞻性的眼光著力於未來。一方面，中國幅員遼闊，不同地域使用供應鏈金融要做到因地制宜；另一方面，由於農產品的特殊性，在其運輸、加工和銷售環節需要制

定適宜的供應鏈金融融資形式。縱觀國內外對於農業融資渠道的研究，總體而言，國外仍處於領先水準。而中國對於農業的金融支持研究是20年前才興起的，不僅如此，目前業內關於供應鏈金融模式在農業中運用的適應環境及條件還未達成一致。但不可否認，供應鏈金融模式根植於農業中，不僅是對供應鏈金融模式營運的補充，而且是對農業生產發展融資的一次創新，是突破農業因抵押物非標準化、產值穩定性較差等導致的資金困境的有效途徑之一。因此，為了更好地發揮供應鏈金融在農業中的作用，就要找出適合中國特色農業的生產環境的農業供應鏈金融模式。接下來，本書將從農業供應鏈金融的參與主體、農業供應鏈金融的具體模式、城鄉一體化中的農村供應鏈金融以及供應鏈金融視角下農戶融資模式創新這四個方面進行詳細闡述，以深入探討供應鏈金融對於農業融資的深刻意義。

4.4.1 農業供應鏈金融的參與主體

農業供應鏈金融的參與主體與一般供應鏈金融類似，主要包括以商業銀行和信用社為代表的金融機構、核心企業、農戶及涉農中小企業等。其中，核心企業主要是農業中的大型企業或龍頭企業，此時金融機構便可以通過供應鏈上的核心企業嵌入整個農業供應鏈中。根據供應鏈或者核心企業的不同情況，供應鏈金融模式可以分為有第三方擔保和無第三方擔保兩種，為了清晰闡明農業供應鏈金融模式的具體情況以及主力鄉村振興的運行方式，本書將以無第三方擔保的情況為主，即在只存在農戶及中小涉農企業、核心企業和金融機構的情形下闡釋農業供應鏈金融。

農業供應鏈金融的資金供給者。首先，當農戶及涉農企業通過長期的業務往來形成一個穩定的體系，最終演化為農業供應鏈後，該供應鏈上的核心企業將作為一個關鍵紐帶，聯繫金融機構與供應鏈上的其他中小企業。那麼，金融機構作為資金供給者在為供應鏈上的農戶及涉農企業提供資金支持的同時，也拓展了業務範圍和收益來源。簡單來說，供應鏈金融模式改變了金融機構以往依賴農戶的資產規模、有效抵押物等限制條件的情況，而更加注重考察各企業在供應鏈中真實的交易情況、核心企業自身的信用情況以及供應鏈上的中小企業與核心企業的關係，從根本上改變了金融機構授信時僅僅評估授信企業的情況。在農業供應鏈金融模式中，考察授信企業只是非常常規的流程，更關鍵的是通過核心企業以及整個供應鏈的資信情況對該授信企業進行判斷，在提高單個農戶及涉農企業獲得資金支持的可能性的同時，減少金融機構的評估成本和風險。

農業供應鏈金融的核心。作為供應鏈的關鍵環節，核心企業不僅是產業鏈、價值鏈的核心，還是供應鏈金融的核心，是連接供應鏈上的中小企業與金融機構的重要紐帶，起著信息供給和信用擔保的作用。相較於普通農戶，農業供應鏈上的核心企業規模更大、經營更穩定、信用狀況良好，在與供應鏈上的其他企業交易的過程中具有更多的話語權，能抵禦絕大部分市場與非市場風險。因此，一方面，核心企業在金融機構中的信譽更高；另一方面，核心企業對供應鏈上的農戶及涉農中小企業具有較大的影響力和控制力。從實際交易往來的角度來看，農業供應鏈中的核心企業，無論是資金、規模還是技術水準都處於領先地位，以市場環境、自然環境以及對未來的預期決定農戶的生產過程，並與農戶以合同的形式確定農產品的收購，在許多情況下還會為農戶帶去技術支持等幫助，其中大部分還涉及風險規避策略，即為農戶投保農業保險。此時擁有核心企業作為支持並有確定未來收益的農戶，便可憑藉與核心企業的訂單及農業保單向金融機構申請信貸，其通過授信審批的概率將會大大提升，授信額度也會更高。

農業供應鏈金融的資金需求者。雖然農業供應鏈上的核心企業也會因為有資金需求而向金融機構尋求資金支持，但是此處主要說明供應鏈金融解決農戶及涉農中小企業融資難的問題，而這也是農業供應鏈金融存在的根本原因，因此本書將主要以農戶及涉農中小企業為資金需求者展開分析。金融機構一般不願意在農村進行信貸業務，主要是由於農業產業本身的特殊性，即農產品價格和收益穩定性差，缺乏合格的抵押品。因此，對於金融機構而言，農戶生產的高風險性令其在生產經營過程中難以獲得信貸支持。但這些問題在供應鏈金融模式下都能得到解決，金融機構只要對授信企業所在的供應鏈整體以及核心企業進行評估，便可化解授信中小企業信用資料不足等限制因素，並獲得其依託於真實交易的可靠的信用信息和確定的還款來源。通過核心企業，金融機構對供應鏈個體和整體的信用評估將有所提高，農戶可以憑藉與核心企業的交易訂單，獲得金融機構的授信以助力其生產。反過來，通過農業供應鏈金融模式獲得資金支持的農戶，也必須認真負責地進行生產、提升自身技能，以便在未來與核心企業繼續保持穩定合作，成為供應鏈中固定的參與者。

農業供應鏈金融的特點。根據前文所述的基於核心企業、供應鏈上的農戶和涉農中小企業的視角，農業供應鏈金融模式與傳統農村信貸模式，無論是在授信對象、信用評估方式、貸後監督還是在產品及服務方面都存在顯著的差異。首先是授信對象，金融機構授信的傳統做法是從單個的農戶及涉農企業本身入手，對授信企業個體進行信用評估，而供應鏈金融更注重對整個供應鏈以

及通過核心企業的間接考察，可以說是對整個供應鏈的授信。其次，對於信用評估方式，如果企業缺乏合格的抵押品或者經營的財務資料等信用信息，那麼金融機構的傳統授信審查便會將其拒之門外。而通過供應鏈，金融機構就能以供應鏈中產生的業務往來、應收應付款、半成品和成品等為參考，即在閉環環境下衡量是否授信及授信金額。此時金融機構更加注重授信企業的預期收益、與核心企業的業務關聯情況、核心企業的發展前景、供應鏈整體運行狀況等，這顯著擴大了擔保範圍，讓缺乏合格抵押品、還不具備完善的財務管理體系的中小企業和農戶，能夠以誠信的經營和在供應鏈中的良好口碑獲得資金支持。此外，供應鏈金融還成功解決了信息不對稱的問題。因為在進行傳統授信時，金融機構獲取的評估資料，幾乎都是由授信企業自身提供，而金融機構對於農業的瞭解若僅從中得來，則難免出現信息偏誤，這種針對單個農戶或涉農企業的考察方式，使得信息不對稱問題十分嚴重，特別是在保障信息真實性的時候容易出現前期考察成本過高的問題。而在供應鏈金融模式下，授信的基礎已經進行過一次篩選，即一個發展良好的穩定的供應鏈，是其上下游企業自選與他選的結果。各主體之間利益牽扯多，會自發形成互相監督的機制，各個主體的違約成本更高，這樣就減少了操作風險和信用風險，也緩解了信息不對稱問題。最後，在貸後監督上，金融機構在放出貸款後的傳統做法是以詢問、引導為主，不能有效起到專款專用的貸後監督作用，會造成企業到期違約無法還款的情況。而在供應鏈金融模式下，資金處於閉環運作，金融機構的資金支持往往根據授信企業所需，直接支付給供應鏈上游企業，保證了專款專用，並從下游企業直接獲取還貸款項，餘款由企業獲得，保障了金融機構的權益，提高了還款效率。總體而言，農業供應鏈金融模式最主要的特點在於優化了金融機構的授信審批流程，通過供應鏈獲取動態信用信息，讓經營業績好、信用高而缺乏擔保品的農戶可以獲得授信，解決了農戶融資難的問題。

4.4.2 農業供應鏈金融的具體模式

本章在關於供應鏈金融緩解企業融資約束的形態分析中，根據不同的抵押方式和主導主體，將供應鏈金融分為應收帳款融資、預付款融資、庫存融資，並進行了詳細闡述。那麼在農業供應鏈金融的具體形式下，供應鏈上的參與主體各自有何種重要作用，商品流、信息流、資金流如何運轉，這些不同的融資模式應當如何操作，是本部分接下來要討論的重點。

在農業供應鏈金融模式下，應收帳款融資形式主要出現在核心企業的上游企業中。農戶或涉農中小企業在向核心企業提供原材料時，形成了對核心企業

的應收帳款，便可將該應收帳款作為質押品向金融機構申請授信。此時，金融機構的授信對象具有核心企業的保證，如果授信企業經營良好，交易完成後核心企業將貸款本息直接償還給金融機構，將餘款支付給授信企業，即使農戶或涉農中小企業出現問題無法償還貸款，金融機構也可向核心企業追償。可見，核心企業在應收帳款模式下起著關鍵的作用，金融機構對授信審批的考察也主要放在核心企業上，著重於權衡債權人和債務人的信用評估。預付款融資模式，顧名思義主要出現在供應鏈的下游企業中，是在實際交易過程中涉農中小企業因採購而形成的，對核心企業的預付款。在實際操作過程中，下游中小企業向核心企業採購貨物形成訂購合同，並通過實際向核心企業提貨的憑證，即倉單向金融機構申請授信，而與此同時，金融機構一般會向核心企業簽訂回購協議，以最大限度地保障貸款的還款來源。庫存融資模式也可稱為存貨融資，這種農業供應鏈金融模式對產品本身具有一定的要求，必須是易於存儲、價格較為穩定的、流動性較強的農產品，才能滿足金融機構對於庫存或者存貨的價值判斷的要求。在存貨融資的授信過程中，核心企業多數情況下是物流企業，而授信企業無論上下游均可採用該種形式。容易發現，上述分析的三種融資方式，在抵押品、授信企業的位置、操作流程以及農業適用性方面都有所不同。具體到農業供應鏈金融模式中，由於物流系統一般不夠完善和發達，大部分農業處於對核心企業供給原材料的角色。因此，解決農戶以及涉農中小企業融資難的問題，主要適用於應收帳款融資形式。

　　在沒有農業供應鏈金融參與的情況下，傳統金融機構一般對於農業信貸的支持力度較低，部分農戶和涉農中小企業的資金和技術支持均來源於核心企業。因此，農業供應鏈金融不僅幫助農戶和中小企業解決了融資難題，也為核心企業釋放出了更多的經營空間和資金餘地，令整個農業行業更健康、積極地發展。對於應收帳款形式下的供應鏈金融授信模式，金融機構對核心企業的信用評估主要可以從以下幾個方面進行：信用記錄，包括核心企業的履約情況和對外擔保情況；核心企業在行業中的地位，可以獲利能力、資產規模、壟斷程度等作為判斷依據；核心企業的發展情況，即該企業對新產品、新技術的研發以及對人力資本的投入情況；核心企業在供應鏈中對上下游企業的控制程度，在某種層面上這也反應了核心企業對市場的掌握，上下游企業越依賴於核心企業，說明核心企業在市場中的影響力越大；企業家素質，不僅是在農業領域，企業家素質可以說是決定和影響所有企業經營狀況的重要因素，優秀的企業家素質能夠提升企業管理水準、風險敏感性以及基於個人和團隊經驗的信用水準等。

4.4.3 城鄉一體化中的農村供應鏈金融

中國農業相較於發達國家還有較大差距,且經濟呈現出明顯的二元結構特徵,隨著經濟的不斷發展,城鄉差距已經成為制約中國經濟發展和人民生活水準提升的重要因素。城鄉一體化發展戰略是為了消除城鄉壁壘、促進城鄉協同發展的措施之一,其核心在於整合城鄉資源,起到資源有效配置、優勢互補、資源共享的作用。而由城鄉一體化發展戰略引起的農村發展方式的轉變、二元結構的突破過程,帶來了農村對資金前所未有的需求,傳統的農業信貸模式對於解決農村資金供需愈加不平衡的問題顯得力不從心,客觀要求一種新型的金融模式來化解農村金融體系與農村經濟發展之間不匹配的矛盾。從金融機構的存貸情況來看,農村地區的儲蓄並沒有順利轉化為農村地區的投資,無論是商業性金融機構還是民間融資都出於對風險、成本和利潤等因素的考慮,而不願意對農村進行信貸,或者設定了較高的貸款門檻。金融機構一方面大量吸收農村儲蓄,另一方面卻未承擔起對農村資金需求的支持作用,這加劇了區域資金的不平衡和資金供求矛盾。雖然中國設立了專門針對農業服務的政策性金融機構,但是即使是中國農業發展銀行這樣的專業支農金融機構,也是以國家宏觀政策為導向,主要支持農村基礎建設以及糧油等支柱型農業的發展,因此會存在投資範圍不足、受益農戶較少的問題,支農效果不夠理想。

城鄉一體化發展戰略既催生了因產業結構轉型升級及要素流動而導致的大量資金需求,也為農村供應鏈金融提供了發展基礎。大量的研究均表明,農村金融水準既影響著農民的收入水準,也決定著農村經濟的發展水準,而農業供應鏈金融的發展則推動了農村金融服務農村的進程,促進了農村金融的發展,也緩解了農業融資的難題。可見,行政手段僅僅起著輔助的作用,要實現金融對農業的支持效應還需要依靠市場的力量。城鄉一體化戰略提出後,為農業供應鏈金融的應用創造了理論和思想依據,而農村金融問題的逐步化解,也為城鄉一體化進程提供了良好的環境和促進條件。首先,城鄉一體化戰略對於農業物流體系的完善作用顯著。農產品的天然特徵要求物流運輸效率高,然而中國農產品生產卻存在規模小、分散化、市場大的客觀現實,造成了涉農物流企業以中小企業為主,經營效率較低、成本較高,城鄉物流差距較大的現狀,大型物流企業出於對成本和收益的考慮,一般不願意做涉農業務。因此,農戶在農產品運輸過程中常常出現物流問題,導致農產品中間環節的損失率一度達到25%~30%,在增加了農產品成本的同時也極大地制約了農戶和農業的發展。在城鄉一體化戰略的背景下,中國出抬了一系列的政策來支持農業發展,包括

農村道路等基礎建設、農產品綠色通道開啓、降低農產品流通費用以及農業各項技術、加工和穩產補助等，並搭建起了農戶與城市的合作渠道，實行菜籃子工程和農超對接項目，在人才培養方面也進行了一番準備，為農業現代化的長遠發展做了支持計劃。因此，在各項支持政策和環境的共同促進下，農村物流體系擁有了良好的發展基礎，也為供應鏈金融在農村落地生根提供了基本的條件。其次，城鄉一體化與農業供應鏈金融相輔相成，互為補充。從城鄉一體化促進農業供應鏈金融的方面來看，農業供應鏈金融特別重視供應鏈整體的穩定性和可持續發展，而農業行業由於其特殊性，在市場中處於被動地位，容易出現因消費、自然環境、生產規模和技術等因素而導致的供求失衡。一旦市場發生劇烈變化，受制於農產品的儲存成本高甚至無法儲存的情況，農戶便可能受到重大損失，並且供求雙方存在較嚴重的信息不對稱的問題，使得農戶的生產大部分源於歷史情況和主觀意識，不能根據市場情況做出及時的修正。通過政策引導的集約化生產，根據市場需求定制農業生產，以電子商務為手段提高產品和資金的流動性，也為農業供應鏈的運行效率和穩定性帶來了保障。此外，國家扶持農村基礎設施建設，不僅使農村的生活水準得到了改善，而且促進了農業生產的發展，農業供應鏈金融在以上種種措施保障的基礎上便有了順利實施的條件。簡單地說，城鄉一體化有助於農戶和涉農企業快速調整適應市場的生產計劃，降低了農業面臨的相關市場風險等，使農業生產逐漸趨於標準化，保障了農業供應鏈金融的推進。在農業供應鏈金融促進城鄉一體化方面，金融支持在為城鄉一體化發展提供所需資金的同時，還提供了保險、投資等一系列服務，成為農業供應鏈核心企業與農戶及涉農中小企業緊密聯繫的又一影響因素。對於信用風險和操作風險等的考察和規避，從單一授信企業延伸到整個供應鏈，形成了整個供應鏈的連帶責任，金融機構的風險得以有效分散，從而解決了農戶融資難的問題，保證了供應鏈的高效運轉。因此，供應鏈金融推進了農業和農村的發展，為城鄉一體化的順利推進構建了良好的基礎。

4.4.4 供應鏈金融視角下農戶融資模式創新

農村地區貸款難的問題早已成為共識，農村金融體系在吸收農村儲蓄後並未完全做到「取之於農，用之於農」。因此，國家和金融研究都在不斷努力化解農業資金供需不平衡的問題，已有的農戶融資模式創新主要有農戶小額信用貸款、互聯網金融、土地承包經營權抵押等。農戶小額信貸模式旨在為低收入農戶脫貧提供最基礎的小額短期資金，其顯著的優點在於無需擔保品，這對於農戶特別是低收入農戶至關重要，使其獲得授信的可能性大大提高了。而互聯

網金融模式是在農村地區使用最廣泛的金融方式之一，這種同時具備互聯網和傳統金融特徵的融資形式，在一定程度上能夠適應農村地區的特殊情況，尤其在解決信息不對稱問題上具有優勢，並且能突破時間和空間的限制，降低放貸成本。針對農戶缺乏合格抵押品的問題，土地承包經營權模式應運而生，根據人均耕地的多少，可以分別採用直接抵押或聯合抵押等形式，如果引入第三方擔保機構，還有擔保抵押模式。在中國城鎮化進程中，大量的農村勞動力向城市轉移，而農村土地並未得到相應的開發利用，閒置的農村土地造成了資源的浪費，而土地承包經營權模式不僅解決了農戶抵押品的問題，還為資源的合理配置提供了可能性。雖然上述幾種創新的農戶融資模式各具優勢，但是也必須認識到每種模式存在的缺點，例如農戶小額信貸最顯著的缺點在於信用風險過高，無法保障信貸資金專款專用，甚至會出現惡意借貸、逾期違約等問題，而互聯網金融本身還存在監管、風控等諸多問題，法律法規還不完善，農戶由於文化水準等的限制對互聯網的使用存在壁壘等。

當前農戶融入農業供應鏈主要是通過農村合作組織、農業核心企業、農產品專業市場三種形式。其中，農產品專業市場是最常見的農戶融入供應鏈的形式，即通過農產品中間商將農產品集中於農產品市場中。在供應鏈金融中，農戶和涉農中小企業便可利用其在供應鏈中的不同角色，創造出融資的新模式。當核心企業在銷售生產資料給農戶的同時，還承擔了信用擔保、資金監管等責任時，就形成了與預付款模式相似的農戶供應鏈金融創新模式，如圖4-2所示。

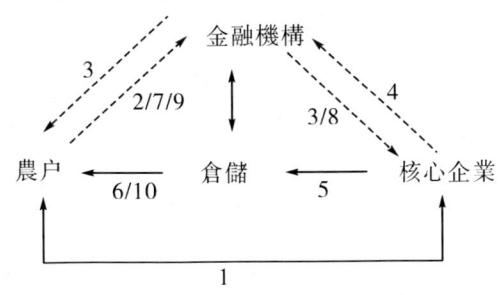

圖4-2 「核心企業+農戶」模式

註：1 如果農戶在與核心企業達成交易後；2 便可以依據該交易向金融機構提出融資申請；3 那麼金融機構會對農戶以及核心企業的資信狀況和還款能力等進行審核；4 審核通過後為保障自身權益，金融機構會要求核心企業簽訂回購協議；5 核心企業將合同商品發貨，存入倉單；6 向農戶開具倉單；7 農戶將持有的倉單抵押給金融機構；8 金融機構便將授信款項打入核心企業與農戶的專門帳戶；9 農戶在生產過程中償還本金及手續費；10 倉儲分批向農戶提供生產資料。

考慮到農產品生產的特殊性，在一般條件下倉儲企業不願意也不會為農戶進行擔保，但如果倉儲企業能夠與農戶形成長期的、穩定的合作關係，那麼便可以將風險進行平均和分散，用將來預期的農產品生產和良好市場需求進行償還保證。基於長期合作的倉儲企業的供應鏈金融創新模式如圖4-3所示。

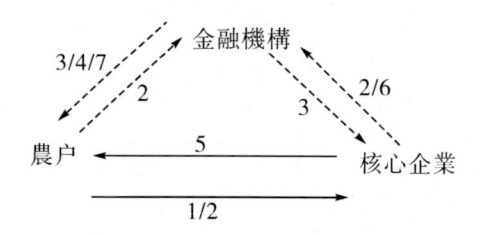

圖 4-3　「核心倉儲企業+農戶」模式

註：1農戶與供應鏈上提供倉儲服務的核心企業簽訂長期協議，在生產期結束後將農產品都存入該倉儲企業並約定倉儲企業擁有對農戶存入農產品的處理權和農戶當期逾期未償款的下期收益的補償權等權利；2農戶向金融機構提出融資申請；3倉儲核心企業以存入的農產品為擔保，金融機構對農戶及核心企業同時進行農產品、信用、貿易關係等方面的審核；4若順利通過審核，則金融機構便向農戶發放融資；5當農產品成熟後，農戶將其存入核心企業並收到核心企業開具的倉單；6當有下游企業購買農產品時，貨款直接繳納給核心企業，銷售金額在達到信貸本利之前都將用於償還金融機構；7當銷售金額有多餘款項時會返還給農戶。

農產品既可以作為中間品進行再加工，也可以作為產成品進行直接消費，如果作為中間品，那麼其銷售交易對象是農產品加工企業，而如果作為產成品，其銷售交易對象就是收購商。因此，下游核心企業與農戶之間也可以進行供應鏈金融創新，類似於應收帳款融資模式，具體操作流程如圖4-4所示。

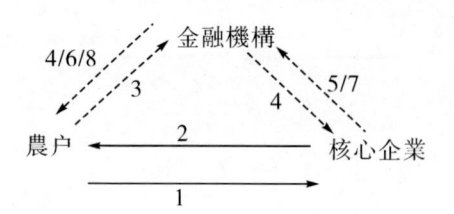

圖 4-4　「核心下游企業+農戶」模式

註：1核心下游企業與農戶簽訂採購合同，農戶依據合同發貨；2核心企業以真實交易向農戶開具應收帳款單據；3農戶以該應收帳款向金融機構申請貸款；4金融機構同時對農戶和核心企業的信用狀況、交易真實性等進行審核；5核心企業向金融機構簽訂承諾書；6金融機構向通過審核的農戶發放融資；7核心企業向金融機構直接付款，直到金額達到貸款本息；8多餘貨款返還給農戶。

中國長久以來的小農經濟導致目前仍然存在大量分散的、小規模生產的農戶，因此，現實中農戶直接與農業供應鏈中的核心企業產生穩定、長期的交易的情況並不多，而是以農業專業合作社的形式將眾多農戶整合在一起，再與核心企業進行一定規模的交易。這為小微農戶融入供應鏈提供了最方便、經濟的途徑，「合作社+農戶」的供應鏈金融模式的具體操作流程如圖 4-5 所示。

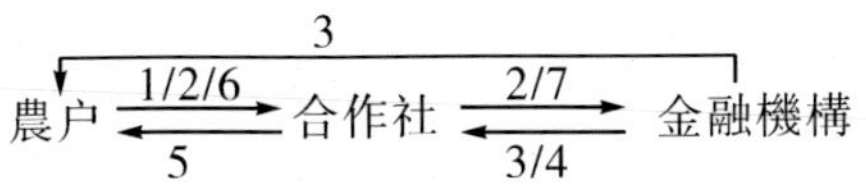

$$農戶 \xrightleftharpoons[5]{1/2/6} 合作社 \xrightleftharpoons[3/4]{2/7} 金融機構$$
$$\xrightarrow{3}$$

圖 4-5 「合作社+農戶」模式

註：1 農戶以土地等入股合作社，合作社作為主體對外承擔責任，在交易中與其他企業簽訂合同；2 農戶向合作社提出資金需求，合作社向金融機構提出融資申請；3 收到融資申請後金融機構對合作社和農戶的資信情況進行審核；4 通過審核後金融機構將信貸資金發放給合作社；5 合作社收到金融機構的資金後根據恰當的方式分配給農戶；6 農戶生產出農產品後交由合作社；7 銷售後的款項優先償還融資本息，多餘款項再交給農戶。

中國農業供應鏈發展迅速，供應鏈金融模式已經對農戶的融資需求和融資選擇產生了顯著影響。與傳統金融和當前基於農戶個體的創新型農戶融資模式不同，供應鏈金融將授信對象選擇和審查擴展到了整個供應鏈網絡，以核心企業擔保和真實的交易來解決農戶抵押品缺乏和信息不對稱的問題。從上述對供應鏈金融視角下農戶融資模式創新的分析中可以發現，其主要有資金運行具有封閉性、授信資金用途嚴格受限、還款來源具有自償性、風險具有可控性四個特點。農業供應鏈金融對農戶而言，拓展了農戶獲得融資的方式，緩解了因抵押品不足導致的拒貸和信息不對稱的問題；對金融機構而言，供應鏈上的核心企業能夠起到擔保和監管的作用，並且專款專用和封閉式資金流轉，保障了資金的安全；對整個供應鏈而言，其促進了各個主體間穩定的貿易關係，減少了因缺乏資金而導致的經營困境和不確定性。因此，農業供應鏈金融的發展既是農業現代化的要求，也是對農業現代化的促進。

5 金融科技助推供應鏈服務實體經濟

5.1 金融科技理論研究

　　國外的金融科技創新理論認為，金融科技側重於科技部分。國際權威機構金融穩定理事會（2016）將金融科技（fintech）定義為「技術帶來的金融創新」，認為其是能夠影響金融機構、金融市場和金融服務供給的新業務模式、新產品服務、新技術應用等，既包含前端產業又包含後臺技術。國外關於fintech 的理論認識是逐步遞進的。首先是技術進步，特別是信息技術進步對金融結構帶來的影響。Mishkin（1999）認為，促進金融結構演變的最根本動力是信息不對稱和交易成本，一方面技術進步使信息不對稱的情況得到改善，能夠方便金融仲介從更多原本不知情的投資人那裡得到更多的融資機會，增加金融市場的流動性；另一方面技術進步還會降低交易成本，促使市場上不斷湧現出新的金融服務，使市場容量得到擴展。改善信息不對稱情況和降低交易成本，都推動了金融系統效率的逐步提高。但技術進步也會使金融系統中的監管部門面臨更加嚴峻的挑戰。依據產品種類和地理位置定義金融機構的傳統做法可能會不利於金融創新的發展，市場效率將被降低；不斷湧現的新型服務活動和金融混業現象，要求金融機構創造出更新的風險管理辦法來穩定金融系統。然後是 Susanne Chishti 等（2016）從產業組織的角度將 fintech 定義為向正規金融機構提供技術支持、產品研發、創新和服務的初創型科技企業和高增長的中小科技企業。這些企業只負責金融機構的技術輸出、運行及維護，並幫助其提升產品和營銷業績、管理和風控等能力，而本身並不提供金融服務。Arner, Buckley 和 Barberis（2016）認為，部分採取寬鬆政策的國家，如盧森堡、新加坡、英國等，支持發展 fintech 的目的是通過金融科技集群的新型產業組織拉動就業，從而促進經濟增長。

國內對於金融科技的研究側重於互聯網金融部分。謝平等（2012）展開了對互聯網金融模式的開創性研究，認為互聯網金融模式可以使交易可能性集合得到拓展，將金融市場的風險分散到傳統金融模式所無法企及的程度。在資本資產定價模型（CAPM）的分析框架下，除了系統性風險，單個證券的非系統性風險會被稀釋掉。趙鵾等（2016）在消費的微觀模型分析框架下，引入了社交網絡的結構特徵，發現互聯網金融模式的風險證券價格波動性包含了社交網絡的結構特徵，從而得出了個體風險不能被互聯網金融模式充分分散掉，證券價格的波動反而會隨網絡規模的擴大而加劇的結論。朱太輝等（2016）全面研究了 fintech 的潛在風險及其監管，提出 fintech 可以使資源配置效率提高、風險管理能力增強、風險分散，從而穩定金融體系。值得注意的是，傳統金融風險在 fintech 業務中變得更加隱蔽，操作風險與信息科技風險會更加突出，潛在的系統性、週期性風險更不容忽視。

5.2 金融科技的概念與特徵

按照國際權威機構金融穩定理事會（FSB）的定義，金融科技泛指技術帶來的金融創新，隨著互聯網與信息技術的發展，目前特指信息技術與金融服務的融合。金融科技主要基於人工智能、區塊鏈、雲計算、大數據等一系列技術創新，應用於六大金融領域：借貸融資、支付清算、交易結算、財富管理、保險、零售銀行。在中國，fintech 的發展勢頭十分迅猛。

金融科技的特徵具體如下：

（1）低利潤率

fintech 主要運用平臺商業模式，只有在用戶規模突破臨界數量後才能實現規模盈利，而用戶的多邊屬性要求平臺不斷創新，也可能存在沉沒成本，來通過推出新的產品實現持續有效的用戶鎖定。因此，金融科技公司需要將考核重點放在資源投入效率上而不是其收入或盈利上，其整體只能維持低利潤率。

（2）輕資產

輕資產既包括金融科技公司的經營只需較低的固定資產或成本，又包括其業務規模的邊際遞減效應使其能以低利潤率支持大規模的發展。也正是因為金融科技資產輕，具有傳統金融所沒有的優勢，所以其在業務發展、組織架構、戰略選擇方面更加靈活，可實現進一步創新。

(3) 高創新

低利潤率和輕資產的特徵為金融科技公司創造了更加優越的創新條件。這些公司將一些當下較為先進的技術和理念運用到金融領域進行嘗試，這是一種不同於傳統金融框架下的金融市場和產品層面的創新，能夠加速實現市場上產品的更新換代。

(4) 上規模

金融科技公司所採用的創新技術一般能使其以較低的成本實現金融業務的規模性增長，而邊際成本遞減效應又能進一步推動其規模的快速增長，實現良性互動。其中金融科技公司採用的創新技術，必須具備支持業務快速增長的潛力，否則這項技術將不會被採納。金融科技公司的創新本質是拿來即用，是應用層面上的資源整合，很少會主動進行基礎層面上的創造。

(5) 易合規

金融科技公司的高創新特徵使其具備快速上規模的技術優勢，從而獲得創新收益。但是輕資產又使其抵禦風險的能力較弱，合規與風險管理的成本將上升。只有通過技術創新滿足合規要求，才能便利監管從而降低合規與風險管理的成本。合規不再源自金融機構的外部約束壓力，而是真正內化為發展動力，這也將體現為金融科技做出的重大制度創新。

5.3 金融科技的發展歷程

中國銀行業協會兼中國香港交易所首席經濟學家巴曙松，從網絡技術推動金融行業變革的角度把金融科技分為三個階段：

第一個階段可以界定為金融 IT 階段，或者說金融科技 1.0 版。在這個階段，金融行業通過傳統 IT 的軟硬件的應用來實現辦公和業務的電子化、自動化，從而提高業務效率。這時候 IT 公司通常並沒有直接參與公司的業務環節，IT 系統在金融體系內部是一個很典型的成本部門，現在銀行等機構中還會經常討論核心系統、信貸系統、清算系統等，就是這個階段的代表。

第二個階段可以界定為互聯網金融階段，或者叫金融科技 2.0 階段。在這個階段，金融業主要是搭建在線業務平臺，利用互聯網或者移動終端的渠道來匯集海量的用戶和信息，實現金融業務中的資產端、交易端、支付端、資金端的任意組合的互聯互通，本質上是對傳統金融渠道的變革，實現信息共享和業務融合，其中最具代表性的包括互聯網的基金銷售、P2P 網絡借貸、互聯網保

險等。

第三個階段是金融科技 3.0 階段。在這個階段，金融業通過大數據、雲計算、人工智能、區塊鏈等這些新的 IT 技術來改變傳統的金融信息採集來源、風險定價模型、投資決策過程、信用仲介角色，因此可以大幅提升傳統金融的效率，解決傳統金融的痛點，代表性技術就是大數據徵信、智能投顧、供應鏈金融等。

中國目前基本上處於金融科技 1.0 階段的後期。虛擬現實技術一旦成熟，基本上就意味著金融科技 1.0 時代結束，進入到金融科技的 2.0 階段。

5.4 金融科技助推供應鏈服務實體經濟

近年來，中國的金融科技發展勢頭迅猛，為供應鏈服務實體經濟創造了有利的發展環境，銀保監會辦公廳發布的《關於推動供應鏈金融服務實體經濟的指導意見》（簡稱《意見》），提出了 22 條推進供應鏈金融規範和創新發展的具體意見，成為當前及下一階段推進金融科技、助推供應鏈服務實體經濟健康快速發展的權威、全面和前瞻性指引。22 條具體意見的內涵主要體現為四個「推進」。

5.4.1 推進業務加快發展

近幾年，供應鏈金融發展迅猛、增速明顯，屬於「藍海」行業。據統計，中國供應鏈金融的市場規模在 2019 年年底將超過 20 萬億元。政府和監管層面對供應鏈金融一直持鼓勵發展和包容創新的態度，2014 年出拾了《商業銀行保理業務管理暫行辦法》，2017 年下發了《關於積極推進供應鏈創新與應用的指導意見》，2018 年發布了《關於公布全國供應鏈創新與應用試點城市和試點企業名單的通知》，以上措施都極大地促進了供應鏈金融的發展。但在此過程中，也暴露出了多類問題和風險。為在新形勢下充分激發行業「正面」屬性、摒棄「野蠻」模式和支持實體經濟，《意見》以「接地氣、謀長遠」的具體措施，致力於提升供應鏈金融的發展速度和質效，打造一批適合中國國情的供應鏈發展新技術和新模式。

5.4.2 推進服務實體經濟

供應鏈金融發展迅速源於該方式既可有效解決中小企業的融資難題，又能

延伸金融機構的縱深服務,供應鏈金融要服務實體經濟也是政府一以貫之的監管導向。但在實踐中,因供應鏈金融的概念爭議和業務形式多樣,出現了虛假交易和虛構融資等問題,個別核心企業甚至轉為資金「二道販子」,嚴重偏離本源,惡化脫實向虛。《意見》從明確界定供應鏈金融的概念入手,消除了惡意曲解的餘地;再次強調真實交易的基本原則,嚴防虛構融資、非法獲利;建立了業務集中管理機制,推動金融機構源頭規範;突出對小微民營企業金融服務和「三農金融服務」的支持力度,特別引入銀保合作機制、發揮保險資金的作用等,充分體現出迴歸服務實體經濟的「初心」要求。

5.4.3　推進提升風控能力

在實踐中,供應鏈金融既是一種業務模式,也是一種營銷理念,加之涉及上下游企業和其他仲介機構,風險因素客觀存在,如核心企業擔保風險和上下游企業違約風險等。近年來,因上市公司供應鏈金融合同造假而引發的風險事件多有發生,金額巨大並造成了連鎖風險。從業務邏輯來看,供應鏈金融風險防範主要是依靠核心企業,核心企業若想持續經營,必然要對供應鏈上的企業進行精細管理,因而供應鏈本身才具有風險控制能力。《意見》在嚴防虛假交易與虛構融資的同時,著重強調發揮核心企業風險防範的作用,更加凸顯了「加強核心企業風險管理」的重要性。

5.4.4　推進創新技術運用

在技術推動下,供應鏈金融的市場規模不斷擴大,業務效率快速提升,諸多人工操作環節正在被技術手段所替代,供應鏈金融也在加速轉為「在線模式」。同時,風控技術的應用範圍不斷擴大,有助於提升業務的真實性審查能力、加快審批放款速度和完善風險管控體系。但在此過程中,也出現了假借「金融科技」旗號的炒作概念,以及虛假技術包裝和誤導蒙騙等詐欺行為。因此,技術「真實性」對供應鏈金融健康發展的重要性更為突出。《意見》強調「創新發展在線業務」,鼓勵在業務拓展、風險審查和系統建設等方面運用互聯網、物聯網、區塊鏈、生物識別、人工智能等新技術,這也從側面體現出了對「偽技術」「偽創新」的警惕與防範。

6 物流在供應鏈金融領域的應用

　　物流中的供應鏈金融（物流金融）是物流與金融相結合的複合業務概念，它不僅能提升第三方物流企業的業務能力及效益，而且能為企業融資並提升資本運用的效率。對於金融業務而言，物流金融的作用是幫助金融機構擴大貸款規模、降低信貸風險，在業務服務擴展上協助金融機構處置部分不良資產、有效管理客戶，提升質押物評估、企業理財的效率等。從對企業行為的研究出發，我們可以看到物流金融的發展起源於「以物融資」業務活動。物流金融服務是伴隨著現代第三方物流企業而產生的。在物流金融服務中，現代第三方物流企業業務非常複雜，除了要提供現代物流服務外，還要與金融機構合作一起提供部分金融服務。因此，物流在供應鏈金融領域可以被看作一種集物流運作、商業運作和金融管理於一體的管理行為和過程，它將貿易中的買方、賣方、第三方物流以及金融機構緊密地聯繫在了一起，實現了用供應鏈物流盤活資金，同時用資金拉動供應鏈物流發展的效果。

　　本章首先介紹國內外對於物流在供應鏈金融中的應用本質規律的理解，以及相應的基本運作形態；在此基礎上，對目前物流領域的供應鏈金融面臨的挑戰和制度創新，以及相應的實踐進行介紹；之後對第三方物流進行結構化的分析，概念化幾種不同類型的第三方物流。這是因為物流金融的推動者和作用者（平臺提供者和綜合風險管理者）往往是第三方物流，所以，不同的第三方物流狀況，決定了其在供應鏈金融中發揮著不同的作用。在此基礎上，我們將逐一分析不同類型的物流金融模式。

6.1 物流金融的本質規律與形態

6.1.1 物流金融的實質

　　對於物流領域中金融的探索源於物流供應鏈管理，以及服務產業和金融應

用的研究。長期以來，無論是實業界還是理論界，關注的主題都是管理與金融服務的結合，而對於物流金融的專門研究則相對較少。對這一領域的研究探索最初是基於對第三方物流的探索，即隨著第三方物流市場的發展，特別是物流外包的興起，其所承擔的職能和服務越來越具有差異性（Knemeyer, Rabinovich, 2006; Selviaridis, Spring, 2007），其中就涉及一些資金和金融性活動。比如在開票、支付過程中的結清（Min, 2002），或者在國際物流中所產生的出口融資活動等（Ling-yee, Ogunmokun, 2001），這些研究較少涉及由第三方物流公司形成的庫存融資活動。還有一類研究則是站在金融立場來探索物流金融活動和管理，例如蒂本和羅杰（Tibben, Roger, 2006）分析探索了物流領域如何運用實物期權，霍爾德倫和霍林斯海德（Holdren, Hollingshead, 1999）研究了庫存融資服務中的定價問題。這些研究雖然也涉及了物流金融，但是並未站在第三方物流的立場來探索金融模式和管理。還有一些研究從更為廣義的供應鏈管理角度涉足物流金融的運作和特質分析，運用了不同的術語和名詞，諸如財務供應鏈管理（Fairchild, 2005）、供應鏈金融（Atkinson, 2008; Hofmann, 2005）等。尤其是布扎科特和張（Buzacott, Zhang, 2004）的研究，探索了基於動產的庫存融資行為與物流管理和營運之間的關係。他們指出，庫存管理並不僅僅遵循財務資金約束，流動性管理本身就是庫存管理的一部分。對這一問題的關注，無論是對金融機構還是對企業的效率都會有較大的影響。

近些年，國內對物流金融的研究也在蓬勃發展，其中有代表性的主要有：任文超（1998）提出的「物資銀行」概念，羅齊等（2002）提出的融通倉概念，李毅學等（2010）提出的庫存商品融資概念。任文超認為「物資銀行」這種運作模式是專門針對物資這一經營對象的，它通過解決企業之間的資金相互拖欠問題，達到了物資良性流通、獲取經濟效益的目的。其最根本的一點，就是在「死」的物資向「活」的資本轉化的過程中，提供智能化的精細服務。而羅齊等人認為融通倉是一個綜合性的第三方物流服務平臺，不僅能為銀行與企業間的合作架構新橋樑，幫助中小企業解決融資難題，而且能有效地融入中小企業供應鏈體系之中，為其提供高效的第三方物流服務。隨後，陳祥峰、石代倫、朱道立等人還發表了系列文章，闡述了融通倉的概念、系統結構、運作模式以及供應鏈金融與融通倉服務的密切關係，這些論文為物流金融創新內涵的分析研究提供了較為系統的支持。之後，馮耕中將物流金融分為兩類基本業務模式，即基於倉單的庫存商品融資業務和基於流動貨物的庫存商品融資業務，這兩類模式隨後進一步被確定為倉單質押融資業務和存貨質押融資業務。

從總體上來看，目前國內外對這一問題的理論探索尚處於發展之中。

　　物流領域的供應鏈金融從本質上來看是一種短期性融資行為，它是將庫存視為現有資產並以此獲得融資的行為過程。短期性融資往往與一個企業的現金流狀況緊密相關（Hil, Sartoris, 1995），涉及現金流入、流出和資產流動性等各種因素。從供應商或發運商（融資需求方）的角度來看，物流融資涉及確定最佳庫存水準，以及設置成本與庫存持有成本之間的均衡（Wilson, 1991），基於庫存的物流融資往往會受到現金流量週期（因為它反應了企業經營的狀況和庫存週轉）、金融機構給予的授信，以及抵押物或無抵押物借貸等要素的影響。而從金融機構（流動性提供者）的角度來看融資是指將供應商的現有資產視為一種抵押或擔保物進行短期借貸。這裡的關鍵是金融機構手中的庫存是否具有「可市場化」的特點，因為一旦出現潛在風險，金融機構就可以通過處置抵押品或擔保品覆蓋風險。但是對於金融機構來講，如何確定質押品和擔保品的價值和穩定性是一個巨大的挑戰。一方面，需要判斷該物品的價值程度以及市場接受的程度，該物品如果是高價值的標準產品，那麼往往容易把握，而如果是非標準的產品，對於金融機構而言，就較難掌握其價值狀況和市場性；另一方面，如何保持物品在庫存中的價值穩定和水準對於金融機構也是一種挑戰，因為任何價值在倉儲運輸過程中的貶損或變化，都有可能產生巨大的風險。正是由於上述原因，在原有的經營模式中，物流金融的運用受到了限制，而要有效地促進物流領域供應鏈金融的發展，關鍵就在於如何看待第三方物流在其中發揮的作用。

　　霍夫曼（2009）曾經對比了在不同物流金融模式下第三方發揮的作用是如何改變運行方式和效率的。在傳統的物流金融模式下（見圖6-1），供應商一般都希望能加速資金回流，縮短現金流量週期。要實現這一目標，要麼要求購買方支付預付款，或者積極管理應收帳款，要麼將產品抵押給金融服務提供商以加速資金回籠。相反，作為貨物接受方的客戶也希望在需要的時間採購產品，以降低庫存壓力和資金壓力。一般客戶往往要求供應商採用寄售或者供應商管理庫存的方式來供貨，而且應付帳款週期越長，對客戶而言越有利。買賣雙方不同的利益訴求顯然產生了矛盾和衝突，阻礙了供應鏈的有效運行。此外，對於資金提供者而言，在基於庫存進行的融資過程中，需要保證違約的損失不能超過預期的風險控制程度，這裡的關鍵在於把控違約率和違約損失率。霍夫曼指出，影響違約率的因素在於融資方的資信，如果融資方利用信息不對稱隱瞞了相應信息，違約率就會上升。影響違約損失率的因素則是抵押或擔保貨物的性質，一旦融資方違約，抵押或擔保品如果具有較好的流動性和市場

性，違約損失就會降低。然而問題的關鍵是，作為資金提供者的金融機構並不直接參與供應鏈物流的運行，對供應商（融資方）的瞭解是有限的，同時對有關抵押或擔保品的知識和管理方法也是間接得到的，這就使得控制違約率和違約損失率變得非常困難。在傳統模式下，第三方物流事實上與物流金融的關聯較小，買賣雙方只是希望物流活動能順暢進行，而第三方也只是希望能通過自己的服務及時獲得回報和資金。第三方物流雖然能夠掌握雙方的交易狀況以及物品的狀況、價值、庫存等各類信息，但是並不能及時傳遞到金融機構，從而產生了信息孤島。

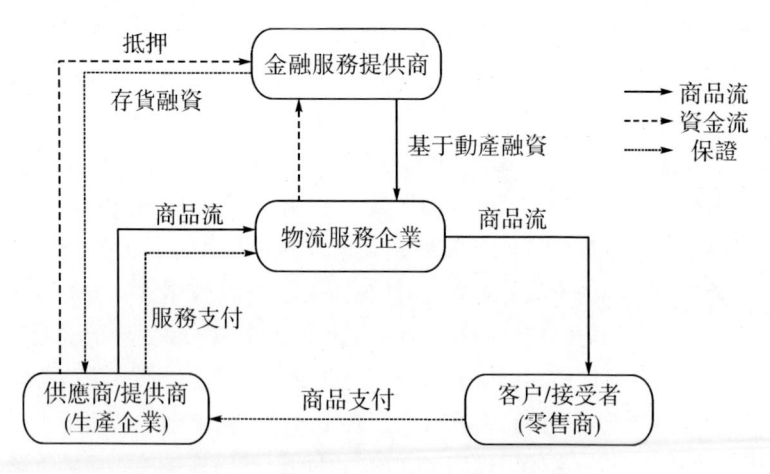

圖 6-1　傳統供應鏈模式下的物流金融

在新的物流金融模式下，第三方物流發揮了重要的作用（見圖 6-2）。它在買賣雙方之間承擔著重要的金融媒介和管理的職能。第三方物流從供應商處獲得一段時間的物品所有權，然後將之出售給下游的客戶。與以往一般的業務關係不同，第三方物流在獲得採購貿易保證的前提下，向供應商融資，既有利於買賣雙方的交易持續和發展，也有利於第三方物流拓展自身的業務空間，不僅能夠承攬相應的運輸、倉儲、流通加工等活動，實現 JIT 供貨、延遲生產或大規模定制化生產，而且還能運用自己的經驗和能力，優化買賣雙方的物流鏈，降低總庫存成本。在這一新型的物流金融模式下，買賣雙方的矛盾和衝突得以解決，將物權暫時轉移給第三方物流，供應商能夠及時獲得資金，縮短現金流量週期，客戶能在需要的時候獲取產品，查驗後支付貨款。而作為流動性提供者的金融機構也規避了由於信息不對稱或者不瞭解抵押或擔保品性質所產生的高違約率和高違約損失率的問題，通過與第三方物流的緊密合作，降低了資金借貸的潛在風險。由此可以看出，物流金融的實質並不僅僅與金融業務產

生的基礎倉單或是流動性貨物有關，還與第三方物流和交易買賣雙方以及金融機構之間的關係是否發生了改變有關。隨著第三方物流在供應鏈中發揮著不同的作用，以及與供應鏈其他參與者之間差異性的互動，金融活動得以展開，同時在不同程度上優化了供應鏈的結構和流程，提高了效率和效益。從嚴格意義上來講，物流領域的供應鏈金融創新的主體是第三方物流，金融活動展開的基礎是第三方物流的服務資源和能力。

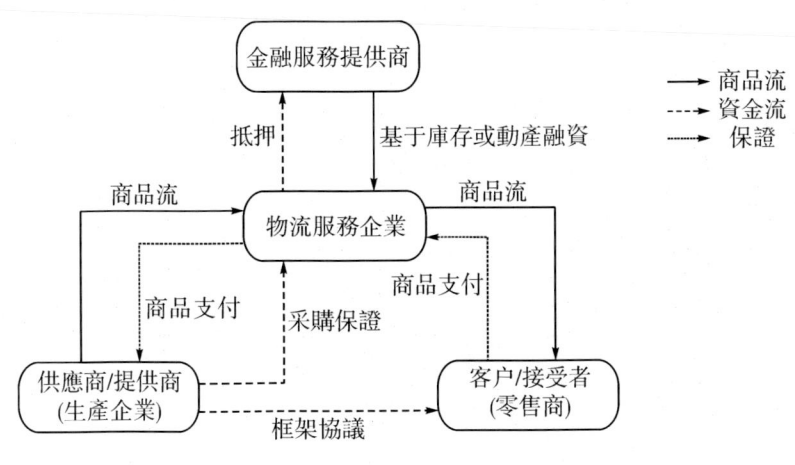

圖 6-2　新型供應鏈模式下的物流金融

6.1.2　物流金融的四種形態

由上述內容可知，目前在物流金融的運作中，第三方物流所推動的物流金融有著不同的形態。

第一種形態是代收貨款方式（見圖 6-2）。在這一方式中，第三方物流發揮的作用非常有限，其運作方式是：物流公司在為企業提供產品運輸配送服務的同時，幫助供貨方向買方收取貨款，然後將貨款轉交供貨方，並從中收取一定比例的費用。這是物流金融的初級階段。從盈利的角度來看，第三方物流可以獲取一定的手續費，並且該資金在交付前有一個沉澱期，在沉澱期內，第三方物流獲得的是一部分不用付息的收益，而廠家和消費者獲得的是方便快捷的服務。

第二種形態是托收方式，見圖 6-3（a）和圖 6.3（b），即第三方物流公司在為發貨人承運一批貨物時，首先代提貨人預付一半貨款，當提貨人取貨時則交付貨款。這種方式還有一種演變形態，即為消除因墊付貨款給第三方物流公司帶來的資金占用問題，發貨人將貨權轉移給金融機構，金融機構根據市場

情況按一定比例提供融資，當提貨人向金融機構償還貨款後，金融機構向第三方物流企業發出放貨指示，將貨權還給提貨人。在此種方式下，物流公司的角色發生了變化，由原來的商業信用主體變成了為金融機構提供貨物信息、承擔貨物運送、協助控制風險的配角。托收方式既可以消除發貨人資金積壓的困擾，又可以讓發貨人與提貨人規避風險。對第三方物流而言，其盈利點是將客戶與自己的利益密切地連在一起，使客戶群基礎越來越穩定。此外，資金在交付前有一個沉澱期，在沉澱期內，物流公司相當於獲得了一筆不用付息的資金。

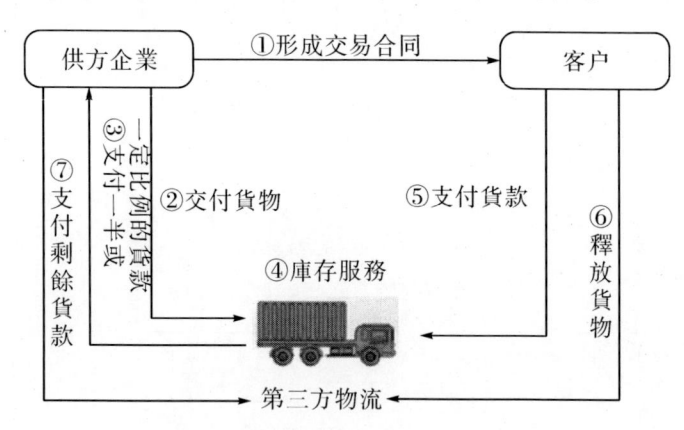

圖 6-3（a） 物流金融形態之二——托收方式（第三方物流主導）

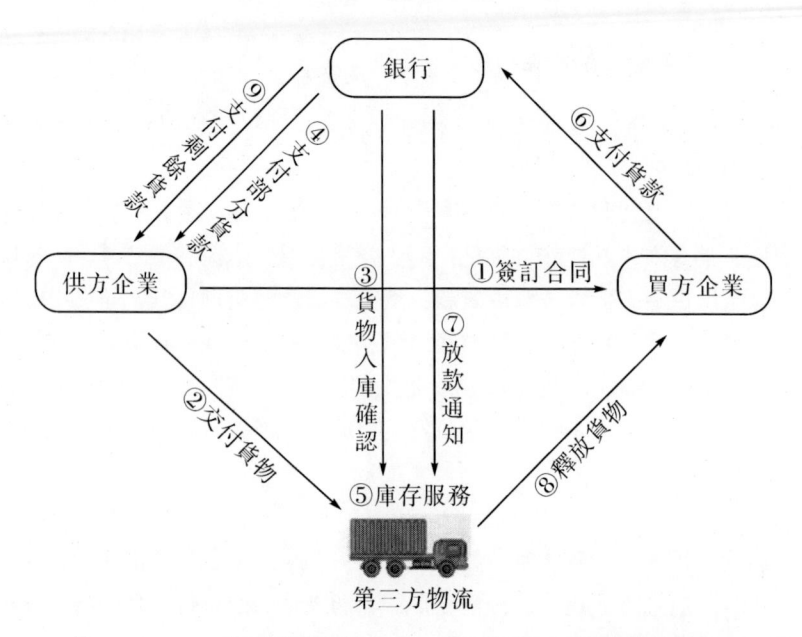

圖 6-3（b） 物流金融形態之二——托收方式（金融機構主導）

第三種形態是融通倉方式（見圖6-4）。在中小企業的生產經營活動中，原材料採購與產成品銷量普遍存在批量性和季節性特徵，這類物資的庫存往往占用了大量寶貴的資金，融通倉可借助其良好的倉儲、配送和商貿條件，吸引輻射區域內的中小企業，作為其第三方倉儲中心，並幫助企業以存放於融通倉中的動產獲得金融機構的質押貸款融資，其實質就是將金融機構不太願意接受的動產（主要是原材料、產成品）轉變成其樂意接受的動產質押產品，以此作為質押擔保品進行信貸融資。該方式還有一種衍生形態，即反擔保，在借款企業直接利用寄存貨品從金融機構申請質押貸款存在難度的情況下，由物流公司將貨品作為反擔保抵押物，通過物流公司的信用擔保取得貸款。該方式對質押主體進行了拓展，不是直接以流動資產交付給金融機構作為抵押物，而是由物流企業控制質押物，這樣極大地簡化了程序，提高了靈活性。融通倉不僅為金融機構提供了可信賴的物質監管，還幫助質押貸款主體雙方較好地解決了質物價值、評估拍賣等難題，並有效融入中小企業的產銷供應鏈當中，提供了良好的第三方物流服務。該方式可讓企業通過流動資產實現融資，同時借助第三方物流倉儲中心可以節省倉庫建設與管理費用。對於金融機構來講，在倉單質押模式下其實現了流動資產貸款，為解決「存貸差」開拓了新的借貸模式，一方面銀行減少了「存貸差」產生的費用，另一方面產生了借貸利差，銀行獲得了利益。對於第三方物流來講，其收益來自向供方企業收取存放與管理貨物的費用，而為供方企業和銀行提供價值評估與質押監管等仲介服務也可以收取一定比例的費用。此外，企業可以通過此類服務將營業範圍延伸到其他物流服務中。

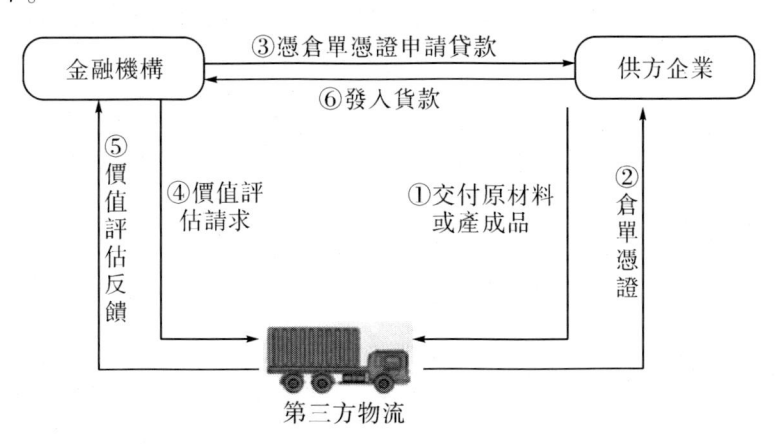

圖6-4　物流金融形態之三——融通倉方式

第四種形態是授信融資方式（見圖6-5）。即金融機構根據第三方物流企業的經營規模、營運現狀、負債比例以及信用程度，授予物流企業信貸額度，物流企業可直接利用這些信貸額度向相關企業提供靈活質押貸款服務。該模式既有利於企業更加便捷地獲得融資，減少原先質押貸款中的一些繁瑣的環節，又有利於銀行提高對質押貸款全過程的監控能力，更加靈活地開展質押貸款業務，優化其質押貸款的業務流程和工作環節，降低貸款風險。

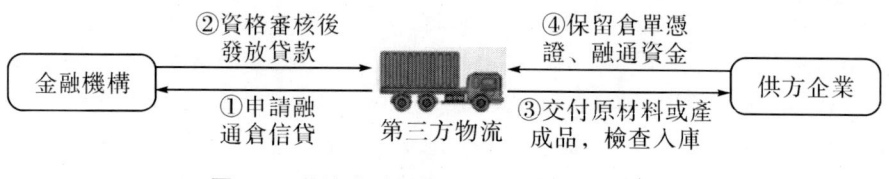

圖6-5　物流金融形態之四——授信融資方式

6.2　物流金融的制度創新與實踐

6.2.1　物流金融面臨的制度挑戰和制度創新

物流金融作為供應鏈金融領域中實踐最早的業務形態，在最近幾年的發展過程中遇到了很多挑戰。特別是受「上海鋼貿案」的影響，大型銀行與大型物流企業都收縮了這項業務。同時，中小型的民營倉儲公司迅速發展，中小型的擔保公司、期貨公司、資產管理公司等開始嘗試進入這一領域，雖然數量較多，但是經營規模普遍較小。在這個階段擔保存貨管理的問題集中暴露，引起了政府部門、行業協會的重視，但普遍存在的問題仍然沒有得到解決。這些主要的問題和挑戰表現在以下幾個方面：

（1）法律法規不完善

一方面，《中華人民共和國物權法》只明確了存貨可作為擔保融資，但沒有規定存貨擔保融資應當登記公示；另一方面，《中華人民共和國合同法》沒有對擔保存貨管理合同做出專門規定。

（2）缺乏專業性的統一標準

擔保存貨管理與一般倉儲管理相比有其特殊性，比一般倉儲管理風險更大，現行的倉庫技術、倉儲作業、倉儲服務與倉儲從業人員資質等方面的標準，還不能完全滿足管理擔保存貨的要求。

（3）行業監管缺失

由於人們對擔保存貨管理這樣一個特殊倉儲業態的風險性缺乏全面認識，到目前為止，國家既沒有相關的行政許可制度，也沒有企業備案制度，對現有的從事擔保存貨管理的企業情況也不清楚，對開展擔保存貨管理的企業也沒有明確的資質條件要求。

基於上述問題和挑戰，由中國銀行業協會、中國倉儲協會聯合起草的國家標準《擔保存貨第三方管理規範》經由國家質量監督檢驗檢疫總局、國家標準化管理委員會批准並正式發布，已於 2015 年 3 月 1 日起實施。這一標準的制定對於促進物流金融的規範、有序發展無疑起到了積極作用。可以說，國家標準《擔保存貨第三方管理規範》基本厘清與解決了目前存在的擔保存貨管理所涉及的借款人、貸款人與第三方管理企業之間的所有責任劃分問題。該國家標準的出抬，具有如下重要價值：

（1）首次由中國銀行業協會、中國倉儲協會聯合貸款人和擔保存貨管理企業共同起草，保證了標準內容的全面、客觀、公正與可操作性。

（2）首次明確了在抵押與質押兩種擔保方式下對貸款人、第三方管理企業、借款人三者在擔保存貨管理中的基本要求。保證了三方當事人的責任銜接，避免了三者之間的責任糾纏。

（3）首次區別與界定了擔保存貨「監管」與「監控」兩種管理方式以及不同的管理責任，解決了長期以來現實中只有一種「質押監管協議」的困局，規定按照特定倉庫的地理位置與可控程度，分別簽署「監管」與「監控」兩種協議。

（4）首次明確標註「監管協議」視同「倉儲合同」，「監控協議」視同「委託合同」，解決了長期以來「質押監管協議」性質不明、責任難定的困擾。

（5）首次明確了出具擔保存貨倉單的前提、主體與要求，區分了「質押倉單監管」「質押存貨監管」「抵押存貨監管」「抵押存貨監控」這四種業務場景，逐步實現了存貨倉單化、倉單電子化，從根本上保障了倉單的真實性與唯一性。

（6）首次明確規定「管理擔保存貨，應在相關公共信息平臺登記與公示管理企業、擔保存貨與倉單等信息」。這充分體現了對擔保存貨管理企業的事中、事後監管的原則。

具體來講，該標準規定，在監管協議下，貸款人承擔的義務包括：選擇指定擔保存貨第三方管理企業，並確認特定倉庫；要求借款人對擔保存貨的內在質量與包裝件內的物品數量承擔責任；對擔保存貨的出庫數量、出庫時間、最

低庫存量控制的數量出具指令；不定期地進入特定倉庫檢查盤點擔保存貨；要求擔保存貨第三方管理企業提供、收取、持有、保留有關擔保存貨管理的倉單、單據、臺帳、記錄（包括電子或影像記錄）等憑證或其他副本。借款人的義務包括：將權屬清晰的擔保存貨運送到特定倉庫；提供擔保存貨的相關權屬、品名、規格、型號、數量、重量、產地等相關資料，對擔保存貨保管有特殊要求的，應向貸款人和擔保存貨第三方管理企業進行書面說明；對擔保存貨的內在質量與包裝件內的物品數量負責；配合擔保存貨第三方管理企業履行責任，配合貸款人確立、維護和行使擔保權益。第三方承擔的義務包括：確保特定倉庫具備監管擔保存貨的條件與環境，在監管期限內始終維持對特定倉庫的合法佔有與使用；對擔保存貨的重量、包裝件數量及外觀質量進行驗收，並出具倉單等相應憑證，三方協議對存貨的內在質量與包裝件內的物品數量驗收等另有約定的，從其約定；妥善保管擔保存貨，並配置擔保存貨標示，當發生擔保存貨滅失、損壞、短少、品質異常變化、保險事故、擔保存貨被採取司法強制措施權屬爭議、盜搶或類似可能危害貸款人權益的情況時，應及時通知貸款人；規範、準確地盤點、檢查存貨，根據貸款人的指令進行擔保存貨的移位、移庫、調換與出庫，或控制擔保存貨的最低庫存量，並配合貸款人檢查存貨、核對帳目；規範、準確地出具、編製、更新、歸檔、保管並向貸款人提交有關擔保存貨管理的單據、臺帳、記錄（包括電子或影像記錄）、報告等；配合貸款人確立、維護和行使擔保權益。

在監控協議中，貸款人的義務是：選擇指定擔保存貨第三方管理企業，並確認特定倉庫；要求借款人對擔保存貨的數量、質量、價值與安全承擔責任；由借款人支付擔保存貨管理費用的，應督促借款人支付相關費用。借款人的義務是：確保特定倉庫具備儲存擔保存貨的條件與環境，並對特定倉庫的安全負責；對擔保存貨的數量、質量、價值承擔責任，妥善保管擔保存貨，並配置擔保存貨標示；配合擔保存貨第三方管理企業履行責任。第三方承擔的義務是：清點擔保存貨的數量，並向貸款人報告；對特定倉庫內的擔保存貨進行現場監控；對借款人的擔保存貨管理活動進行檢查、記錄，並向貸款人報告；對未經貸款人同意的擔保存貨移位、移庫、調換、出庫等情況，應及時向貸款人報告。

6.2.2 制度創新實踐——中國物流金融服務平臺

中國物流金融服務平臺是由中國物流與採購聯合會、中國倉儲協會、中國銀行業協會等國家級行業協會聯合支持。平臺於2012年創立，全程參與了國

家標準《擔保存貨第三方管理規範》的起草、制定、頒布及實施，同步開發了配套系統「全國擔保存貨管理公共信息平臺」。建立該系統的目標是通過互聯網及大數據等技術手段，對擔保存貨的相關信息進行動態的、持續的、統一的登記與公示，從而為供應鏈金融提供全過程的風控輔助方案。服務對象主要為貸款人、第三方管理企業、借款人等。中國物流金融服務平臺是由中物動產信息服務股份有限公司（簡稱「中物動產」）開發與營運。中物動產是一家由中國物流與採購聯合會、中國倉儲協會、中國銀行業協會等聯合支持的、以擔保存貨登記與公示為核心的大數據雲服務公司。公司於2014年入選商務部第一批重點推進的十家公共信息平臺之一；2014年入選北京市經信委中小企業公共服務平臺網絡第一批合作服務機構；2015年正式成為承擔北京市「物流標準化營運標準、規範及第三方認證體系」建設的試點企業；2015年推出國家標準《擔保存貨第三方管理規範》的配套系統「全國擔保存貨管理公共信息平臺」。該平臺的服務主要表現為擔保存貨登記與公示，以及存貨管理與供應鏈金融。

1. 擔保存貨登記與公示

「全國擔保存貨管理公共信息平臺」於2015年5月19日正式上線，一期實現了擔保存貨相關信息的動態登記與公示，為供應鏈金融業務提供了有效的風控輔助手段。平臺的三大功能分別是公示功能、對接功能、擔保存貨網上管理功能。

（1）與擔保存貨融資登記公示平臺對接的擔保存貨管理公共信息平臺，為銀行等金融機構即時掌握擔保存貨的管理狀態提供了公共渠道；通過平臺的對接功能，可以對接全國權威機構的物權登記系統，對接的紐帶是每一筆擔保存貨。平臺將對擔保存貨進行即時、動態、持續的狀態提取，並傳送到全國權威機構的物權登記系統進行公示。

（2）具有擔保存貨管理企業基本信息、備案信息、資質信息及信用信息的公示平臺，為企業展示形象、為政府部門實施行業監管提供了平臺和依據；通過平臺的公示功能，用戶可以查詢自系統啟動以來，擔保存貨歷年累積或當期即時的公示信息，以及貸款人、借款人與管理企業三方的情況；可以通過司法機關、最高法院等公開的信息檢索，對管理企業三年內的日常營運管理及信用情況進行即時瞭解。

（3）擔保存貨管理企業的網上倉儲管理系統（E-WMS）操作平臺（包含擔保存貨出入庫處理、電子倉單、現場視頻、動態控制等功能模塊），建立了全國擔保存貨管理的中心數據庫，從而實現了統一電子化倉單；這項功能以永

久免費的公共服務模式向中小物流倉儲企業開放，用戶可以省掉網上倉儲系統的軟件開發費用，按照國家標準要求的規範進行日常擔保存貨的管理，從而大大便利了中小物流倉儲企業專注於核心業務，同時降低了操作風險和道德風險。

除了對擔保和存貨的信息公示和管理外，該平臺還對擔保存貨管理信息實行動態的、即時的登記及公示，並進行大數據比對和預警，從而為貸款人、管理企業、借款人提供了有效的業務數據參考依據。平臺登記及公示的內容包括：

①借款人的情況，包括企業名稱、法人代表、組織機構代碼等。

②擔保品的情況，包括擔保品名稱、數量、單價、品類、規格、合同號、發票號，以及相應的監管信息，如監管地址、監管方、特定倉庫等。

③供應鏈的管理情況，包括產地、訂單、交易、質檢、倉儲、物流、支付、結算、融資、擔保及還款等信息。

平臺對擔保存貨及其供應鏈管理環節的相關信息進行透明化公示，同時對上述的大數據進行比對和預警，向貸款人、管理企業、借款人提供免費的、開放的公共服務，並根據用戶需求出具獨立的第三方證明。

2. 存貨管理與供應鏈金融

隨著全國擔保存貨管理公共信息平臺的內在價值的逐步體現，服務於供應鏈金融的業務也隨之展開。作為國家標準試點落地的首個商圈，位於河北唐山的東華五金機電城平臺，就是將擔保存貨的管理與商圈供應鏈金融的業務深度結合的例子。該模式經過兩年時間的運行，唐山東華五金機電城已經為商圈內900多家商戶提供了擔保存貨管理服務和供應鏈金融服務。截至2015年7月月底，供應鏈金融業務已經形成了1,200多萬元的交易流水。在該商圈中已經形成了年交易額預計在20億元以上的「聯採聯供」業務模式，唐山鋼鐵集團聯合28家鋼企指定在唐山東華五金機電城進行五金常備件的採購服務；東華五金城的900多家商戶聯合提供五金件供應及售後服務。上述交易中的所有五金常備件作為擔保存貨進入商圈指定的特定倉庫，由商圈指定有資質的第三方管理企業進行監管。目前，建設銀行和平安銀行已經開始與該五金商圈合作推出創新的定制化金融產品。

（1）供應鏈金融模式

河北省作為擔保存貨管理國家標準落地的試點，首先選擇服務於以商圈為核心的供應鏈金融模式，即「中物商圈模式」，它是一種以B2B現貨商品為主的線上、線下一體化即時定制倉單交易。其中，B2B現貨商品主要是指供需雙

方交易的以生產資料為主的現貨商品；線上、線下一體化是指線上電商、線下商圈、特定倉庫、物流管理四位一體的深度結合；而定制倉單則是根據行業慣例，對商品的質量、包裝、規格進行約定的最小交易單位；最終可實現即時交易，是指現貨倉單（擔保存貨）的交易方式。

該模式對商圈本身有七個前提條件的要求：

①商圈背後有條完整的產業鏈作為支撐，或者商圈定位本身就是供應鏈中的某一個中間環節。

②商圈掌握產品供應方或產品採購方兩者之中的任何一方。

③商戶在商圈內有一定的資產沉澱。

④商圈可以為商戶提供線上、線下的交易環境。

⑤商圈要為商戶提供有控制力的特定倉庫託管。

⑥商圈要為商戶提供全鏈條的線上管理系統。

⑦商圈裡商戶的經營狀況可以承受年化12%的融資成本。

河北省各地的五金商圈都加入到了該模式的聯盟中，聯盟中的所有商圈都按照統一的業務流程和資本模式進行管理，所有商圈的倉庫都進行統一託管並按照國家標準進行特定倉庫管理，所有商圈的供應鏈業務都在指定的專業軟件系統中進行操作。在這種模式下，依託「全國擔保存貨管理公共信息平臺」的電子倉單生成功能，河北省已加入五金商圈聯盟的多個商圈之間可以形成可操作的統一倉單流轉。

（2）與擔保存貨管理相關的供應鏈金融風控環節

為了控制相應的風險，五金商圈的基本操作業務流程分為自賣和代買模式。自賣模式，是指五金商圈的商戶在物資採購過程中需要融資時，和貸款人簽訂反擔保協議、回購協議和居間服務合同，將所賣貨物放入指定的特定倉庫，由貸款人驗收後打款給商戶；商戶發出提貨申請，並支付該筆貨款及居間服務費，由貸款人通知特定倉庫貨物出庫，商戶接收貨物的交易形式。代賣模式，是指異地的五金商圈的商戶之間，其中一方代理另一方商品，在被代理方提供質押物的情況下，貸款人按上述自賣模式流程提供融資服務的交易模式。在該模式下，可實現五金商圈聯盟之間的定制倉單統一流轉。

除了對操作流程的規定外，在具體的管理要素上，五金商圈也確立了相應的風險控制點，包括：

①商戶徵信：對商圈中的商戶提供主體和專項徵信。

②商圈運作：在商圈建立統一的電商交易及物流管理流程。

③擔保方式：商戶的商鋪擔保和存貨擔保。

④倉庫託管：商圈所有倉庫統一託管，並按照國標要求進行特定倉庫管理。

⑤登記公示：包括交易信息、擔保存貨、存貨質檢、支付結算、融資還款等全過程公示，目的是防範由於信息不對稱造成的重複質押、重複擔保、重複交易等風險，保證整個供應鏈全過程透明化，各環節信息可跟蹤、可追溯。

⑥擔保存貨的管理：基於國家標準打造全國擔保存貨管理公共信息平臺，要求商圈中的商戶把擔保存貨放入特定倉庫，而且採用有資質的第三方管理企業進行監管，所有的擔保存貨的出入庫管理和倉單管理，必須通過平臺系統操作。

⑦擔保存貨的查詢：為貸款人、第三方管理企業、借款人提供與擔保存貨相關的供應鏈信息即時、動態查詢，以防範操作風險。

⑧商戶及交易預警：通過對上述各個操作環節及各個不同主體的大數據進行採集，進行數據的比對，從數據比對結果中獲得預警信息，並對預警信息進行公示。

6.3 物流領域的供應鏈金融類型化

以上分析介紹了物流金融的實質以及各種運用形態，從中可以看到，在物流領域的供應鏈金融創新中第三方物流發揮著日益重要的作用，不僅解決了供應鏈運行中資金流動的問題，而且借助於供應鏈融資進一步優化了物流流程。然而第三方物流究竟在多大程度上結合了物流金融，又在多大程度上與供應鏈中的其他參與者形成了合作關係，進而改善供應鏈結構，這是需要進一步分析的問題。其本質還是在於如何看待和劃分目前中國第三方物流行業中差異化的狀態和能力。

本書認為，第三方物流作為專業的物流服務提供者，其所具備的能力以及為客戶服務（包括供應鏈金融服務）的績效往往是由不同的市場定位決定的，不同的定位特點使得第三方物流的運行方式產生了差異。而決定這一差別化定位的因素之一就是第三方物流的資源和能力性質。資源和能力的性質涉及資源或能力的類型。根據巴尼的理論（Barney, 1991），資源和能力存在著有形和無形之分，有形資源是一種獨一和限制性供應的要素，而無形資源則是基於文化的隱性知識或訣竅。因此，這種資源可以鑲嵌於企業中成為競爭者的障礙，也是企業競爭優勢的來源。戴（Day, 1994）認為企業的資源能力在供需交易

中體現為三個方面，即內在反應、外在內化以及橫跨匹配。內在反應，即與市場回應相關的內部運作能力，擁有該能力的企業在物流運輸、組織資源等方面比競爭對手更具優勢。外在內化，即企業能夠比競爭對手更早、更準、更快地預測市場需求、回應市場需求、提供適應的服務，並與客戶建立良好的合作關係。橫跨匹配，體現為在戰略制定、定價，新業務開拓等方面能比競爭對手更好地處理內在反應與外在內化之間的匹配集成問題。特蕾西等人（Tracey et al.，2005）的研究表明，企業績效的提升，不僅依賴於企業內在反應的增強，也依賴於企業外在內化和橫跨匹配的增強。顯然，所謂的內在反應，甚至某些外在內化，都是一種基於物質和有形要素所體現出來的資源和能力，以滿足客戶既定的需求和期望，屬於一種被操作性資源。相反，某些外在內化以及戰略匹配是一種前攝性的、基於知識和智慧的資源能力，具有能動性和隱形的特點，同時也需要通過較長期的集體行為才能反應出來。因此，它是一種操作性資源能力。具體來講，從物流服務憑藉的基礎或能力來看，有些第三方物流是運用或通過物質資產或被操作性資源為客戶企業提供服務的，比如第三方物流借助於自己的倉庫、運載工具、配送活動等為客戶提供全面的服務，在這種狀況下，資產往往也是客戶關注的重點。第三方物流對物質資產的投資往往也較大，或者說在從事物流金融性服務的過程中，第三方物流憑藉的基礎仍然是物質資產，是基於物質資產性營運衍生出的金融性業務，比如通過倉儲管理和運輸配送來帶動金融活動。而另外一種狀態是第三方物流更多地運用知識智慧，或者雖然也借助於資產性的投資營運，但是知識智慧卻發揮了更重要的作用，例如第三方物流提供加速庫存週轉、流程優化、供應鏈系統改進等具有高度智力型的服務來帶動金融性業務，並且管理相應的風險。在這種狀況下，客戶評價的基礎已經超越了資產的大小或數量，而是更看重第三方物流擁有的具有高度增值能力的知識智慧的程度，與此同時，第三方物流也具備了知識型運行的特點。

  第三方物流差異化定位的另一個因素是產業組織要素。根據產業理論的「結構—行為—績效」模型，產業和市場的結構特徵決定了企業所能採取的行為，同時企業的行為進一步決定了其在產業中取得的績效（Bain，156）。在產業結構特徵中，規模經濟是一個重要的因素。所謂規模經濟，是指在一定的科技水準下，隨著生產能力的擴大，長期平均成本下降的趨勢，即長期費用曲線呈下降趨勢。在物流產業中，它表現為隨著經營範圍（網絡）的擴大和數量的增加，引起的費用下降和收益實現。具體結合第三方物流服務的產業組織特點來看，有些第三方物流尋求區域市場或者局部市場運作，這種運作方式的特

點並不是追求規模經濟，而是通過在特定市場上的經營來獲得局部優勢。此外，還有一種狀況是在全國乃至全球範圍內經營，在這種狀態下，網絡的廣泛覆蓋成為關鍵要素，其競爭優勢的獲得是通過網絡覆蓋和規模經濟實現的。

根據第三方物流服務的資源能力和網絡覆蓋範圍，目前中國的第三方物流企業有四種基本類型（宋華，2014，見圖6-6）：資產型區域型第三方物流、知識型區域型第三方物流、資產型廣域型第三方物流、知識型廣域型第三方物流。這四種類型反應的是第三方物流的基本形態，或者說是從靜態的視角觀察到的第三方物流。資產型區域型是一種較為傳統的第三方物流形態，這類企業往往借助於大量的物質資產（諸如土地或物流園區、倉庫、車輛、人力等）在局部地區或者區域提供基礎性的物流服務，其生存發展的基礎是物質資產，以及能低成本地滿足客戶需求。像一些城市配送、倉儲企業、小型運輸企業等均屬於這種類型。資產型廣域型也是一種典型的第三方物流形態，其運行的基礎也是企業所擁有的物質資產，但是與前者不同的是，這類第三方物流往往擁有較大的物流服務網絡，規模經濟性較強。因此，其優勢不僅僅在於可提供低成本的物流服務，而是憑藉巨大的網絡資源和規模經濟，可幫助客戶降低綜合性交易成本。諸如某些全國性的物流企業，特別是一些由傳統交通運輸或郵政系統轉化而來的公司。知識型區域型是一種兼有特定能力和靈活性的第三方的資產營運和一些基礎性的物流活動，主要為客戶提供相應的金融性服務，諸如前面所講的代收貨款，以及一部分貨款托收等服務。這種金融服務雖然能為客戶帶來一定的價值，但是對第三方物流自身而言，一方面物流性資產投資較大，投資回報率較低；另一方面金融服務的增值性較為有限，或者因為代付而造成負債率較高。在整個供應鏈生態中，第三方物流處於配角的地位。第二類是區域變革發展型物流金融服務，雖然這類第三方物流營運的範圍和空間仍然在一定區域內，但是服務的基礎已經發生改變，即從原來單純的物流服務和金融服務，轉向以知識和智慧為基礎的高級物流服務和金融服務，如通過解決區域內供應鏈參與企業的資金問題，加速庫存週轉，提高採購物流或分銷物流的效率。第三類是知識型網絡拓展物流金融服務，其特點是第三方物流不僅能夠提供增值性的物流服務和金融服務，而且開始將服務網絡向全國、海外拓展，從而極大地提升了對客戶的服務空間，使供應鏈金融運作和優化的範疇更為廣泛。第四類則是由資產型廣域型第三方物流演化而來，即依託原來豐富的網絡資源和規模經濟性，通過供應鏈金融創新和高增值的物流服務，逐漸向知識型廣域型第三方物流發展。這樣的模式不僅提升了客戶的黏度，還增強了第三方物流與供應鏈參與企業之間的聯繫，同時也通過金融服務與增值性物流服務的

結合為第三方物流自身創造了新的發展方向和盈利點，這是一種廣域變革發展型物流金融服務。

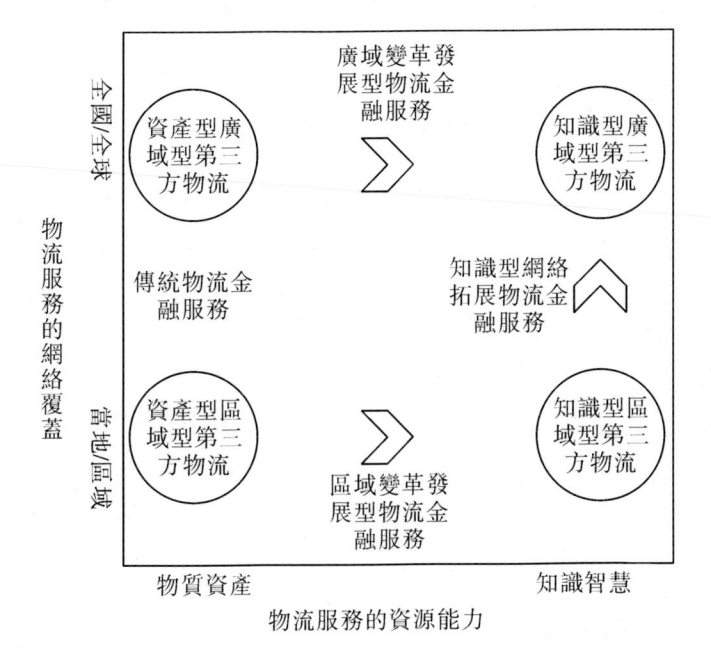

圖 6-6　第三方物流企業的四種基本類型

6.4　區域變革發展型物流金融模式

　　作為專業為供應鏈客戶提供物流服務的第三方物流企業，能否通過物流金融創新和其他物流服務提升競爭力，實現高績效，關鍵取決於委託客戶與第三方物流之間的互動和相互影響性。以往在評價第三方物流的能力和服務績效時，大多從單一視角出發，即主要站在第三方物流的角度來展開分析和探索，而在涉及客戶績效評價時則單純地從客戶視野展開分析，這種視角可能會忽略特定對應關係的特定能力和績效評價體系。例如，當某一第三方物流面對眾多委託客戶，或者某一客戶面對眾多第三方物流時，顯然第三方物流的能力和客戶績效評價的要素不可能都是一致的。因此，如何通過將物流服務供需雙方的特定對應關係結合起來探索服務能力和績效是需要進一步思考的問題。此外，此前雖然也探索了物流服務的供需關係，例如對利益的分享機制的探索，但是還有兩個方面需要研究。一是物流服務供需關係的合作具有多種形態，戴爾等

人（Dyer et al., 1998）指出，供應商和客戶之間往往存在著兩種合作狀態：一種是準市場型，這種合作是以時間軸為基礎的，供需雙方之間雖然能夠長期交易，但是在信息分享、流程整合等方面的合作程度仍然較低；另一種是準官僚型，這種合作的層次較高，供需雙方之間不僅表現為長期交易，而且在信息分享、相互幫助、流程整合等方面具有很強的互動性。因此，針對不同的物流服務關係，應採用不同的合作形態。二是物流服務的供需對應關係的不同，必然導致經營風險的差異性，如何規避物流服務中的潛在風險，或者用什麼樣的形式去應對潛在的供需關係的不穩定性，都是需要關注的問題。

基於以上對第三方物流的服務能力、績效和合作關係的理解，在區域變革發展型物流金融模式下，雖然供應鏈的營運仍在一定的地域空間進行，但是物流服務開始脫離單純依靠物質資產經營的模式，向服務價值鏈的高增值業務活動延伸，結構發生了改變。因此，其能力要求、客戶評價的基礎以及供需關係治理也相應地發生了變革。具體來講，從第三方物流的能力視角來看，在服務功能上，除了傳統的物流活動外，企業的其他業務活動（如IT信息服務、採購管理和分銷管理基礎上的結算管理，甚至融資服務等）都是拓展的功能要素；而在服務評價和服務要求上，服務活動的延伸性、增值率以及其他業務的整合度是這一模式的特點。從需方績效評價的視角來看，除了及時性、準確性和穩定性的物流服務外，應用平衡計分卡的方法體系，財務方面的所有權成本（幫助客戶企業降低綜合營運成本以提高整體的資金效率）和淨利潤率成為對這一模式進行評價的基礎；在市場方面主要是客戶需求管理和多客戶整合（能通過第三方物流對利益訴求多樣性明顯、經營經濟背景差異性較大的供應鏈參與者進行有機協調或整合，並且在從事物流金融活動時能較好地控制管理風險）；在流程上如何將物流流程與企業採購流程、分銷流程、資金流程有機結合是延伸服務的關鍵；在學習成長方面，要與流程要求相適應，主要是對多業務領域的熟悉，以及對連接整合能力的培養。從關係治理的角度來看，這類供需關係一方面運用契約方式來規定服務雙方的責任和義務，保障金融業務和各項服務活動在協議的框架體系內展開，另一方面則運用以信任、人力資本和知識投入為基礎的無形的關係性資產規定服務雙方的責任和義務。

6.4.1 物流園區的物流金融服務模式

物流園區是指在物流作業集中的地區，在幾種運輸方式銜接地，將多種物流設施和不同類型的物流企業在空間上集中佈局的場所，也是一個有一定規模和具有多種服務功能的物流企業的集結點，從事物流園區經營的企業可以依託

園區內的物流管理和服務從事物流金融業務。總體來看，物流園區企業從事的物流金融模式有兩種形態：委託授信模式和統一授信模式。

委託授信模式是指物流園區與金融機構合作，後者將質押物的價值評估、運輸、倉儲、監管、風險控制及拍賣等活動全部外包給物流園區。物流園區根據銀行的要求，並根據質押企業的實際情況制定相應的優化方案，選擇合適的第三方物流企業提供相應的服務，物流園區對第三方物流企業和融資企業進行監控（見圖6-7）。其具體的操作過程是：園區內的企業將狀況以及質押物的特性、價格等各類信息告知金融機構，金融機構將質押物的信息通過信息平臺傳遞給物流園區。物流園區接收到相應信息後，根據不同的服務內容和項目，進行業務整合分解，通知園區內的第三方物流，第三方物流企業向物流園區提出服務承攬申請，園區進行審核後選擇合適的第三方物流承擔相應的服務。之後企業將貨物交付園區指定的倉庫，由選定的第三方物流驗收查點，檢驗合格後由物流園區向企業開具質押物評估證明。企業憑藉評估證明向金融機構申請融資並獲得相應資金。待企業歸還資金後，物流園區解除貨物質押並註銷合同。最後，金融機構對物流園區進行評估，以決定之後信貸業務開支的審核基礎。

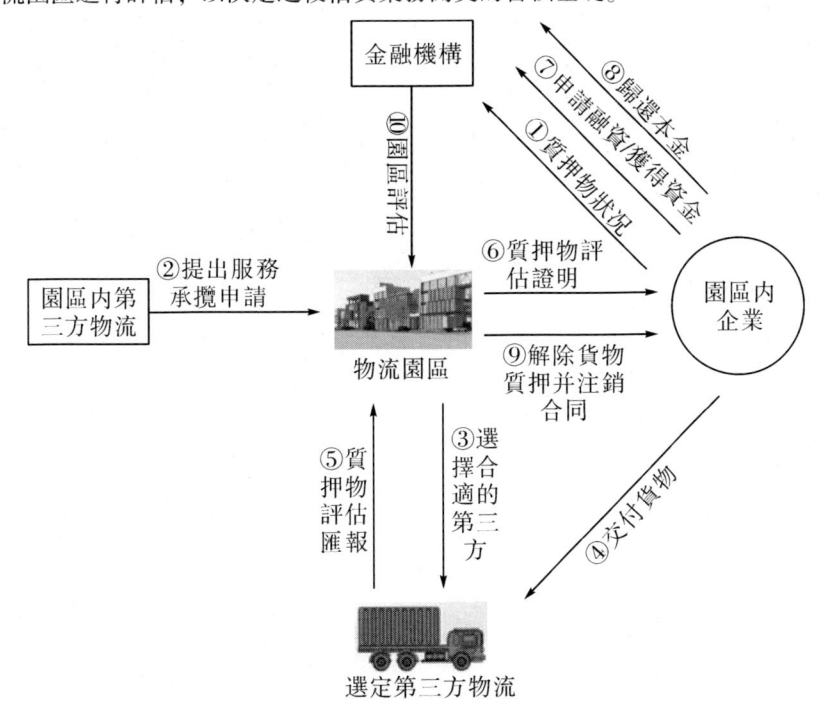

圖6-7 物流園區的委託授信模式

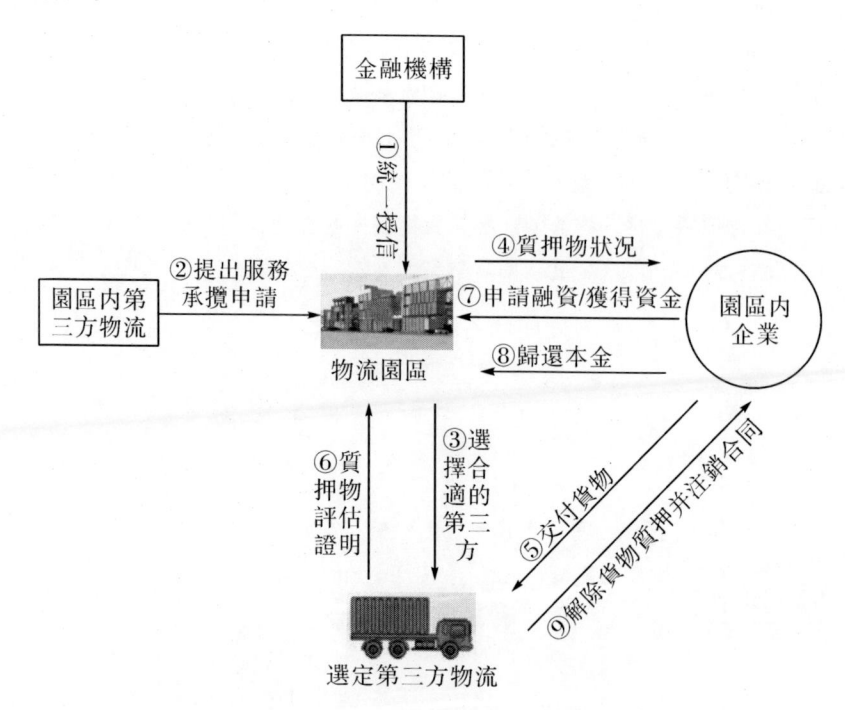

统一授信模式是指金融机构在综合考察物流园区的经营状况、业绩水准、资信状况等之后，授予物流园区一定的信贷规模，与物流园区签订信贷协议。物流园区在获得金融机构的统一授信后，直接同需要融资的园区企业进行谈判，并根据企业的实际情况和质押物状况，选择合适的第三方物流企业，物流园区利用其信息共享系统对第三方物流企业和融资企业进行监控（见图6-8）。其具体模式是：金融机构统一对物流园区进行授信，园区选择合适的第三方物流，园区企业将货物交付指定的仓库。第三方物流对质押物验收评估后开具报告，园区据此给予企业信贷额度。企业归还资金后，物流园区解除货物质押并注销合同。

图 6-8 物流园区的统一授信模式

显然，在上述两种模式中，物流园区不仅成为区域物流运作和信息管理的中心，而且通过与其他第三方物流、园区企业以及金融机构的合作，成为资金借贷的信用载体和流程优化的推进者，同时通过自身的信息和监管体系，规避了供应链金融活动中的潜在风险。

6.4.2 现代农产品物流中心金融服务

区域变革发展型物流金融模式的另一种表现方式就是以现代农产品物流中

心為依託的綜合物流和金融服務。傳統的農產品批發市場無法應對現代市場發展的要求，也不利於農產品供應鏈的構建和運行，交易的效率較低。具體來講，一是從交易市場的角度來看，基礎設施不完善，無法實現全程的物流管理，尤其是有些農產品需要全過程冷鏈的建立。此外，傳統的交易是一對一的交易，交易方式落後，服務功能不健全，不僅不能提供良好的物流服務，而且也不具備信息化的支持、參與主體之間的協調和資金扶持功能，標準化程度低，缺乏規範。二是無法組織分散的農戶進行規模化的經營，農戶面臨著嚴重的信息不對稱問題，獲得金融貸款的難度非常大。三是從流通渠道的角度來看，購銷渠道不順暢，無法實現加物工、庫存、配送、交易和資金管理一體化的整合。正因為如此，現代化農產品物流中心的建設一直是管理實踐領域亟待解決的問題。

在這一背景下，一些第三方物流開始利用供應鏈管理的理念和方法重新打造農產品物流中心。R物流發展（集團）有限公司成立於2006年，主營食品物流服務，以冷庫為中心，以物流配送服務為鏈條，以交易批發市場及大型超市為終端銷售網絡，整合食品物流產業鏈，為食品企業提供冷凍冷藏、產品交易市場、物流配送、食品代工、物流方案設計、金融服務、電子商務等一系列服務，以提升食品物流，特別是冷鏈物流整體產業鏈的價值。目前該公司是華東地區最大的食品集散中心之一，其具體的運行功能包括四個方面：一是展示中心和交易中心的職能，按不同的食品劃分不同的功能區，並由農產品生產基地通過交易平臺和終端配送體系直連採購者，除去了原來過多的中間環節，實現了產銷對接；二是冷藏、搬運和檢測檢疫的職能，即通過建立檢測檢疫系統和農產品溯源系統，從源頭上保障農產品安全，並通過冷鏈使得從農副產品生產和原料加工到市場銷售全供應鏈環節的溫度處於受控狀況，同時對入園產品實施抽檢，以保證食品安全；三是第三方配送服務以及物流系統和方案設計職能，該物流中心一方面整合上游供應商（經紀人與農戶）、下游採購商，另一方面組織協調第三方物流和自身建設的冷鏈，提供物流的解決方案和冷鏈物流管理；四是針對目前農產品供應商難以及時獲得資金的問題，該物流中心通過電子交易和電子結算，為降低商家的財務成本和交易風險，保障資金安全，同時提供存單、保單、擔保、貼現等供應鏈金融業務。

在供應鏈物流金融方面，其具體方案是（見圖6-9）：由物流中心與金融機構形成緊密的合作關係，並由前者推介合格的經紀人（農戶）和市場商戶（採購商）。之後金融機構對推介的企業盡職調查，做出信用評估，並且簽訂合作意向。經紀人（農戶）通過該物流中心的電子交易平臺與市場商戶進行

交易，並向金融機構申請融資。物流中心為買賣雙方提供物流方案，運用冷鏈系統對貨物實施監管，並且選定第三方物流提供物流服務。金融機構根據物流中心的擔保向經紀人（農戶）貼現融資。到期後，市場商戶通過物流中心的結算平臺歸還貨款，金融機構扣除本金和利息後，將剩餘款項通過平臺返還給經紀人（農戶）。在這一物流金融模式中，物流中心不僅及時融通了上游供應商，將原來分散的經紀人和農戶與大市場進行有效對接，而且借助電子化的交易平臺和結算平臺，加之冷鏈物流系統和第三方物流之間的密切合作，有效地規避了農業供應鏈中因信用體系不足而造成違約的潛在風險。

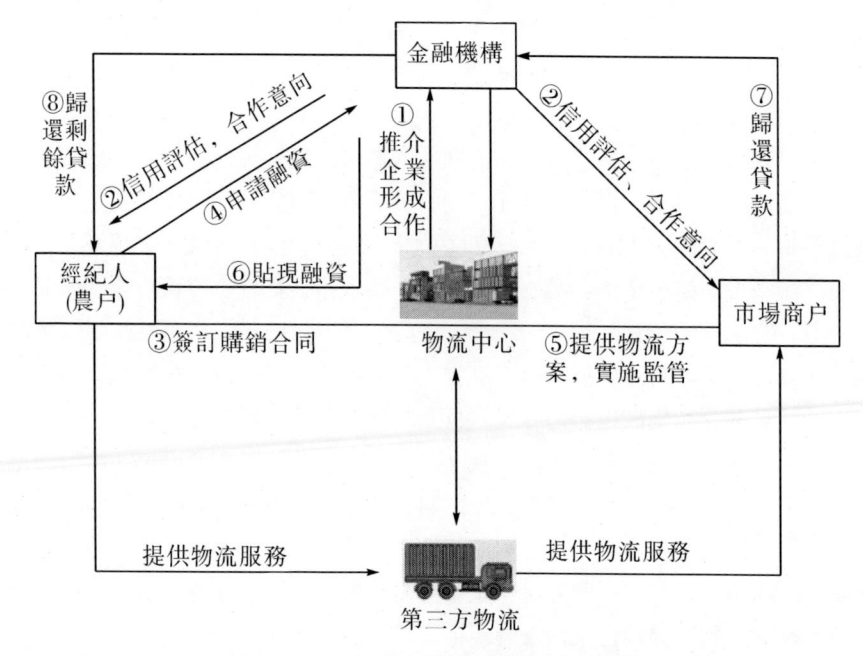

圖 6-9　農產品物流中心主導的金融服務

6.5　廣域變革發展型物流金融模式

廣域變革發展型第三方物流已經建立起了強大的服務網絡，具有良好的規模經濟性，但是原來物流服務的基礎仍然是物質資產，而隨著能力的不斷拓展和物流營運的發展，其開始逐漸向知識型增值服務轉移。這是因為健全的網絡能夠更好地維繫客戶，但是對於第三方物流而言，這並不能實現與客戶的共同發展，盈利性受到了挑戰。通過向增值性服務延伸，諸如供應鏈金融服務與管

理，不僅能夠使第三方物流與客戶維持長期的合作關係，而且能夠通過優化物流鏈和資金鏈，找到自身進一步發展的空間和盈利點。具體來講，從第三方物流的能力要求來看，這類第三方物流需要具有網絡規劃或建設、綜合性資產投資營運、海關報關通關、保稅區保稅庫運作、安排當地物流的能力，除此之外還要能提供增值性服務，諸如 IT 信息服務、採購管理、分銷管理、結算管理、融資服務等。顯然，這類第三方物流開展金融服務的基礎在於網絡的協調性和控制力（網絡的穩定性），同時要借助於其資源和能力來實現服務延伸。從客戶績效評價的視角來看，在財務資金上，既能以高效率和低成本提供融資服務，同時也能實現較低的所有權成本；在客戶需求上，同時具有客戶多樣性管理（差別化客戶的管理）和客戶需求管理（優化客戶經營過程）的特點；在流程管理上，兼有網絡優化、多級庫存管理、直接轉運管理等能力，以及對採購流程、資金流程、分銷流程的管理能力；在學習與成長方面，不僅要求第三方物流具有綜合管理、協調和組織能力，而且還需要熟悉多業務領域，以及具備連接整合的能力；在關係性治理方面，第三方物流一方面需要專用型資產的投資，即為客戶投入特定專用的資產，以保證能夠有效地存儲和管理客戶抵質押的貨物；另一方面相互之間的信任和溝通也非常重要，需要雙方建立起長期的戰略夥伴關係。

6.6 知識型網絡拓展物流金融模式

知識型網絡拓展第三方物流已經具備了良好的物流管理和營運能力與經驗，也能為委託客戶提供增值性服務和流程優化，但是其營運和操作的空間原來只是在區域內。隨著其不斷發展，以及客戶要求的不斷提升，這類第三方物流逐漸將服務的範圍從局部拓展到全國，甚至開始向全球市場延伸。這種拓展無論是對於第三方物流還是對於客戶而言都非常重要。對於第三方物流來講，網絡的延展性能夠極大地提高企業的營運能力和管理能力，因為區域性網絡管理和全國性網絡管理是不一樣的，往往需要第三方物流具有規劃、協調和管理中心庫、分撥庫，以及進行區域性循環集貨、核心樞紐點直接轉運、干線運輸和支線配送管理等綜合性能力。這種能力體系的形成對於第三方物流而言是一種能力上的極大提高，使得企業能夠在全局上為客戶優化整個供應鏈物流流程，如果再結合已有的經驗和知識，特別是與物流金融相結合，那麼企業的服務空間將會有很大的拓展。服務的黏度和盈利性同時得到提升不僅對於委託客

戶而言，對於第三方物流的網絡拓展同樣也非常重要。一是網絡的延伸和整體服務體系的優化，更有利於客戶降低物流過程中的交易成本。因為讓客戶自己組織網絡運行，或者委託多個第三方物流從事該項活動，協調和管理的成本太大。特別是如何協調中心庫與地區分撥庫之間的管理，以及干線運輸與支線配送之間的管理等往往需要大量的信息系統和管理經驗，以及良好的營運協調能力。這些管理能力顯然不是供應鏈上的產業企業所具備的優勢能力。二是此時的物流金融能夠更加有利於客戶解決供應鏈運行中的資金短缺問題，或者有助於加速整合供應鏈營運中的資金流，其原因在於物流金融是站在整個網絡的基礎上，對交易關係重新進行建構而開展的。換句話說，資金成本下降、現金流量週期加速是通過協調供應鏈參與各方的物流行為和活動，優化庫存週轉和資金流動過程來實現的，而不是單純依靠延長應付帳款或者減少應收帳款。具體來講，知識型網絡拓展第三方物流在服務能力上除了要具備流程優化、採購分銷執行管理、融資服務、IT 服務等能力之外，還需要發展和培育網絡規劃、營運和管理的能力，特別是多級庫的管理協調能力；在服務評價和要求方面，除了強調服務的增值性和延伸性之外，更加需要關注網絡的穩定性、及時性和協調性。從客戶評價的視角來看，在財務方面，既能實現網絡資產高效率低成本的投入、運行，又能從整體上實現所有權成本，降低整合供應鏈的資金成本；在市場方面，要求同時實現客戶的多樣性管理（協調管理不同的利益訴求）和需求管理（管理客戶的價值預期）；在流程方面，除了需要具備管理採購執行流程、分銷執行流程和資金管理流程能力外，還需要具備綜合管理、網絡協調和組織流程的能力；在關係建構方面，第三方物流與委託客戶企業之間從原來區域性的合作夥伴關係發展為全面的戰略合作夥伴關係，信任開始形成和發展。

7 供應鏈管理風險與供應鏈金融風險管控

　　供應鏈管理以及供應鏈金融是當今企業管理發展的一個重要方向。隨著經濟全球化趨勢和信息技術的發展，單個企業靠自己的資源與能力已經無法在日益動態化、複雜化的市場環境下獲取並維持競爭優勢，供應鏈網絡下的合作與管理已成為企業制勝的法寶。在供應鏈管理方式下，企業管理最顯著的變化是企業之間的競爭不再是單個企業之間在產品質量、性能、價格、品牌方面的競爭，而是企業之間通過合作形成的供應鏈網絡之間的競爭（Cunningham，1990；Lambert，Cooper，2000），尤其是金融與供應鏈管理的結合，建立起的緊密的合作關係，能夠極大地縮短現金流量週期，降低營運成本並形成良好的競爭力（Hofmann，Kotzab，2010）。

　　然而與單個企業相比，供應鏈管理以及供應鏈金融服務有其內在的脆弱性，特別是在動態經營環境下，它就如同一把雙刃劍，使企業的營運更加高效的同時，也面臨了企業營運的風險。這種脆弱性和風險主要體現在兩個方面：傳導性和依賴性。

　　首先，供應鏈並不是一個自上而下連接上下游企業的簡單鏈條或渠道，而是由眾多管理活動和各種關係組成的複雜網絡。特別是在從事供應鏈金融業務時，往往涉及多種不同的經濟主體，包括供應鏈上下游企業、平臺服務商、風險管理者以及流動性提供者。就單個企業而言，絕大多數企業都不可能只處於某一個供應鏈網絡中，而是置身於由多個供應鏈網絡交叉形成的錯綜複雜的網絡關係之中。網絡中的每個企業都會直接或間接地影響這一網絡關係中其他企業或組織的績效，並最終影響整個供應鏈的績效（Cooper et al.，1997）。這種傳導性導致在供應鏈管理方式下企業的經營風險增大。正因為如此，供應鏈管理的成功與否最終取決於企業整合複雜供應鏈關係網絡的管理能力（Lambert，Cooper，2000）。

　　其次，隨著經濟全球化趨勢的不斷加快、產品生命週期的縮短以及技術創

新的加速，企業面臨著更加動態化和更具競爭性的經營環境。為了應對環境的不確定性，供應鏈中的企業越來越多地採用外包、全球採購、JIT生產、存貨持續改善等管理方式，與供應鏈中的其他企業進行更加緊密的合作，使企業內部流程和供應鏈更加有效地回應市場的變化（Fisher, 1997; Huit, Ketchen, Slater, 2004; Lee, 2002; Wisner, 2003）。這些供應鏈管理創新活動在給供應鏈及其成員企業帶來效率和效益的同時，也使供應鏈中的企業更加依賴於外部環境與供應鏈中的其他企業，從而變得更加脆弱。在供應鏈營運中一旦出現這樣或那樣的問題，不僅供應鏈營運會中斷，而且相應的服務，特別是金融風險也可能被放大，從而嚴重危害供應鏈經營的環境。

因此，供應鏈管理的有效實施要求供應鏈企業之間能夠共擔風險與收益，從而形成單個企業管理方式下所不具有的競爭優勢（Cooper, Ellram, 1993）。風險與收益共擔是供應鏈成員合作時需要長期關注的問題（Cooper et al., 1997; Cooper, Lambert, Pagh, 1997; Ellram, Cooper, 1990; Langley, Rinehart, 1995; Tyndall et al., 1998）。特別是如何識別供應鏈管理中各類風險的驅動因素，尤其是影響供應鏈金融有序運行的關鍵要素，成為供應鏈管理和供應鏈金融能否真正發揮作用所要關注的核心問題。本章基於這一觀點，從四個方面加以分析：一是從整個供應鏈風險管理的視角，總結影響供應鏈運行的風險驅動因素和管理的基本原則；二是詳細分析供應鏈金融風險的驅動因素以及影響供應鏈融資的機理；三是從動態管理的視角簡要探索供應鏈金融風險防範的流程；四是具體結合不同的供應鏈金融單元，分析風險管控的關鍵要點。

7.1 風險、供應鏈風險與供應鏈風險管理

供應鏈金融的前提是供應鏈的運行和管理，因此，供應鏈金融風險也必然與供應鏈運行和管理中的風險密切相關，要探索供應鏈金融風險管控的有效體系，就必須全面地瞭解導致供應鏈風險產生的因素及其管理的原則。以下將從理論研究的視角，概括風險、供應鏈風險以及供應鏈風險管理的內涵、原則和機理。

7.1.1 風險與供應鏈風險的內涵

供應鏈風險管理是一個較新的、有待進一步探索的管理學研究領域。儘管近年來並不缺乏關於風險管理的研究，但是以供應鏈為背景的風險管理研究仍

不多見。現有關於供應鏈風險的研究可以分為兩大類：一類是概念上的探索性研究，這類研究試圖對供應鏈風險進行規範的概念界定，並對供應鏈風險的來源及其危害性加以說明；另一類研究則是關於供應鏈風險的管理決策研究，主要關注企業如何防範、規避和減少供應鏈風險（Rao, Goldsby, 2009）。我們認為，供應鏈風險管理的首要因素是風險識別，界定供應鏈風險的含義、分析供應鏈風險的來源及其對供應鏈績效的影響是研究供應鏈風險的起點與重點。

1. 風險及企業管理領域中的風險

風險是一個多維度概念，在不同的研究領域中具有不同的含義、測量方式和解釋（Jemison, 1987）。風險研究涉及決策理論（Arrow, 1965）、財務（Altman, 1968）、營銷（Cox, 1967）、管理（March, Shapira, 1987）、心理學（Kahneman, Tversky, 1979）等多個學科領域。但是迄今為止，學界仍然缺乏對風險清晰、準確、統一的界定（Holton, 2004；chiles, McMackin, 1996）。總地來看，研究者對風險的理解現有兩種不同的觀點，一種是將風險完全理解為威脅，另一種則認為風險既是威脅也是機會（Mitchell, 1995）。風險研究最初起源於古典決策理論（Mrh, Shapira, 1987；borge, 2001；Peck, 2006）。古典決策理論將風險定義為「因不確定性而導致的預期結果的偏離、分佈及其概率」（March, Shapira, 1987）。顯然，這裡所指的風險既包括威脅也包括機會。作為管理學領域最早研究風險的學者之一，馬科維茨（1952）研究了投資者在建立投資組合時如何平衡風險和收益，這裡的收益即預期回報，而風險的概念則採用了決策理論中的界定，即預期的偏差。

企業管理研究領域對風險的理解與決策理論研究領域有所不同（March, Shapira, 1987）。這一領域的研究者，特別是後期的研究者們，普遍認為在企業管理中風險是指威脅或不利影響。例如，羅（Rowe, 1980）將風險定義為事件或活動導致負面結果的可能。勞倫斯（Lowrance, 1980）認為風險是對負面影響的可能性與嚴重程度的測度。瑪馳和沙比拉（March, Shapira, 1987）認為風險是指企業經營結果，如收入、成本、利潤的不利偏差。耶茨和斯通（Yates, Stone, 1992）指出風險是固有的解釋損失的可能性的主觀概念。奇爾和麥克金（Chiles, Mackin, 1996）直接將風險定義為損失的可能性。西蒙等人（Simon et al., 1997）對風險進行了界定，認為風險是不確定事件或特定情景發生的可能性，這種事件或情景的出現會對管理活動的成功產生負面影響。米切爾（Mitchell, 1999）認為風險是對出現損失的主觀預期，出現損失的可能性越大，風險就越大。在此基礎上，霍爾頓（Holton, 2004）進一步對風險做了更為詳細的界定，指出風險的產生包括兩個必要條件：一是導致風險的事

件發生,二是事件發生所帶來的結果不確定。

除了理論研究領域的學者們持有這種觀點之外,實踐領域的企業管理者也同樣認為企業管理中的風險是指負面影響。麥克萊芒和韋朗(MacRimmon, Wehrung, 1986)以問卷調查和訪談的方式對企業管理者就風險的認識和態度進行了調查,該研究對來自美國和加拿大企業的 509 名高層管理者進行了問卷調查,並對其中的 128 名加拿大企業的高層管理者進行了訪談。沙比拉(Shapira, 1986)也就同樣的問題對來自美國和以色列的 50 名企業高層管理者進行了訪談研究。二者的研究結果均表明,絕大多數的企業管理實踐者認為風險是特指的不利結果(March, Shapira, 1987)。

綜上可知,無論是管理學領域還是其他研究領域,均認為風險來源於不確定性,但管理學領域更加注重研究這種不確定性所導致的不利影響。

2. 供應鏈風險

儘管風險問題早已為研究者和管理者們所關注,但是直到近些年,供應鏈風險才被作為一個特定的領域加以研究。據鮑爾森(Paulson, 2003)統計,1995 年只有一篇文章研究了供應鏈風險,而到了 2002 年,這一數目已經增加到了 23 篇。環境不確定性的增加給供應鏈管理帶來了更多的挑戰,特別是 2008 年全球性經濟危機的出現,導致人們對這一領域的研究熱情不斷高漲。儘管這一研究的數量在不斷增加,但是從研究的深度而言,對供應鏈風險的研究仍處於剛起步階段。

為了進一步探討供應鏈風險問題,眾多供應鏈研究者首先對什麼是供應鏈風險進行了探索性研究(Svensson, 2000; Svensson, 2002; Harland et al., 2003; Juttner et al., 2003; Zsidisin, Ellram, 2003; Wagner, Bode, 2008)。這些研究試圖給供應鏈風險做出一個準確、規範的界定。但直到目前,研究者們對供應鏈風險這一術語的使用還不統一。供應鏈風險、供應鏈干擾、供應鏈脆弱性分別被不同的學者用來表示供應鏈風險。雖然在供應鏈風險研究領域,這三個術語可以相互替代使用,但是本書將統一採用供應鏈風險這一表述。

作為管理研究領域的一個分支,供應鏈研究領域的研究者同樣普遍認為風險指的是出現不利結果的可能性,而不包括有利影響。比如,斯文森(Svensson, 2002)將供應鏈風險定義為供應鏈對供應鏈企業活動在時間和關係上的依賴,供應鏈內外部因素所帶來的對供應鏈及其企業的嚴重干擾。哈蘭、布倫奇利和沃克(Harland, Brenchley, Walker, 2003)認為供應鏈風險是指供應鏈中的危險、損害、損失、傷害或其他任何不利結果發生的可能性。希迪辛和埃爾拉姆(Zsidisin, Elram, 2003)則提出供應鏈風險是指進貨或採

購物流潛在的問題，這一問題將導致採購企業不能滿足客戶需求，他們的觀點更多地強調了商品實體的流動。雖然不同研究者對供應鏈風險的定義不盡相同，但是可以確定，研究者們對供應鏈風險的界定在很大程度上借鑑了管理控制理論中對「風險」的界定，並強調了兩個方面，一是風險是由於供應鏈內外部環境的不確定性而產生的，二是風險會對供應鏈及其企業成員的績效產生不利影響。本書將採用瓦格納和波德（Wagner, Bode, 2008）對供應鏈風險所做的定義，即供應鏈風險是指因預期績效水準的負向偏差而給供應鏈核心企業帶來的不良後果。對「供應鏈風險」的界定見表7-1。

表7-1 對「供應鏈風險」的界定

作者及年份	對供應鏈風險的定義
斯文森（2000）	供應鏈風險是指所有導致供應鏈零部件或原料偏離預期安排並對供應鏈中的生產商及其分銷商產生不利影響的隨機事件或活動
斯文森（2002）	供應鏈風險是指因其負面影響而導致無法實現企業目標的狀況。特定事件所引起的風險程度取決於風險發生的可能性及其預期負面影響的大小。具體來講，供應鏈風險是供應鏈對供應鏈企業活動在時間和關係上的依賴，供應鏈內外部因素所帶來的對供應鏈及其企業的嚴重干擾
諾曼、林德羅斯（2002）	供應鏈風險是在企業物流、信息流過程中與物流活動相關的風險，它只是經營風險的一部分。它不僅涉及企業自身，而且至少涉及鏈條上的三個主體：客戶、供應商和次級供應商
哈蘭、布倫奇利和沃克（2003）	供應鏈風險是指供應鏈中的危險、損害、損失或其他任何不利結果出現的可能性
朱特、派克和克里斯托弗（2003）	供應鏈風險是指供應鏈中供需不匹配的概率和影響。包括產品從最初供應商到最終用戶的運送過程中與信息、物料流和產品流相關的所有風險
希迪辛、埃爾拉姆（2003）	供應鏈風險是指進貨或採購物流潛在的問題，這一問題將導致採購企業不能滿足客戶需求
亨德里克斯、辛格哈爾（2005）	供應鏈風險是指供需不匹配的情況，即導致生產或裝運延遲的事件

表7-1(續)

作者及年份	對供應鏈風險的定義
瓦格納、波德（2008）	供應鏈風險是指因預期績效水準的負向偏差而給供應鏈企業帶來的不良後果。供應鏈風險包括兩個方面：風險是由供應鏈或環境中的意外事件所引起的；這一事件會對供應鏈中企業的正常營運產生不良影響

3. 供應鏈風險管理

正如前面所提到的，儘管近年來湧現了大量關於供應鏈風險問題的研究，但是這些研究並沒有就什麼是「供應鏈風險」給出統一的、規範性的界定，因此學術界也缺乏對「供應鏈風險管理」的一致界定。

儘管如此，一些研究者還是做了一些嘗試性的努力。克里斯托弗（Christopher，2002）認為供應鏈風險管理是指通過整合供應鏈成員來管理外部風險，從而降低供應鏈整體的脆弱性。諾曼、林德羅斯（2002）將供應鏈風險管理定義為與供應鏈成員企業合作，運用風險管理方法來降低因物流活動與資源而帶來的風險和不確定性。朱特等（2003）認為供應鏈風險管理的目的是識別潛在的供應鏈風險來源，並實施相應的措施來規避或控制供應鏈風險。譚（2006）提出供應鏈風險管理是通過供應鏈企業間的協調與合作來管理供應鏈風險，以確保企業盈利能力和可持續發展。曼努和門策（Manu，Mentzer，2008）從供應鏈全球化視角對供應鏈風險管理進行了界定，即供應鏈風險管理是指通過識別並評價全球化供應鏈的風險和相應的損失，並通過整合供應鏈成員，實施相應的戰略來降低風險，最終實現真正的成本節約和盈利目標。這些學者從不同角度對供應鏈風險管理進行了界定，雖然沒有形成系統、完整的定義，但是已經初步形成對供應鏈風險管理的大致理解，即供應鏈風險管理就是企業識別、評價並控制供應鏈風險的過程。關於「供應鏈風險管理」的各種界定見表 7-2。

表 7-2　關於「供應鏈風險管理」的界定

作者及年份	對供應鏈風險管理的定義
克里斯托弗（2002）	供應鏈風險管理是指通過整合供應鏈成員來管理外部風險從而降低供應鏈整體的脆弱性
諾曼、林德羅斯（2002）	供應鏈風險管理是指與供應鏈成員企業合作，運用風險管理方法來降低因物流活動與資源而帶來的風險和不確定性

表7-2(續)

作者及年份	對供應鏈風險管理的定義
朱特等人（2003）	供應鏈風險管理的目的是識別潛在的供應鏈風險來源，並實施相應的措施來規避或控制供應鏈風險
朱特（2005）	把供應鏈風險管理這一管理活動的管理範圍定義為：通過供應鏈成員之間的協調，識別和管理供應鏈中的風險以降低供應鏈整體的脆弱性
譚（2006）	供應鏈風險管理是通過供應鏈企業間的協調與合作來管理供應鏈風險，以確保企業盈利能力和可持續發展
曼努、門策（2008）	供應鏈風險管理是指通過識別並評價全球化供應鏈的風險和相應的損失，並通過整合供應鏈成員，實施相應的戰略來降低風險，最終實現真正的成本節約和盈利目標

7.1.2 供應鏈風險的影響因素與管理

供應鏈管理的首要問題是風險識別，即探尋供應鏈風險的的來源及其影響。供應鏈風險來源也被稱為供應鏈風險驅動因素（Wagner, Bode, 2008）。根據研究視角的不同，現有關於供應鏈風險驅動因素的探討可以分為三大類。

（1）從職能來看供應鏈風險驅動因素

這類研究立足於供應鏈核心企業的內部營運控制和流程，從供應鏈企業內部的職能要素來看供應鏈風險的來源。哈里卡斯等人（Hallikas et al., 2004）將供應鏈風險驅動因素分為需求過低，客戶交貨問題，成本管理和定價，資源、開發和柔性不足四大類。斯文森（2000）則將供應鏈風險的來源分為經營過程中的定性風險和定量風險。喬普拉等人（Chopra et al., 2004）將供應鏈風險的來源分為中斷、延遲、系統、預測、知識產權、採購、應收帳款、存貨與能力九大類。斯派克曼和戴維斯（Spekman, Davs, 2004）則將供應鏈風險的來源分為物流、信息流、資金流和企業間信息系統安全性四類。企業內部營運問題雖然是影響企業績效的重要因素，但是卻並不是供應鏈管理模式下企業所獨有的現象，這類研究忽視了供應鏈管理模式下所特有的風險因素。

（2）從供需匹配來看供應鏈風險驅動因素

在供應鏈管理方式下，企業管理的重心是企業與上下游企業的供需匹配。因此，該類研究立足於供應鏈核心企業，著重從企業上游供應商、下游客戶的

角度來尋找供應鏈風險的來源。梅森・瓊斯和圖維爾（Mason-Jones, Towill, 1998）在分析流程風險和控制風險的同時，指出供應鏈風險還包括需求風險和供應風險。哈里卡斯等人（2004）提出供應鏈風險來自客戶需求與客戶配送。這類研究突出了企業與供應鏈中的其他企業間，特別是供應商與客戶之間的聯繫，但卻忽視了外部環境對於供應鏈的影響。

（3）從供應鏈網絡層次來看供應鏈風險驅動因素

該類研究立足於供應鏈核心企業，將供應鏈網絡劃分為三個層面：組織層面、組織間層面和供應鏈外部層面，從三個不同層面研究了供應鏈風險驅動因素。朱特等人（2003）提出了環境風險、網絡風險和組織風險三種風險來源。勞和戈爾茲比（Rao, Goldsby, 2009）在總結前人研究的基礎上提出了環境風險、產業風險及組織風險三大風險來源的劃分方法。這類研究在綜合前兩類研究成果的基礎上，引入了外部環境因素，試圖給出一個大而全的供應鏈風險驅動因素劃分方法，卻未能就不同層次的供應鏈風險的異同及其相互關係給出合理的解釋。關於「供應鏈風險驅動因素」的各種劃分見表7-3。

表7-3 關於「供應鏈風險驅動因素」的劃分

作者及年份	供應鏈風險驅動因素劃分
梅森・瓊斯、圖維爾（1998）	供應鏈風險的來源可分為需求因素、供給因素、內部流程因素和控制因素
斯文森（2000）	供應鏈風險來源可分為局部因素（直接風險）和整體因素（間接風險）。供應鏈風險可分為定量風險和定性風險：前者是指導致供應鏈下游原材料或零部件短缺的事件；後者是指導致供應鏈中的原材料或零部件質量缺陷的事件
諾曼、林德羅斯（2002）	供應鏈風險的來源可分為供應商因素、客戶因素及內部營運因素，其中供需不匹配是產生風險的主要原因
希迪辛、埃爾拉姆（2003）	供應鏈中的供應風險來源可分為商品、市場和供應商因素
朱特、派克和克里斯托弗（2003）	供應鏈風險驅動因素是不能準確預測，但對供應鏈績效有影響的因素，包括環境因素、供應鏈網絡因素、組織因素
克里斯托弗、派克（2004）	組織內部風險、供應鏈網絡風險、供應鏈外部風險三大類，具體又可分為內部流程風險、控制風險、需求風險、供應風險、環境風險五個風險驅動因素

表7-3(續)

作者及年份	供應鏈風險驅動因素劃分
克里斯托弗、李（2004）	供應鏈風險來自財務風險、供應鏈的複雜性與不確定性、意外事件、決策風險、市場風險。供應鏈風險的來源可分為有形風險和無形風險，後者包括供應鏈成員的態度和認知
喬普拉、索迪（2004）	潛在的供應鏈風險包括延誤、中斷、預測、系統故障、人力資源、採購、應收帳款、存貨、生產能力九個方面。這九個方面的風險來自三個因素，即供應方、企業內部與客戶方
哈里卡斯等人（2004）	企業面臨的不確定性來源於兩方面因素：客戶需求和客戶配送。由此，供應鏈風險驅動因素可分為四類：需求不當或過少；客戶配送中的問題；成本管理和定價；資源、開發及柔性方面的薄弱
摩根（2004）	供應鏈風險可分為政治風險、經濟風險、恐怖主義風險、其他風險四類
諾曼、詹森（2004）	風險驅動因素包括環境風險、組織風險、供應鏈相關風險。外部環境風險包括政治風險、社會風險、自然風險和產業風險。組織內部風險包括勞動力風險、生產風險、信息系統的不確定性。供應鏈相關風險來自供應鏈組織之間的相互作用
斯派克曼、戴維斯（2004）	在傳統供應鏈固有的物流、信息流和資金流風險的基礎上，提供集成供應鏈下來自企業內部信息系統的安全性、供應鏈的夥伴關係和企業社會責任的風險
朱特（2005）	供應鏈風險來源於三類風險：環境風險、需求風險和供給風險。環境風險會導致需求風險或供應鏈風險；相應的內部流程和控制機制會擴大或減小這三類因素所導致的供應鏈風險
費薩爾（2006）	供應鏈風險的來源可分為三個方面：環境風險、組織風險、與供應鏈相關的風險
瓦格納、波德（2006）	由於供應鏈與需求是供應鏈管理中最重要的問題，而自然災害是近年來頻頻發生的問題，供應鏈風險驅動因素可分為三類：供應因素、需求因素及自然災害因素

表7-3(續)

作者及年份	供應鏈風險驅動因素劃分
里奇、布林德利（2007）	在里奇和馬紹爾（Richie, Marshall, 1993）提出的五種風險來源（環境、產業、組織戰略、特定問題、決策制定者）的基礎上增加了兩種風險來源：供應鏈結構與供應鏈成員
瓦格納、波德（2008）	供應鏈風險驅動因素可分為供應鏈內部和外部兩大類；前者包括需求因素和供應鏈因素；後者包括政策、法規和管制因素，公共基礎設施因素和自然災害因素
曼努、門策（2008）	供應鏈風險驅動因素可分為定量因素和定性因素。全球供應鏈下的風險驅動因素進一步可細分為供應鏈風險、需求風險、營運風險、安全風險、宏觀經濟風險、政策風險、競爭風險及資源風險。前四個因素與供應鏈關係更加密切
曼努、門策（2008）	全球供應鏈下的風險驅動因素包括：供應鏈風險、需求風險、營運風險、其他風險（包括貨幣和安全）
布勞斯等人（2009）	供應鏈風險主要來源於需求風險、供應風險、環境風險、政治風險、流程風險和安全風險；提出了供應鏈風險四象限劃分法，即風險來源於四個方面：財務、戰略、災害和營運
勞、戈爾茲比（2009）	綜合前人的研究，提出供應鏈風險驅動因素包括環境因素、產業因素、組織因素。環境因素包括政治不確定性、政策不確定性、宏觀經濟不確定性、社會不確定性和自然不確定性。產業因素包括要素市場不確定性、產品市場不確定性和競爭不確定性。組織因素包括營運風險、信譽風險、貸款風險和代理風險

風險來源於不確定性，導致供應鏈風險的不確定性因素有很多。組織理論認為組織是一個開放的系統，組織管理活動必然會受到組織內外部環境的影響。因此從組織理論的視角來看，供應鏈風險更多地來自供應鏈環境的不確定性。供應鏈環境的不確定性可以分為三個層面：組織內部環境的不確定性、組織外部環境（供應鏈內部）的不確定性、供應鏈外部環境的不確定性（見圖7-1）。從供應鏈環境不確定性的角度來看，供應鏈風險驅動因素可以分為三大類：系統風險（環境風險）、供需風險和供應鏈整合風險。因為供應鏈是

由向最終客戶提供服務和產品的企業所組成的網絡，供應鏈管理的焦點是供應鏈核心企業與其供應商及客戶之間的關係（Elram, Cooper, 1993; Lambert, Knemeyer, Gardner, 2004），所以，供應鏈風險最直接的表現形式是企業與供應鏈上下游企業之間的供需關係所帶來的風險。系統風險、供需風險及供應鏈整合風險都會影響供應鏈的穩定性，從而對供應鏈績效產生影響，但這三類風險驅動因素彼此之間並不完全獨立。系統風險與供應鏈整合風險通過供需關係對供應鏈的穩定性產生影響，從而影響供應鏈績效。特別是來自供應鏈外部環境的系統風險會沿著供應鏈在上下游企業之間傳導和擴散，最終通過供應與需求風險表現出來。

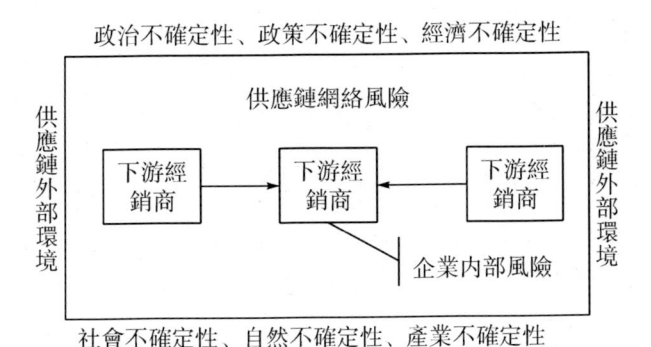

圖 7-1　供應鏈風險驅動自然因素分析的環境層面

　　針對上述不同的風險類型，一些研究指出了風險管控的必要性，並就不同的風險來源提出了相應的戰略措施。這類研究的典型代表包括朱特等人（2003）、喬普拉和索迪（2004）、克里斯托弗和派克（2004）、曼努和門策（2008）及布勞斯等人（2009）的研究。只有曼努和門策（2008）專門就全球化下的供應鏈風險管理戰略進行了探討，他們運用紮實的理論，以全球化生產供應鏈為研究對象，通過深度訪談，提出了六種全球化供應鏈風險管理戰略：延遲、選擇性風險承擔、風險轉移、對沖、安全保證、迴避，並強調在不同的供應鏈風險情境下，企業應採取不同的風險管理戰略。

7.2　供應鏈金融績效與風險影響因素

　　以上總結分析了供應鏈中的風險，顯然這些風險都是直接或間接影響供應鏈金融績效的因素，如何看待供應鏈金融績效，究竟有哪些方面會直接影響到

供應鏈金融績效，如何從實踐管理的角度強化對風險因素的監控，這些問題尚需更深入的探索。

7.2.1 供應鏈金融績效維度

在當前對供應鏈金融的研究中，引入財務工具嘗試對供應鏈金融績效進行定量描述是較新的研究課題。在這些研究中，引入經濟增加值模型（EVA）來對供應鏈金融進行研究是比較先進並得到認可的。最為典型的研究是莫里茲·戈姆（Moritz Gomm）深入考慮了 EVA 模型中供應鏈所帶來的影響，提出了一種從 EVA 角度考察供應鏈金融績效的方法。戈姆（2010）指出，金融與供應鏈合作的潛在領域包括供應鏈中流動資產和不動資產的融資、供應鏈中為了使用槓桿效應獲取最優資本成本率而進行的營運資本融資、利用規格和 IT 系統對財務過程進行的優化、為優化現金流轉而進行的資金管理等。他同時指出，優化供應鏈中的融資結構和資金流可以被稱為供應鏈金融。供應鏈金融旨在優化跨越企業邊界的融資行為，以達到降低資本成本和加快現金流的目的，而這一目標的實現關鍵取決於未來導向、風險控制和市場導向三個方面。以未來為導向是指不僅通過短期視角考量公司價值，還要通過一段很長的努力使企業價值增加。風險控制是指需要在經營活動的評估中考慮經營活動中的風險與不確定性，以及它們對結果的影響。市場導向並非是指需求市場，而是需要將公司或者項目的績效與市場中的其他公司或者項目相比較，為客戶帶來更多的價值。

基於上述理解，莫里茲·戈姆（2010）提出了供應鏈金融績效的三個重要指標，即持續時間（或融資週期）、總量（或融資量）以及資金成本（或融資費率）。持續時間或融資週期是指資金成本占用的時間長度，融資週期越長，資金的成本和風險越大。這是因為隨著時間的變化，各種影響供應鏈營運的因素可能會發生變化，從而使供應鏈運行出現波動，進而對現金流量週期產生負面影響，甚至導致資金無法回收。總量或融資量是指資金占用的程度，融資量越大，風險也會越大，供應鏈運行中的某一環一旦出現問題，或者產生延遲阻滯，就會直接影響到資金安全和收益。融資費率是指資金占用的代價，這種代價的確立，既需要考慮各種影響供應鏈營運風險的因素，也需要與其他融資渠道的代價相比較。總體上來看，上述這三個指標並不是相互孤立的，而是相互影響、相互作用的（見圖7-2），這三者之間的優化直接影響了公司的財務價值以及供應鏈金融的質量和穩定。一般而言，融資週期越長、融資量越大，融資費率越高。除此之外，這三個指標的運行狀態又與供應鏈營運緊密相關，供應鏈越是穩定、持續，參與各方關係良好，融資費率往往就越低，融資

週期從而縮短，頻率加快，單筆融資量變小但總量變大。

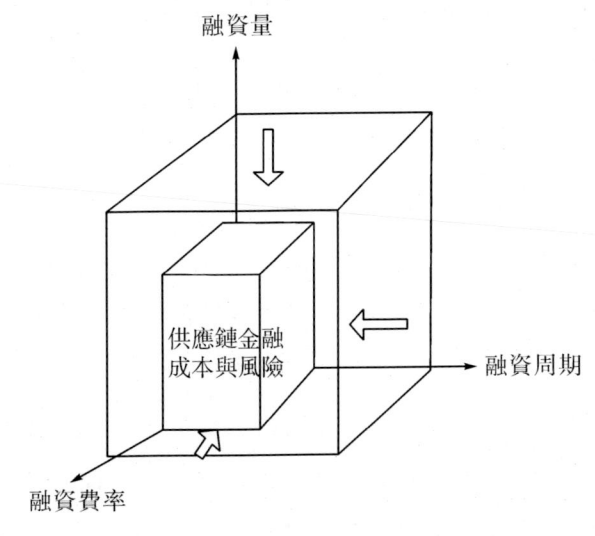

圖 7-2　供應鏈金融績效模型

戈姆的供應鏈金融績效模型是在國外開展供應鏈金融更深層次的研究的背景下得出的，同時也是與國外的經濟環境和供應鏈金融實踐相結合的，具有一定的條件性。此模型從 EVA 的理念出發，以供應鏈參與方收益為最終評判標準，對供應鏈金融的定量化研究具有啓發和引導作用。

7.2.2　供應鏈金融風險因素及其與績效之間的關係

供應鏈金融作為供應鏈參與者之間依託金融資源實現商流、物流結合的一種創新行為，必然會受到各種影響供應鏈營運的因素的影響，並且對融資量、融資週期和融資費率產生作用。具體來講，按照不同的來源和層次劃分，影響供應鏈金融風險的因素可以分為供應鏈外生風險、供應鏈內生風險和供應鏈主體風險三大類。

（1）供應鏈外生風險

供應鏈外生風險主要是指由於外部經濟、金融環境或產業條件的變化，供應鏈資金流與物流、商流的協調順暢受到影響從而產生的潛在風險。如市場利率、匯率變動導致供應鏈上企業融資成本上升，或者宏觀經濟政策調整、法律修訂、產業組織等因素導致產品需求中斷，使供應鏈增值難以實現，由此引起資金循環遲緩甚至中斷的風險。這類風險儘管不是供應鏈營運管理者所能完全決定和管理的，但是在供應鏈金融業務的實際開展過程中，供應鏈金融的綜合

管理者需要即時關注這些因素的變化，以及這些變化可能對供應鏈金融運行產生的正面或負面影響，進而根據這些因素調整供應鏈金融業務績效的三個維度。總體上來講，如果外生風險越大，融資的週期和總量就會越小，費率相應就會偏大。在對供應鏈外生風險的分析過程中，除了自然災難、戰爭等不可抗拒的風險因素外，很多風險驅動因素往往與供應鏈營運的行業、領域密切相關。因此，進行供應鏈外生風險判斷時，首先需要對供應鏈業務所在的領域進行識別，確立融資對象（客戶）所在的行業，基於行業領域進行各種外生風險要素分析，形成供應鏈外生風險程度分析報告，並考慮供應鏈融資的三維決策（見圖7-3）。具體來講，供應鏈外生風險主要包括：

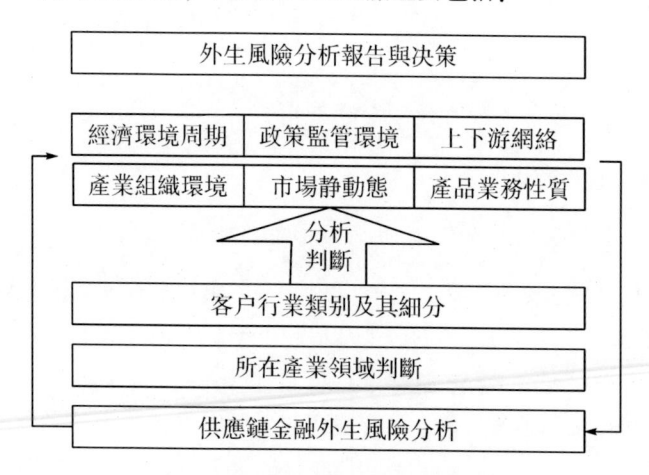

圖 7-3 供應鏈金融外生風險流程

① 經濟環境與週期

經濟性因素，特別是經濟週期性波動是在供應鏈金融活動中應當關注的外生因素之一。任何供應鏈的運行都是在一定的經濟環境下展開的，特別是金融性活動涉及上下游企業之間，以及平臺服務商綜合風險管理者和流動性提供者之間密切的合作和經濟往來，一旦整體經濟狀況出現波動，其中的環節或者主體所面對的風險就必然增大，從而加劇整個供應鏈的資金風險。經濟週期波動是指總體經濟活動沿著經濟增長的總體趨勢而出現的有規律的擴張和收縮。在經濟的復甦和繁榮階段，經濟上可能出現的一般特徵是，伴隨著經濟增長速度的持續提高，投資持續增長，產量不斷提高，市場需求旺盛，就業機會增多，企業利潤、居民收入和消費水準都有不同程度的提高，但也常常伴隨著通貨膨脹。當經濟出現下行或者衰退時，投資減弱、產量壓縮，市場需求開始出現疲軟，很多不具有強大實力的企業面臨著破產倒閉的風險。造成經濟週期波動的

原因既有外部的因素，諸如行業創新性行為、政府政策決策等，也有內部的因素，像銀行信用的擴張、緊縮、投資、消費、心理等，眾多因素之間存在著錯綜複雜的交互影響。在不同的社會條件下，眾因素之間會產生不同的組合與效果，因此週期的具體進程多有不同，經濟週期的具體進程反過來對成因亦有重要影響，都會對供應鏈金融活動產生正反兩方面的作用。例如，鋼鐵行業的融資業務可能在經濟持續上升、基礎設施投資巨大、房地產行業發展的繁榮時期是一項很好的供應鏈金融創新；而在經濟發展放緩、房地產行業蕭條時期，開展此類業務就需要謹慎，沒有真正良好的市場、信用擔保，此類金融活動就會較容易產生巨大的風險。因此，全面細緻地分析行業隨週期波動程度、波動方向和波動時間而變化的情況，對於控制此類風險就顯得尤為重要。

②政策監管環境

監管環境是制度環境的一部分，管制維度與社會中的法律、政策、規定等由法律權威或者類似於法律權威的組織所頒布的細則有關，它會通過獎勵或懲罰來約束行為，這個維度屬於工具性質的制度系統（Scott, Meyer, 1991）。具體來講，監管環境是指國家或地方的法律和政策對行業的支持或限制，以及其變動的可能性。這對行業的發展具有很大的影響，會進一步影響到供應鏈融資的風險。監管環境對供應鏈金融的影響通常是比較確定的，一般而言，應該避免將貸款投放到監管不健全，或是國家地方政策限制發展的行業或領域。相關的法律和政策環境對一個行業的發展有著重要的影響，同時也影響著企業的生存環境，並直接或間接地體現在企業的財務報告中。如果是被法律和政策限制的行業，那麼必然會對企業的發展產生較大的消極影響；而如果是國家鼓勵發展的行業，則可能享受到諸如稅收優惠等多方面的支持。

③上下游網絡穩定與力量均衡分析

在對外生因素的分析中，上下游網絡的穩定和力量均衡也是需要關注的要素。波特（1980）在分析產業結構的過程中曾指出：「供應商們可能通過提價或降低所購產品或服務的質量來向某個產業中的企業施加壓力。供應商壓力可以造成一個產業因無法使價格跟上成本增長而失去利潤。」顯然，上下游之間的力量均衡和穩定對於供應鏈金融具有很大的影響。如果某行業對其他行業依賴性過大，那麼此行業的信貸風險不僅包括該行業的風險，還應包括與其關聯行業的風險，因此依賴性對行業分析的影響也較大。具體來講，上下游網絡穩定和力量均衡分析應當包括上下游集中化的程度和對比、替代品的程度、上下游相互之間的重要程度、上游投入業務的重要程度、上游差異化程度、轉換成本從上游向下游延伸一體化的程度等。

④產業組織環境

產業特徵是對供應鏈活動有重要影響的因素之一，在集中度高的產業中，大多數企業都掌握著較為廣泛的資源，能夠完成技術進步與技術創新活動；而在集中度低的產業中，企業控制的資源相對較少，為了獲取市場、提高市場控制力，企業往往會進行橫向和縱向的資源因素整合（Scot, 1989）。特別是在供應鏈金融活動中，越是接近完全競爭的行業，其企業規模相對越小，產品同質性越高，價格控制能力越低，信貸的風險相對越高。根據產業理論的「結構—行為—績效」模型，產業和市場的結構特徵決定了企業所能採取的行為，同時企業的行為進一步決定了其在產業中取得的績效（Bin, 1956）。一個產業的結構特徵包括規模經濟性、市場進入的壁壘、產業的多樣化程度、產品的差異化程度以及產業集中度等（Shamsie, 2003）。

⑤市場靜、動態分析

在對外生因素的分析中，融資對象的市場靜、動態分析也是一個非常重要的因素，因為這些也是決定融資風險的驅動因素。市場靜態分析指的是對融資對象的產品和業務的競爭程度的分析，市場競爭度被認為是影響企業行為的重要環境性因素。產品或業務競爭性是指一組企業在特定領域內的競爭程度（Miller, Frisen, 1983）。在一個高度競爭的市場中，企業一般傾向於高度利用資源，提高效率，降低成本（Matusik, Hil, 1998），同時企業之間的模仿性很強（Levinthal, March, 1993），在這種狀況下，如果供應鏈融資的總量過大或者週期過長，就會產生巨大的潛在風險。市場動態分析指的是市場的變化性以及環境的不穩定性（Dess, Beard, 1984），與業務競爭性相比，環境的動態性使得原有的產品或業務被淘汰，必須不斷地開發新的產品和業務（Jansen et al., 1976; Sorensen, Stuart, 2000）。顯然，市場的變化性越大，對於供應鏈金融業務來講，風險也越大，因為業務的自償性會受到負面影響。因此，上述兩個方面也是需要加以詳細考察和探索的問題。

⑥產品業務的性質

與上述要素緊密相關的一個因素是產品和業務的性質，特別是產品業務的價值程度、質量的穩定性和價值的變動性等。供應鏈金融儘管是供應鏈營運中的商流、物流、信息流與資金流的結合，但是從根本的基礎來看，仍然是交易本身的商品和業務。如果商品業務的價值不大，就會對融資的總量和週期產生負向影響，因為商品交易承載的基礎不厚，這時一旦發現過量融資或融資週期較長等問題，就很難利用商品業務本身的價值來覆蓋風險。同理，質量的穩定性和價值的變動性也是需要考察的要素。質量的穩定性及隨時間變化的物流性

能和化學性能的保證程度,隨時間改變的商品價值的保全程度,均會對金融活動產生作用。質量和價值越穩定,供應鏈金融的風險程度相對越小,反之,就會越大。

(2) 供應鏈內生風險

供應鏈內生風險主要是因供應鏈內在的結構、流程或要素出現問題而導致的潛在金融風險,顯然,這是供應鏈組建和運行不當所產生的風險。供應鏈上的各個環節、流程、要素以及參與主體相互關聯、相互依存,中間一旦出現問題或障礙,就可能波及整個供應鏈體系。朱特等(2003)的研究認為,供應鏈內生風險的產生有三個原因:一是供應鏈中企業的供需界限變得模糊,為了集中於核心能力,企業大量採用外包來獲取外部的生產資源、分銷資源和物流資源,這種網絡化的行為可能會混淆責任的界限,出現斷貨或過度倉儲等現象。二是供應鏈中複雜的力量有時會導致供應鏈出現「混亂效應」,這種「混亂效應」源自供應鏈的過度反應、非必要性的介入、不信任以及信息扭曲等。三是供應鏈結構和系統的慣性,即固有供應鏈體系使得供應鏈的結構和運作模式難以應對環境和市場的變化,因為供應鏈新體系的建立往往以成本的上升為代價,而整個供應鏈體系運行的狀態又會對企業信用評價產生影響。供應鏈的營運狀況良好,交易風險較小,就可以弱化鏈內企業的綜合信用風險,使融資總量放大、融資週期延長、費率下降;反之,則會加劇鏈內企業的綜合信用風險,使其信用狀況惡化、融資代價增大、融資量和融資週期下降。從流程上來講,首先需要對產業鏈進行分析,產業鏈是一個行業上下游的經營結構和狀況,反應了一個產業縱、橫向發展的程度,也是價值鏈和供應鏈分析的基礎和前提;其次要在產業鏈分析的基礎上進行價值鏈分析,價值鏈最早是由波特(1980)提出的,即企業的價值是由相互不同但是互為關聯的價值活動組成的,也就是說,需要分析產業鏈中價值產生、形成和流動的狀態,並在此基礎上進一步深入分析為了實現價值過程而轉變為組織化的供應鏈網絡的狀況。

要瞭解供應鏈的體系和狀態,需要從供應鏈的客體體系和主體體系兩個方面進行研究,客體體系是供應鏈客觀建構和運行的體系,這可以從蘭伯特和庫珀(Lambert, Cooper, 2000)提出的網絡結構、業務流程和管理成分三個方面來分析。主體體系是指供應鏈參與者之間關係的緊密程度和發展程度,供應鏈管理從本質上來講是企業之間的關係創新與互動,是組織和企業通過相互之間的信任、依存和承諾實現關係績效的過程。具體來講,這種關係的建立和維繫往往涉及相互之間目標的一致性、利益分享和補償機制以及合作的經驗與期限等因素。上述兩個方面的供應鏈分析,會直接對融資總量、融資週期和融資費

率產生作用（見圖 7-4）。

```
                    ┌─────────────────────────┐
                    │   內生風險分析報告與決策   │
                    └─────────────────────────┘
         ┌─────────────┬─────────────┬─────────────┐
         │ 供應鏈結構分析 │  供應鏈流程  │ 供應鏈管理要素 │
         ├─────────────┼─────────────┼─────────────┤
         │ 供需目標一致性 │ 利益分享和補償 │ 合作經驗與期限 │
         └─────────────┴─────────────┴─────────────┘
                           分析
                           判斷
              ┌─────────────────────────┐
              │   價值活動和價值鏈分析    │
              └─────────────────────────┘
              ┌─────────────────────────┐
              │       產業鏈分析         │
              └─────────────────────────┘
              ┌─────────────────────────┐
              │   供應鏈金融內生風險分析   │
              └─────────────────────────┘
```

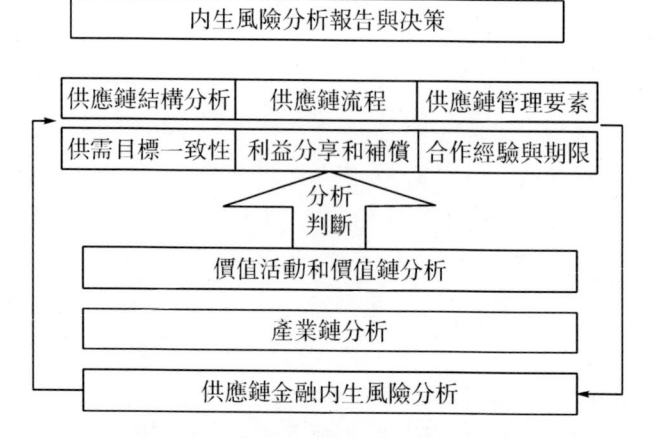

圖 7-4　供應鏈金融內生風險分析流程

①供應鏈結構分析

供應鏈結構分析主要是指對企業供應鏈的組織方式和各自的空間位置進行分析，即企業的供應鏈是如何構成的，採用什麼樣的方式，供應鏈參與者以及供應鏈金融的推動者（平臺服務商綜合風險管理者以及流動性提供者）所處的位置和發揮的作用。供應鏈的結構是開展供應鏈金融的基礎，如果供應鏈結構設計有問題，金融性活動就會存在巨大的風險。在供應鏈結構分析中，一方面需要對供應鏈中的上下游企業的結構進行分析，特別是分析融資對象在供應鏈生態中的作用。如果焦點企業在供應鏈群體中處於關鍵的協調和管理地位，其特徵就決定了供應鏈整體的特徵。一般來說，供應鏈內焦點企業具有實力雄厚、產品開發能力強、市場佔有率高和信譽良好等特點，因此其所在的供應鏈群體的行業與市場地位就相應地處於優勢地位。另一方面還需要對供應鏈金融活動推動者在供應鏈結構中的地位進行分析，例如平臺服務商能否真正為企業供應鏈運行提供完整、全面的信息化服務，切實地掌握供應鏈運行的細節。此外，綜合風險管理者能否瞭解供應鏈營運參與方的狀況、把握其收益的來源、掌握潛在風險的程度等，都會對供應鏈金融的有效開展產生重要的影響。

②供應鏈流程分析

除了技術上的信息系統和網絡平臺的支持外，供應鏈金融的高效和持久運作還依賴於綜合需求和客戶關係管理、供應商關係管理、物流服務傳遞管理、複合型的能力管理、資金和融資管理等主要流程的整合與協調，以達到有效控制客戶需求、生產過程及供應商績效的目的。能力管理是對成員的技術能力和

服務質量進行組織的過程，是企業供應鏈實現競爭差異化的要素之一。而要實現對客戶需求的快速反應，還依賴於在需求管理中對客戶多變的需求進行預測和計劃。關係管理包括客戶關係管理和供應商關係管理兩方面。客戶關係管理需要對客戶需求進行全面的開發和理解，同時集中資源和能力來滿足這些需求，其內容包括客戶細分和客戶關係的監管。作為供應鏈運作的推動力，客戶關係管理還應該包括快速的回應和應變能力，以確保客戶的需求能得到及時和全面的滿足。當然，客戶價值的實現還需要整個鏈條上各參與方的合作和協同，需要供應商關係管理來輔助，包括從供應商的選擇、評價、協約到管理等多項管理活動。此外，為了實現整條服務供應鏈的共同發展和進步，供應鏈焦點企業還必須具備協調各節點間的競合關係的複合型能力，同時協調內部能力與外部資源，使各參與方在整個供應鏈獲益的基礎上實現自身的發展，並及時有效地傳遞集成化服務。上述所有要點都是需要評價的關鍵流程，否則供應鏈流程上的失誤就會導致供應鏈金融面臨巨大的風險。

③供應鏈管理要素分析

供應鏈營運的水準以及流程的順暢性還與供應鏈的組織管理能力密切相關，組織管理能力越強，供應鏈越趨於穩定，營運的質量就越高；反之，即便初始的供應鏈結構和流程設計較好，之後也會產生諸多問題。組織管理能力包括計劃與控制、組織結構、管理方法、領導力、風險與收益管理、企業文化等。對營運的計劃與控制是使組織或者供應鏈朝理想方向前進的關鍵，聯合計劃的程度對供應鏈的成功有很大影響，而營運控制則是衡量供應鏈成功與否的關鍵。組織結構涉及個人、企業和供應鏈，其中交叉功能小組的運用體現了一種流程方法。當這些小組跨越組織邊界時，也就從更大程度上整合了供應鏈。此外，權力的運用、風險和收益的共享都會影響到渠道成員的長期承諾，此二者對於員工評價以及如何使他們參與到企業管理過程中來也很重要。以上這些可以歸納為兩類，一類是物質和技術方面，包括有形的、可測得和容易改變的部分；另一類是管理和行為方面，這些部分是無形的，而且通常不易評估和改變。這兩方面相互影響，都對供應鏈結構和流程實現起著重要的支持和輔助作用，進而影響到供應鏈金融運行的風險。

④供需目標一致性分析

在對供應鏈內生要素的分析中，除了上述客觀性的網絡分析外，供應鏈主體網絡之間的行為也是需要詳加考察的因素，因為從本質上來講，供應鏈管理和供應鏈金融是行為主體之間的一種互動。供應鏈能否穩定和持續，其中一個很重要的影響因素便在於供需雙方是否具有目標一致性，或者是否願意為了實

現目標的一致性而進行日常性的投入。在組織間的合作關係中，由於組織之間存在目標差異性，通常需要對它們之間的活動進行協調以保證組織之間的目標一致性。在協調活動過程中產生的成本稱為協調成本。從交易成本經濟學來看，企業與其他組織之間訂立、執行與維護採購契約是有成本的。供應鏈中組際協調成本就是企業與其他組織在建立、維持雙贏關係或者僅僅是順利完成交易的過程中因相互協調而產生的成本。從焦點企業的角度來看，選擇、考核、評價、改善供應商或其他合作者都需要負擔協調成本。因此，如果協調成本較高，或者投入的資源和精力不足，就會造成目標的不一致，而這種不一致最終會使供應鏈營運績效受到威脅，與之伴隨的金融活動將也難以為繼。

⑤利益分享與補償機制分析

供應鏈是戰略、運作、收益一體化與成員企業利益獨立化的統一體。供應鏈成員企業要為供應鏈總體收益的最大化而協同行動，與此同時，供應鏈成員企業為供應鏈整體利益所做出的各種貢獻和支付，以及承擔的各種風險，又都必須按照市場原則得到等價的經濟補償。因此，在供應鏈金融運行的過程中，需要考慮三類利益分享和補償機制：一是供應鏈營運體系中參與各方的利益分享和補償，如果在供應鏈運行中某一方的利益得不到保證，供應鏈就會受到極大的挑戰，供應鏈中斷就會成為必然；二是供應鏈金融組織者之間的利益分享和補償，即平臺服務商、綜合風險管理者和流動性提供者之間的利益分享和補償；三是供應鏈營運參與者與供應鏈金融組織者之間的利益分享和補償。只有這三個方面的機制得以確立，供應鏈金融的風險才能被有效控制。

⑥合作經驗與期限分析

業務合作經驗與期限體現為供應鏈中焦點企業以往合作的歷史和經驗，以及各種合作項目的維繫長度。很多研究都提出以往的合作經驗會對之後聯盟合作的有序進行產生正面影響。供應鏈成員企業在進行合約期限決策時所需考慮的因素包括供應鏈整體保持穩定和活力所需的合作期限、供應鏈各成員企業的可靠性、市場的穩定性、本企業對供應鏈的依賴程度以及尋找新交易夥伴和建立新交易關係的成本等。合作期限的調查主要是看供應鏈企業之間是否簽訂了長期穩定的合作協議合同，是否規定了供應鏈合作模式等。

(3) 供應鏈主體風險

供應鏈主體分析主要是對供應鏈焦點企業（或者說是融資需求方）本身的調查和分析，其目標是為了防止在供應鏈金融活動中，融資需求方或關聯企業採取機會主義行為，從而對金融活動組織者或者某一方帶來巨大的損失。機會主義行為普遍存在於商業交易中。威廉姆森將機會主義行為定義為：「為了

追求自我利益最大化，主動或被動、事前或事後出現的說謊、欺騙，或是提供不完全或扭曲信息的行為」（Williamson，1975；Williamson，1985）。機會主義行為是驅動交易成本理論的一個重要的行為變量。交易成本理論將組織理論與契約理論結合在一起，用來預測和解釋伴隨著企業間的交易出現的各種不同的組織治理結構，以及發展和理解不同系統的比較優勢。威廉姆森（1993）解釋了機會主義產生的原因：交易者的有限理性和市場環境的不確定性。由於交易雙方存在認知環境和交易事項的差異，交易者隨時隨地都會有機會主義的衝動。因此，機會主義會「直接或間接導致信息不對稱問題，從而使經濟組織中的問題極大地複雜化了」（Williamson，1985）。需要指出的是，供應鏈金融中的主體分析，既包括供應鏈營運中的客戶企業，也包括供應鏈金融中的組織者，對這些主體的分析，既要看其自身的營運情況和資源、經營實力，以及是否具備履行供應鏈合作義務的能力，更重要的是要對供應鏈背景下客戶企業或合作者真實的業務運作狀況進行分析，瞭解企業的盈利能力與營運效率的優劣，掌握企業的資產結構組成和各項資產的流動強弱性，並針對流動性弱的資產進行融通可行性分析。此外，還要瞭解企業經營者或合作對象的素質和信用，判斷其是否符合供應鏈金融長期合作的要求（見圖7-5）。

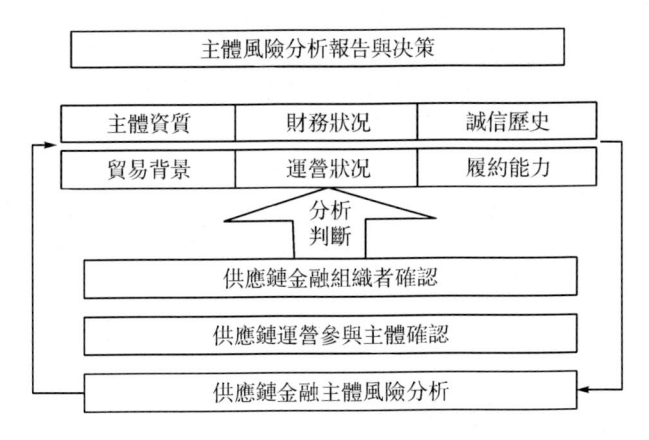

圖7-5 供應鏈金融主體風險分析流程

①主體資質分析

主體資質指的是行為主體的資源能力，以及其在行業或領域中的地位。從供應鏈融資的服務對象的角度來講，主體資質主要是指該企業的經營資源和能力，特別是該企業抗拒行業變動和風險的能力，如果融資對象的能力有限（包括技術、生產等能力），而融資總量過大，或者融資週期過長，那麼相應的風險就會很大。例如，受2008年全球金融危機的影響，某省鋼鐵生產企業

A公司資金鏈斷裂，企業資產被法院保全，對下游鋼鐵經銷商W公司打擊巨大。A公司是一家民營鋼鐵企業，年產量為90萬噸，是W公司的鋼材供應商之一，9月月底W公司剛向A公司預付了四季度的鋼材款2,500萬元，而當時只提取了價值500多萬元的貨物，尚有價值1,900多萬元的貨物未提取。W公司的融資銀行也同時得到此信息，因為W公司以廠商銀業務模式（「廠商一票通業務」）從銀行取得融資1,750萬元。W公司和融資銀行當天派人趕到某省，可是為時已晚，A公司的所有資產被其他債權人向法院申請保全。顯然，W公司在這一事件中對融資對象的選擇不夠慎重，A公司是民營鋼鐵企業，年產量僅為90萬噸，在鋼鐵行業中排名靠後，沒有競爭優勢，經不起行業洗牌。從供應鏈金融的組織者的角度來講，主體資質涉及不同參與者的能力，諸如平臺服務提供商是否具有信息整合、管理和溝通的能力；綜合風險管理者是否具備連接各方利益，周密設計融資流程，管理、控制交易和物流過程，管理風險的能力；流動性提供者是否具備與綜合風險管理者溝通、協調並且參與風險管理的能力等。

②財務狀況

在供應鏈金融中，金融產生的基礎是供應鏈營運中的貿易過程和物流過程，而不完全依據企業的財務報表和財務指標，特別是對於很多中小型企業而言，往往很難憑藉其財務報表進行風險判斷和管理，但是財務狀況分析仍然是必要的，包括分析企業的盈利率和資金運作效率。財務分析中的一項關鍵任務是對客戶企業的資產狀況進行全面分析，瞭解企業的資產組成，確定各項資產的流動性狀況，尤其是流動資產的各項內容，分析企業各項資產的流動性是否能滿足企業正常營運的需求。一旦資產不能滿足流動性要求，或者融資的資金總量和週期超越了正常生產經營所需的程度，就需要加以關注。當企業的財務表現大大超過了行業平均利潤率或業績，也需深入加以調查，以防止企業套取資金用於其他非正常性投資或活動。

③誠信歷史與現狀

誠信是開展供應鏈金融的基礎和前提，供應鏈參與方或金融組織者如果沒有良好的信譽，那麼供應鏈金融活動就會面臨巨大的危機。然而這一問題也是目前中國開展供應鏈金融的最大障礙，一是目前在資金市場上尚無完善的徵信和信用管理體系，特別是對中小企業的徵信較為困難；二是由於政策執行上的不盡完善，違約的代價不足以抵銷違約行為所獲得的利益，這些都使誠信管理變得異常困難。正因為如此，建立有效的信用識別體系顯得尤為重要，而這種誠信體系的建構不僅包括對中小企業的基本素質、償債能力、營運能力、盈利

能力、創新能力、成長能力、信用記錄以及行業狀況等影響因素的考察，還包括對企業所處供應鏈的整體營運績效、上下游企業的合作狀況、供應鏈的競爭力及信息化共享程度等因素的綜合評價，甚至還要關注中小企業所有者在社會網絡中的地位、關係等，也就是管理學中談到的「社會資本」，它是一個企業為了實現其商業價值所構建的企業與其外部利益相關者之間的各種關係網絡的統稱，這種關係網絡的狀況也反應了一個企業被利益相關者所接受的程度，以及可以運用的社會資源的多少。只有建立起這樣的信用管理體系，才能更加全面、系統、客觀地反應處在供應鏈中的中小企業的綜合信用狀況。

④真實貿易背景

對供應鏈營運主體真實貿易背景的判斷和掌握是進行供應鏈金融風險管理的重要因素，很多供應鏈金融風險的產生，正是因為平臺服務商、綜合風險管理者、流動性提供者沒能切實把握供應鏈運行中的真實貿易過程。這種對貿易過程的把握不僅僅是關注融資對象某一筆生意的交易方式、付款方式等，還要關注它與供應鏈中其他企業或組織之間的貿易背景、貿易方式、收付匯情況以及上下游企業占客戶企業銷售的比例等。在研究調研中，我們發現了一個因為融資方對真實貿易背景瞭解不夠而導致供應鏈金融風險的案例。其基本情況是：某直轄市 H 材料有限公司系一家鋼材貿易企業，成立於 2000 年 3 月，註冊資金為 5,000 萬元，法人代表為 A，實際控制人為 B（A 與 B 為兄弟關係）。H 材料有限公司與幾家國內鋼廠建立了合作關係，終端客戶主要為同行業貿易類企業和建築施工類企業。該公司的業務主要集中於該市本地市場。H 公司的關聯企業是某直轄市 S 金屬材料有限公司，註冊資本為 2,000 萬元，法定代表人人民幣 C（與 A、B 也為兄弟關係），主要經營品種與 H 材料有限公司一致。A、B、C 三兄弟通過兩個鋼貿平臺進行經營，互相之間存在關聯交易，並同時通過兩個平臺以貨押、擔保公司擔保、廠商銀、房產抵押、企業互保等多種方式進行融資，總計敞口約 2.5 億元。2010 年 11 月，H 公司的實際控制人 B 因利用信貸資金違規參與期貨交易所的期貨投機交易，被強制平倉，估計共虧損 5 億元，公司資不抵債 4 億元左右。顯然，虛構貿易背景、挪用信貸資金是供應鏈金融面臨的最大風險之一。實際控制人的授信規模與其真實貿易不匹配，可判斷授信資金實際用途應為其投資需求，最終資金被用於期貨投機，導致了風險產生。因此，供應鏈金融服務平臺對真實交易背景瞭解透澈，有利於判斷這項供應鏈金融服務的合理性，有利於服務平臺對全過程進行監管並對風險資產給予及時預警，並及時採取合法有效的措施保全資產。

⑤營運狀況

營運狀況分析的對象並不僅僅是融資需求方的經營狀況，還包括其上下游企業的營運狀況，以及金融組織者對整個供應鏈營運的瞭解和掌握，尤其是供應鏈營運中的商流（貿易往來）和物流，特別是對物流營運的監管和把握等方面的狀況。沒有紮實的物流管理，信息流和商流都會出現問題。例如，A 模具有限公司的主營業務為特鋼標準件的生產和銷售，自有廠房，銷售收入結構為國內銷售占 2/3，國外銷售占 1/3。該公司與銀行的授信合作情況如下：一是 S 銀行某市分行為其提供授信額度 2,000 萬元，其中 1,500 萬元由模具鋼作為現貨抵押，抵押率為 70%，由 Z 公司駐廠監管，500 萬元敞口由 P 公司提供保證擔保。二是 G 銀行提供貸款 2,000 萬元，以土地廠房作為抵押。受金融危機影響，加上自身經營不善，A 公司經營狀況大幅下滑，資金緊張，第一還款來源不足，並出現股東撤資、抽離資金等問題，資金狀況進一步惡化。由於監管倉庫是企業自有倉庫，還出現了該公司私自挪用銀行抵押物的情況。後來 S 銀行向法院申請財產保全，由於司法程序時間較長，抵押物市場價格變動較大，致使最後處理抵押物時出現了抵押不足的情況，導致銀行壞帳。由此可以看出，因為 Z 公司沒有嚴格執行實地走訪制度，日常臺帳登記混亂，與實際情況無法對應，加上公司缺乏風險意識和警惕性，監管形同虛設，致使企業「鑽空子」挪用抵押物，最終產生了風險和損失。因此，加強對供應鏈主體的營運監管是控制風險的首要方法。

⑥履約能力分析

企業的履約能力既可以反應企業經營風險的高低，又可以反應企業利用負債從事經營活動能力的強弱。供應鏈融資以供應鏈各渠道內的成長型中小型企業為服務對象，這些企業的履約能力的好壞直接決定了其能否按渠道內企業的要求提供合格的產品和服務，進而影響融通資金的順利收回。對企業履約能力的判斷可以從企業的盈利能力、產品技術成熟度、產品質量可靠性、產品形象及市場穩定性等多個方面進行分析。需要指出的是，判斷履約能力除了要關注供應鏈營運中的產業企業之外，還需要分析判斷供應鏈金融組織者的履約能力。在以往關於履約能力的分析中，過於強調供應鏈營運中參與企業的履約能力，而忽略了對供應鏈金融組織者的履約能力的分析。供應鏈金融活動中往往涉及不同的組織者和協調者，它們之間通過互動和協調，共同為供應鏈營運中的企業提供資金，並且管理資金風險。例如平臺服務商和綜合風險管理者或流動性管理者之間進行合作，一旦某一方不盡職或者行為失當，就會直接影響供應鏈金融運行的質量和風險程度。

上述三個大類的風險均會對供應鏈金融績效的三大維度產生影響（見圖7-6），並且這些因素往往是結合在一起來共同決定風險的程度和大小，而這種狀況會直接影響控制和管理供應鏈金融風險的方法。

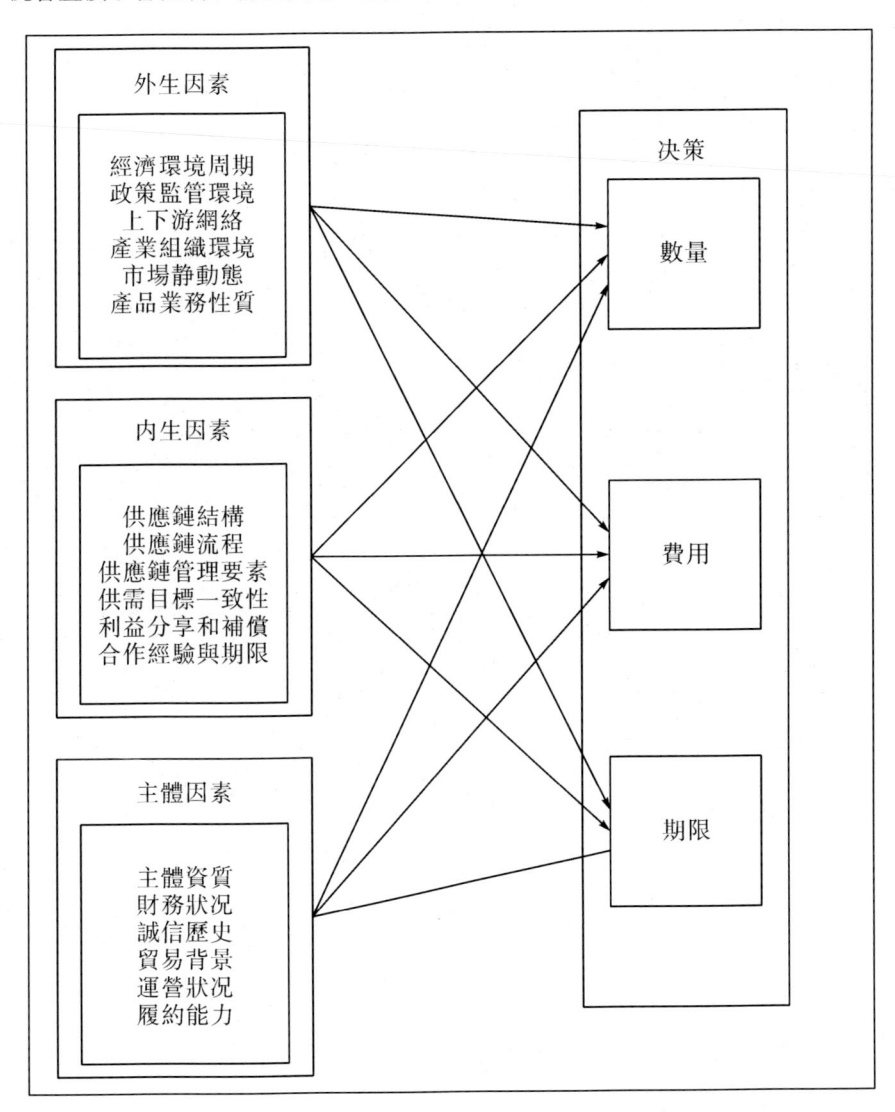

```
外生因素
  經濟環境周期
  政策監管環境
  上下游網絡
  產業組織環境
  市場靜動態
  產品業務性質

內生因素
  供應鏈結構
  供應鏈流程
  供應鏈管理要素
  供需目標一致性
  利益分享和補償
  合作經驗與期限

主體因素
  主體資質
  財務狀況
  誠信歷史
  貿易背景
  運營狀況
  履約能力

決策
  數量
  費用
  期限
```

圖7-6　供應鏈金融中的風險與績效決策

7.3 供應鏈金融風險控制

7.3.1 供應鏈金融風險管理的原則

通過以上的研究可以看出，影響供應鏈金融不確定性的因素有三類，即供應鏈內生風險、供應鏈外生風險與供應鏈主體風險。內生風險一方面來自供應鏈企業之間的互動，任何因企業間不當的互動行為所導致的供應鏈損失都可以歸結為供應鏈內生風險。供應鏈外生風險一般指的是供應鏈中所產生的外部不確定性因素，也可以稱為系統性風險。這種風險往往會對供應鏈網絡以及網絡中的組織產生負面影響。而供應鏈主體風險則是由供應鏈行為主體本身的原因造成的風險和不確定性。以上三種風險均會影響融資的績效，為此，在供應鏈金融風險管理的過程中，應當充分認識到上述三種風險的狀況，合理地建構供應鏈和供應鏈金融的運行體系。具體來講，供應鏈金融風險管理的原則如下：

(1) 業務閉合化

閉合原意是指使首尾相接形成環路，從而最大限度地提高效率、降低消耗。供應鏈金融運行的首要條件就是要形成業務的閉合，也就是說供應鏈的整個活動是有機相連、合理組織、有序運行的，從最初的價值挖掘到最終的價值傳遞和價值實現都形成了完整循環（見圖7-7）。這是因為供應鏈金融的核心和前提是供應鏈營運，一旦供應鏈活動和環節難以實現閉合，或者價值在產生和實現過程中出現偏差，就會產生潛在的問題，從而引發金融風險。具體來講，從供應鏈價值實現的角度來看，如何從價值發現，經價值生產、價值傳遞，到價值實現形成完整的價值環路，決定著供應鏈金融的基礎——供應鏈營運的競爭力和收益。從業務流程的角度來看，從供應鏈參與者以及金融組織者之間的協同計劃和預測市場，到具體的供應鏈營運組織和金融活動的開展，並且有效地管理分銷和營銷活動，最終實施高效的服務管理，這是供應鏈金融風險管理的基本要求。當然，值得提出的是，業務的閉合化不等於業務是封閉化的，業務的封閉意味著所有的價值活動以及營運活動都是在某一企業內部實現的。例如，某企業融資給供應鏈中的上下游合作者，不僅要求融資需求方使用自己的組織生產資源和要素，甚至要求合作者定點供應給自身的渠道。這樣雖然能控制融資風險，但是將合作者綁定在自己的體系中，必然會產生潛在的利益衝突和矛盾。而閉合化是充分利用社會性資源來實現金融價值，讓融資平臺商和綜合風險管理者能全面地組織、協調、管理供應鏈價值和活動，這樣的模式更加

有利於供應鏈生態的打造，也更易被合作者所接受。

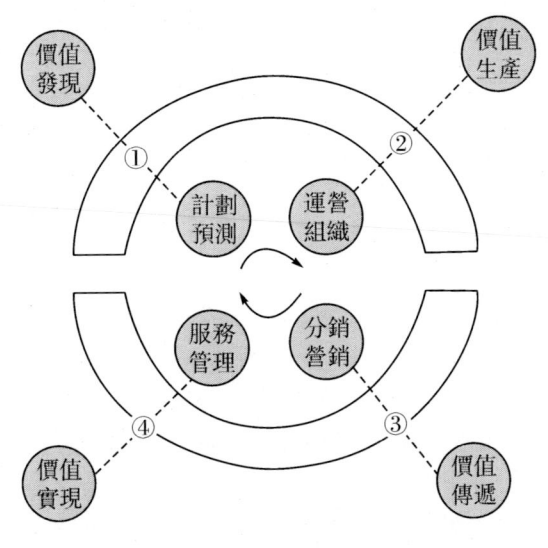

图 7-7　供應鏈金融業務閉合化循環

(2) 管理垂直化

供應鏈金融管理的垂直化意味著對各個管理活動和領域實施專業化管理，並且使之相互制衡，互不從屬或重疊。這樣做的優勢在於：一方面有利於細分管理領域或活動，明確責任，滿足流程服務化的需要；另一方面可以建立基於市場和業務的明確的考核機制，有利於強化戰略風險管理。具體來講，對於供應鏈金融活動而言，主要是做到四個方面的垂直管理：一是形成業務審批與業務操作相互制約、彼此分離、協同發展的「審批與操作分離」的管控與營運制度，這樣能有效規避急功近利、盲目擴張帶來的風險；二是實行交易運作和物流監管的分離，即從事供應鏈交易的主體不能同時從事物流管理，特別是對交易中商品的物流監管；三是實施三權分立，即在經營單位組織機構的設置上，採取開發（金融業務的開拓）、操作（金融業務的實施）、巡查（金融貿易活動的監管）三分開原則，並按照「目標一致、相互制約、協同發展」的思路對各部門的職責進行明確分工；四是建立經營單位與企業總部審議制度，對供應鏈金融業務審批要實行經營單位與總部兩級的集體評審制度。經營單位必須設立評審委員會，對具體項目進行評審，具體內容包括合法性、合規性、可操作性和風險防控措施等方面。在公司層面，要對特定業務指定專門的評審員進行評審，或由管理部門負責人組織集體評審，並根據不同的風險等級，報請公司領導審批，必要時由企業領導層集體決策。通過層層審批，瞭解工商企

業、相關合作方及金融機構等各方面的情況，以最大限度地規避金融業務風險。

（3）收入自償化

收入自償化原則是供應鏈融資的基本條件，指的是根據企業真實的貿易背景和供應鏈流程，以及上下游企業的綜合經營資信實力，向供應鏈中的企業提供短期融資解決方案，並且以供應鏈的營運收益或者企業所產生的確定未來現金流作為直接還款來源的融資過程。自償性貿易融資與流動資金貸款具有相似的地方，兩者都是滿足企業經營活動所需的短期融資，但在授信理念、授信管理方式上的區別十分明顯。從授信理念來看，流動資金貸款注重對企業的財務實力、擔保方式、企業規模、淨資產、負債率、盈利能力、現金流等指標的考核。還款來源主要是企業利潤、綜合現金流，貸款額度和期限依靠授信人員根據財務狀況測算，準確性較差，對授信額度和授信期限一般難以進行科學準確的確定，且容易產生資金挪用風險。而自償性貿易融資業務則注重貿易背景的真實性和企業物流、資金流的有效鎖定，期限嚴格與貿易週期匹配，具有明顯的自償性。從授信管理方式來看，自償性貿易融資注重客戶的債項評級結果，注重結合特定產品等進行授權控制，授權控制相對寬鬆。從授信結果來看，流動資金貸款多為單筆授信，而自償性貿易融資為滿足貿易時效性、批量性和週轉性的要求多為額度授信。自償性貿易融資產品設計本身就包含了較強的風險控制，主要工具有：動產質押和抵押、單據控制（退稅託管、國內信用證）個人無限連帶責任以及關聯方責任捆綁等。其他風險控制措施還包括：①根據貨物狀況、買賣價格、同品質貨物市場價格、評估價格以及市場行情等因素審慎確定貨物價值，也就是貨物或品種的准入制度。②根據貨物變現的難易程度和價格穩定程度按貨物價值的一定比例發放貸款，同時書面約定在信貸債權存續期內貨物價值下降的防範措施，如規定在貨物價值下降超過約定幅度時，申請授信客戶應當及時追加貨物或另行追加擔保等，這一點在手機等貨物的貿易融資中體現得尤為明顯。③增加客戶股東或主要管理層的個人連帶保證和資產擔保責任。④根據歸還貸款金額的情況釋放控制貨物。⑤隨著貿易關係鏈的延伸，將授信償還與貿易關係中有實力的關聯方進行責任捆綁，以實現風險控制。對於以動產質押作為主要方式控制貨物的，必須注意三點：一是審核出質動產的權屬；二是慎重選擇動產保管的第三方，必須有倉儲場所的所有權、完善的管理制度、專業的管理設備和技術；三是規範質押物出入庫的管理。同時，還應該逐步建立貿易產品市場行情動態監測和分析機制，做好對貿易產品的市場運行監測，這在一定程度上可以避免道德風險和虛假貿易風險。

（4）交易信息化

供應鏈金融風險管理有賴於高度的信息化管理，這種信息化不僅僅表現為企業生產經營系統和管理系統的信息化，更在於企業或組織內部之間的信息化溝通，以及供應鏈營運過程管理的信息化和企業或組織間的信息化，主要包括兩個方面：一是供應鏈運行中不同部門和領域之間的信息化，即企業內部跨職能的信息溝通。例如，在從事供應鏈金融的過程中，企業銷售部門能否及時提供項目執行情況反饋表，會計核算中心能否及時按月提供資金到款表，生產製造或供應部門能否及時反饋項目運行情況，物流管理部門能否提供客戶發貨、物流等信息等，企業內部如果不能做到信息化、數字化，並且進行有效傳遞，風險就必然會產生。二是企業或組織間的信息化，即供應鏈上下游企業之間，或者金融服務組織者之間的信息溝通。諸如焦點企業能否與配套企業積極地進行信息交換、金融機構與產業企業之間能否及時有效地協調、服務平臺商和整合風險管理者以及流動性提供者之間能否順暢溝通等，這些都決定了供應鏈金融風險的大小。如果異產業之間做不到信息的標準化和交換，那麼供應鏈運行就會名存實亡，金融收益就會面臨挑戰。除了企業或組織內部以及相互之間的信息化之外，供應鏈營運過程的信息化也是需要關注的，因為它涉及能否及時掌握供應鏈運行的狀況和信息的正確性。這包括金融業務的網上審批和聯網管理、使用物流金融業務現場操作軟件系統，實現監管點帳目的無紙化、監管物網上倉庫數碼化、監管報表的自動化和銀行查詢端口的實用化等功能，使用互聯網遠程監控技術，採用移動通信系統的「全球眼」「電子眼」等通信工具，實現異地可視化監控、GPS、物聯網技術在物流金融領域中的應用等。

（5）風險結構化

風險結構化指的是在開展供應鏈金融業務的過程中，能合理地設計業務結構，並且採用各種有效手段或組合化解可能存在的風險和不確定性。供應鏈金融業務往往會因為主體行為失當、作業環節中的差錯等產生各種風險，對此，在供應鏈金融產品的設計過程中需要考慮緩釋各種風險的途徑和手段。風險的結構化需要考慮四個方面的要素：一是保險。保險是業務風險分散的首選方案之一，一個完善的金融保險分散方案應該是客戶信用險、客戶的財產保險以及第三方的監管責任險和員工真誠險等的有效組合。這在市場經濟發達的國家較為普遍，但中國仍處於市場經濟初期，誠信經濟尚未建立，這種綜合性保險尚需探索和發展。二是擔保與承諾。在供應鏈金融業務中需要考慮到各類不同的參與方和主體所能起到的擔保與承諾的職能，這些參與方與主體不僅包括直接的融資需求方、連帶保證方和一般保證方，還需要考慮其他利益相關者的擔保

承諾，從而最大限度地緩釋風險。三是協議約定。對供應鏈金融業務中責任的承擔，應本著既有利於業務開展又切實符合公開、公平、公正的原則。要想實現業務持續、健康和較快發展，就必須客觀地界定合作各方的權利和義務，約定相應風險承擔的方式及範圍。四是風險準備金的建立。供應鏈金融的高風險使得金融服務提供商以及參與監管的企業面臨著巨大的挑戰，為了避免高風險業務出現損失，可以借鑑期貨市場的風險準備金制度和某些仲介行業的職業風險基金制度，計提一定比例的高風險業務風險準備金。這樣，即便出現風險損失，也可將其控制在預期範圍內，使其對經營期間的負面影響得到一定程度的緩解。

7.3.2 供應鏈金融風險控制體系

對於供應鏈中上下游企業之間的交易，需要通過一定的控制手段進行約束才能達到最初的交易目標。根據控制理論的經典理論，一般存在兩種控制方式：正式控制和非正式控制（Jaworski，MacInnis，1989）。根據艾森哈特（Eserhardt，1985）對代理理論的研究，正式控制是基於測量的外部控制，非正式控制則是基於價值的內部控制。正式控制，也稱為客觀控制，強調通過正式法規、流程和政策的建立和利用對預期績效的實現進行監控（Das，Teng，2001），從交易成本經濟學的角度來看，則是採用契約和科層的機制對合作進行控制（Luo，Shenkar，Nyaw，2001）。非正式控制又稱為小團體控制、社會控制或規範控制，強調通過社會規範、價值、文化及內在化目標的建立來鼓勵所期望的行為和結果，依靠承諾、名譽和信任等因素從協作角度出發對合作關係進行管理（Larson，1992）。

（1）正式控制體系

正式控制包括兩種主要形式：第一，結果控制，也叫績效控制，是指採取績效測量的方法對行為所產生的結果進行監控。基於結果的控制手段，可以直接實現委託方的目標需求，而要使結果控制切實發揮作用，必須將其建立在融資方行為的結果可以準確測量的基礎上（Das，Teng，1998）。結果控制能夠在雙方利益一致的基礎上把交易雙方的偏好統一起來，提高目標一致性，能夠減少雙方衝突從而更好地限制交易中的機會主義行為（Jensen，Meckling，1976）。第二，行為控制，也叫過程控制，關注的是把合適的行為轉變成預期結果的過程。基於行為的控制手段，可以使融資方的活動在預設的規程內進行，而要使行為控制切實發揮作用，必須將其建立在對融資方的行為信息可以有效監控的基礎上。有效的行為控制可以降低流動性提供者面臨的道德風險，

因此緊密的關係、信息分享、行為監控都是行為控制的一部分。

　　基於上述兩種控制的特點，在供應鏈金融的營運過程中，可以按照流程分析風險的關鍵控制點（結果控制）來進行供應鏈金融營運前期、中期和後期的全程管理（行為控制）。具體來講，首先將供應鏈金融的營運信息繪製在三維解析圖中，圖7-8中的三維坐標分別代表供應鏈流程、供應鏈主體和供應鏈要素。供應鏈流程是供應鏈金融營運的所有相關環節和步驟；供應鏈主體是執行流程中的某一環節或活動時可能涉及的經濟主體；供應鏈要素是分析在執行某一環節的活動，涉及某一主體時，可能出現的管理行為和風控的前提和基礎。例如，在應收帳款保理融資業務中（見圖7-9），供應鏈流程是指操作該項業務的所有活動，包括供需雙方簽約、供貨、需方向融資方申請保理融資、對融資需求方的徵信調查、轉讓應收帳款、貼現融資等。供應鏈主體指的是在執行某一環節時所涉及的經濟主體，例如在進行徵信調查時會涉及買賣的供方、需方、第三方物流、信息平臺服務商等。供應鏈要素是指徵信調查中平臺服務商需要提供的信息，如買賣合約的真實性、物權的情況、融資需求方的歷史績效以及其他各類信息。這時可以分析判斷，假如平臺商不能提供上述信息或者提供的信息不全面，甚至不真實，那麼能否從其他渠道獲得相應信息，或者補充、證實平臺商提供的信息，如果這些難以實現，那麼該環節就應成為風險控制的關鍵點。基於上述風險控制點，確立供應鏈金融營運前期、中期和後期的管理體系。前期管理一般指的是在供應鏈金融業務運作前規範體系的建立和前提條件的確立的狀態，包括制度體系建設、管理運作的組織結構以及品種准入體系等。制度體系建設是指從業務管理、額度及經營授權、業務評審、品種准入、協議文本管理、風險管理、機構及人員管理等方面做出嚴格規定，並在此基礎上訂立金融業務操作規範。組織結構是指執行關鍵控制點的參與人員和權限配置；品種准入是指建立監管物風險評估制度和品種目錄制度，對監管物的品種實行准入制，對未進入監管物品種目錄的，不進行操作，對進入目錄的，則嚴格按照風險等級對應的配套流程進行操作。中期管理是指供應鏈金融營運過程中的管理體系，包括標準化現場操作的規範、核查流程與方式。後期管理是指在出現風險時實現高效穩定的應對和處理，將損失降到最小，包括風險預警機制的建立、危機事件應急預案以及替代或互補的操作方式等。

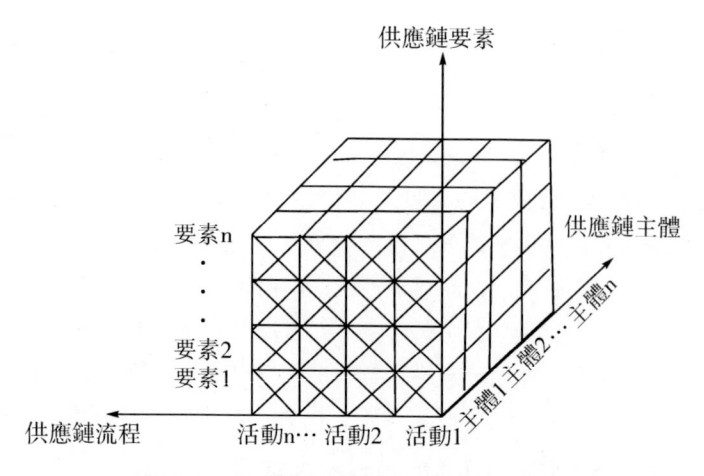

圖 7-8　供應鏈金融風險正式控制三維圖

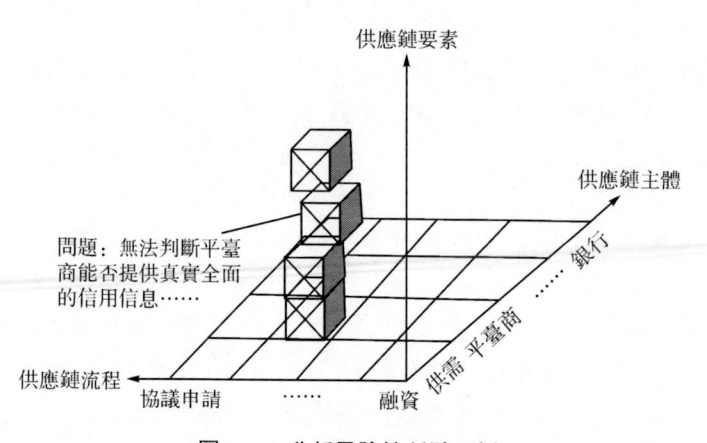

圖 7-9　分析風險控制點示例

（2）非正式控制體系

非正式控制也包括兩種主要形式：信任和資產專用性。信任是關係規範中的一種重要表現形式（Goodale et al., 2008），因此信任是非正式控制中的重要方式。信任指的是在風險狀態下，一方對另一方的積極期望，也可以指一方在風險狀態下對另一方的信賴。信任有信任行為結果和積極期望的主觀狀態之分，也有信任信念和信任意向之分。總之，信任是一個多維度、多層級的概念（Das, Teng, 1990）。盧曼（Luhmann, 1979）把信任簡單定義為對期望可以實現的信心。根據不同的研究角度，信任的分類也各有不同。薩科（Sako, 1992）將信任分為商譽信任、契約信任、能力信任。努特布姆（Nooteboom, 1996）則把契約信任合併到能力信任中，並將信任分為「根據協議執行任務

能力」的計算型信任和「如此做的自身意圖」的認知型信任。扎克爾（Zucker，1986）則從特徵型、規範型、過程型三個方面建立了信任的形成機制並對其進行劃分。特徵型信任機制，也就是具有相同或相似的文化背景、價值觀念的主體之間建立的信任，是一種認知型信任；規範型信任機制也就是指通過激勵與懲罰使協議規定得到有效遵守，是一種計算型信任；過程型信任機制，結合了巴尼和漢森（Barney, Hansen, 1994）關於信任是從低度、經過中度、向高度發展的觀點，是指通過長期合作，從以計算為基礎的信任演變為以認同為基礎的信任。在供應鏈金融營運過程中，信任來源於金融主導者與所有相關參與者之間的互動和合作，特別是明確各方的法律關係，作為提供服務的企業只承擔自己可以承擔和能夠承擔的責任，超出範圍的業務堅決不做。總的來講，戰略合作關係的建立包括幾個方面：一是與金融機構或流動性提供者之間的合作，沒有長期穩定的戰略合作關係，較容易發生金融機構或流動性提供者轉嫁風險的現象。因此，如何確立與金融機構或流動性提供者之間的戰略合作，並且強化操作管理部門與金融區域風控之間的溝通也非常重要。二是與關鍵客戶建立起穩定的合作關係，供應鏈金融服務提供者需要對客戶的生產經營（側重於行業成熟度、企業成長性）、財務狀況（側重於現金流）、業務擴張、出入庫管理（側重於貨物流）、管理層變動、工資發放、其他監管公司入駐、配合程度、控貨措施以及費用結算等情況進行分析評價，以作為客戶管理與服務改進的依據。此外，還需要對客戶進行等級考核評定，將考核結果與項目風險等級掛勾，作為對客戶進行分類管理以及後續業務合作的依據。三是與合格子服務供應商之間的合作，包括與貨運代理人、第三方物流企業以及其他合作者之間的溝通和管理等，對上述合作主體評定等級，將考核等級評定結果與項目風險等級掛勾，作為經營單位對相關供方進行管理以及後續業務合作的依據，這樣也可以有效地降低風險，建立起穩定、長期的合作和信任機制。

　　資產專用性是指資源一旦用作特定投資後，很難再移作他用的性質。與之相應地，專用性資產就是用作支持某些特定交易的資產，一旦終止該資產所指向的交易，該資產就會無法全部或部分地挪作他用，從而成為沉沒成本。根據威廉姆森（1985）的研究，資產專用性包括場地專用性、物質資產專用性、人力資產專用性以及專項資產，顧名思義，分別與場地、物質資產、人力資產和專項資產相關，其共同特徵就是一旦形成便很難轉作其他用途。資產專用性程度越高，交易雙方就具有更強的依賴性，任何一方違約都會給另一方造成巨大的損失。基於資產專用性的非正式控制表明，通過專用性資產的投資將合作雙方的利益緊緊地捆綁在了一起，無論是供應商更換買方，還是買方更換供應

商，這兩方面的能力都受到了制約。在高度動態化和異質化的市場中，資產專用性會損害合作的柔性，但有利於雙方建立長期合作的夥伴關係，從而規避關係風險。因此，高水準的資產專用性可帶來長期的合作關係以及具有科層和集成特性的治理形式（Davd, Han, 2004; Leiblein, Miller, 2003）。資產專用性由於可能產生沉沒成本，也會被計入交易成本，因此，從節約成本的角度出發，資產專用性會促使雙方組織內部化（Rind fleisch, Heide, 1997）。當保持獨立的合同關係時，相對於外部市場成本而言，資產專用性會通過長期的合作關係，降低搜尋和選擇成本，從而降低交易雙方內部的交易成本。在供應鏈金融中，資產專用性既可以體現為質押物、擔保的存在，也可以體現為為了維繫特定的關係或者業務而投入的資產。例如信息系統，還包括協同管理系統（實現金融業務網上審批和聯網管理）、金融業務現場操作軟件系統（實現監管點帳目的無紙化、監管物網上倉庫的數碼化、監管報表的自動化和銀行查詢端口的實用化等功能）、互聯網遠程監控技術（實現異地可視化監控），以及GPS、物聯網技術在供應鏈金融領域中的應用。

8 推動供應鏈金融服務實體經濟的對策建議

8.1 加快金融與科技的融合，提升服務實體經濟的效率

　　金融科技融入供應鏈金融的應用，可以通過兩條渠道發展，一是自身的獨立發展應用，二是與第三方機構合作，利用第三方比較成熟的技術來推動金融科技的應用與發展。

　　近年來，移動支付、網絡借貸、消費分期、眾籌等互聯網金融產品日益滲透人們生活的方方面面。隨著監管措施的逐步落實，在創新發展、供給側結構性改革的大環境下，互聯網金融行業的核心競爭向金融科技領域悄然轉變。金融科技創新了金融服務的手段和方式，能夠提升金融業服務實體經濟的效率。應加快大數據、人工智能、區塊鏈、雲計算等技術的創新和廣泛應用，促使金融與科技加速融合。

　　以區塊鏈為例，供應鏈金融的發展可以通過區塊鏈技術進一步推動，比如通過區塊鏈的技術實現對核心企業的業務；將線上融資的方式運用於其他的一些場景；通過同業間的合作利用區塊鏈的智能合約體系、區塊鏈的福費廷、區塊鏈的信用證等；通過同業合作打造一個有價值的區塊鏈聯盟，進而讓區塊鏈聯盟成為推動供應鏈金融業務發展的價值平臺。

　　供應鏈金融業務雖然在近年來得到了快速的發展，但是目前市場上以「供應鏈金融」為名的偽創新不計其數，不論是提供通道或是虛構交易，其實質往往還是核心企業的信用背書，與供應鏈金融的創新發展相違背。「大火」之下，供應鏈金融仍存在信息孤島、核心企業的信任無法得到有效傳遞、融資難、融資貴等諸多痛點。而區塊鏈的核心是去中心化分佈式記帳數據庫，其數據難以篡改性、透明可視化、數據可溯源等技術特性，在融資的便利性與融資

成本方面具有創新突破的潛力。區塊鏈技術的特性與供應鏈金融的特性具有天然的匹配性。供應鏈金融屬於典型的聯盟鏈應用，致力於將相關信息變為共享知識以便流轉，提高體系運作的效率。區塊鏈技術對供應鏈金融業務的助益存在如下具體表現：

(1) 可解決企業聯盟間的互信問題

區塊鏈「不可篡改」的技術優勢是建立價值互聯網信任關係的核心。由於當前的信息互聯網製造了很多信任危機，用戶與用戶、用戶與企業、企業與企業間的信任成本不斷增長。區塊鏈利用共識算法可即時更新記錄數據的最新進展，記錄每筆數據的哈希值及時間戳，將完整的交易流程呈現給各個參與方，保證了信息的真實、可靠、可追溯。這在一定程度上解決了中小企業無法自證信用水準的問題。

(2) 智能合約可防範履約風險

智能合約是一個區塊鏈上關於合約條款的計算機程序，在滿足執行條件時可自動執行。智能合約的加入，確保了貿易行為中交易雙方或多方能夠如約履行義務，保證了交易順利可靠地進行。智能履約形式不但保證了合約在缺乏第三方監督的環境下可以順利執行，而且杜絕了人工虛假操作的現象。

(3) 可解決數據孤島，建立共享信息平臺

在傳統的供應鏈管理中，分佈在供應鏈各節點的生產信息、商品信息及資金信息是相互割裂的，無法沿供應鏈順暢流轉，缺乏圍繞核心商品建立的信息平臺。區塊鏈技術支持多方參與、信息交換共享，能促進數據民主化、整合破碎數據源，解決「數據孤島」問題，為基於供應鏈的大數據分析提供有力保障，讓大數據徵信與風控成為可能。

(4) 可實現融資降本增效

傳統的供應鏈融資，如果沒有核心企業的背書，便難以獲得銀行的優質貸款，融資難、融資貴現象突出。在區塊鏈技術與供應鏈金融的結合下，上下游的中小企業可以更高效地證明貿易行為的真實性，並共享核心企業信用，可以在積極回應市場需求的同時滿足對融資的需求，從而從根本上解決了供應鏈上融資難、融資貴的問題。同時還解決了傳統融資模式的弊端，提高了營運速率、降低了運維成本。

(5) 全程可視化監控可減小風險把控

在傳統的供應鏈管理中，複雜投融資組合的構建受制於風險把控水準，並且多層信息傳遞及覆蓋增加了不透明度，金融機構在產品創新擴展的道路上難以闊步前行。而區塊鏈可視化監控則賦予了金融機構足夠的信息以便其進行靈

活搭配、風險對沖。這樣一來，無論是中小企業還是銀行都能在不同組合的搭配中找到平衡、降低風險，這在一定程度上切實解決了中小企業融資渠道少的難點。

區塊鏈技術能夠極大地推動供應鏈金融業務的發展，並通過安全存儲、數據傳輸技術和去中心化等底層技術保證交易過程的安全性。

8.2 堅持產融結合，金融助力供應鏈服務實體經濟

供應鏈金融的核心在於讓供應鏈上核心企業的信用為其上下游企業提供擔保服務，從而保證整條供應鏈的順暢運行。應依託於「以產助融、以融促產、產融結合、雙輪驅動」的商業經營戰略，致力於以供應鏈金融助推實體產業發展。

例如，傳統的供應鏈金融是通過保理或找金融機構抵押貸款進行信貸，而隨著互聯網的發展，發展為通過數據整合分析，累計個人信用，從而進行信貸。因此，可以幫助下游企業用戶建立信用體系，下游企業可以憑藉其信用值在 B2B 電商平臺實現賒帳。然後通過數據建立信賴額度，同時可以挖掘資產，資產也會持續累積數據，數據又會變成一個新的信賴額度，新的信賴額度又會產生資產，這是一個良性的閉環。相對於傳統的保理和抵押貸款，把數據變現，通過信用貸款，這樣數據產生的價值將是巨大的。

8.3 形成「線上化+第三方合作+金融科技」的結構

首先，傳統的供應鏈金融服務受限於線下服務方式與渠道，這對於網點少、客服人員少的中小銀行並不具備優勢。而線上供應鏈金融把原來手工、線下操作的業務全部放到線上進行批量授信方案的操作，既能提升操作效率，又能利用可控的成本服務到原來不能服務的客戶，同時還控制了原來難以控制的風險。供應鏈金融中核心企業的供應商、經銷商遍布全國各地，對於線上供應鏈金融服務，以核心企業為中心的「供應網」在無形當中會更好地幫助其擴展服務的範圍。

其次，引入第三方的力量來服務更多的客戶。為了使供應鏈金融服務覆蓋到更多的客戶，可以引入第三方合作來幫助他們一起做推廣。

最後，利用金融科技將供應鏈金融服務織成「一張網」。傳統的供應鏈金融服務主要服務於產業鏈條的一級供應商，難以到達三級、四級供應商，無法滿足三、四級供應商的融資需求。可以嘗試利用金融科技、區塊鏈等技術手段，對核心企業的業務進行拆分，將其延展到三級、四級供應商，將原來的「供應鏈」變成一張「供應網」。

8.4 建立供應鏈金融服務實體經濟的相關政策

8.4.1 完善相關的法律法規，為供應鏈金融的發展營造良好的法制環境

建議立法機關和相關監管部門修訂、完善相應的法律法規和規章制度，為供應鏈金融的發展提供有力的法律保障和制度指引。例如，目前在信用證和擔保方面已有完善的法律規定和司法解釋，金融機構內部一般也有明確的操作規範。但由於與供應鏈金融相關的應收帳款質押、倉單質押等法律權益關係更為複雜，對某些關鍵環節上的問題如何進行處理尚存在一定的爭議，因而需要由法律法規、行政規章對有關各方的權利義務進一步加以明確。

8.4.2 成立全國統一的供應鏈金融行業協會

建議有關部門加強協調，成立全國統一的供應鏈金融行業自律組織，充分發揮行業自律組織的行業監管、行業協調和行業保護作用，制定供應鏈金融方面的標準性文件，明確行業標準和業務規範，發布行業自律準則，形成行業統一慣例。成立統一的行業自律組織有助於配合監管部門整頓供應鏈金融市場亂象，強化商業銀行和企業的自律性，規範從業機構的市場行為，推動從業機構更好地通過供應鏈金融服務實體經濟。

8.4.3 商業銀行的策略

（1）成立供應鏈金融專營部門，逐步打造供應鏈金融生態體系

目前，國內許多商業銀行都在發展交易銀行業務，其核心就是圍繞供應鏈上下游的企業開展金融業務。為了更好地發展供應鏈金融，商業銀行可成立供應鏈金融事業部等專營部門，並建立獨立的信息管理系統、財務核算系統等，形成產品研發、市場開拓、項目評審和貸後管理等全流程營運和管理體系。供應鏈金融產品通常分為三大類：應收類、預付類和存貨類。基於應收帳款的應收類產品是商業銀行拓展供應鏈金融服務的主要領域之一，具體業務包括買方

信貸、賣方信貸、保理業務、應收帳款質押等。應當使這幾項業務成為商業銀行開展供應鏈金融業務的中心領域，並以此為突破口，逐步打造覆蓋全產品系列的供應鏈金融服務體系。

（2）創新供應鏈金融模式設計，實現收益與風險的匹配

商業銀行需要在供應鏈金融產品和服務的品種上充分挖掘深度和廣度，並創新模式設計，實現收益與風險的匹配，優化供應鏈的整體效率。為此，可依託商業銀行設立的博士後工作站，加強供應鏈金融方面的理論和應用研究，引進外部的專業研究人才，將理論研究與商業銀行一線從業人員實踐經驗豐富的特長相結合，創新設計相應的供應鏈金融模式，從而推動供應鏈金融業務的發展。一是加快研究供應鏈金融信息系統，探索大數據、區塊鏈等技術的應用，降低風險溢價，從而降低供應鏈金融業務的成本、提高收益；二是研究如何更好地發揮核心企業的作用，依託核心企業在供應鏈中的優勢，引入核心企業的擔保、回購以及在風險化解中的併購等機制，以降低供應鏈金融業務中的風險。

（3）發揮投貸聯動機制的作用，分享供應鏈成長帶來的收益

國有企業混合所有制改革正在持續推進。不少互聯網企業也在引入戰略投資者，以期獲得更多的資金以拓展業務線。商業銀行可將投貸聯動的政策紅利轉化為創新發展動力，積極在供應鏈金融領域佈局，通過與第三方投資機構緊密合作或設立子公司的方式入股相關企業。除了可獲得供應鏈金融業務本身的收益之外，還可通過股權投資獲得更高額的回報，並增強其在供應鏈生態體系中的議價能力。具體來說，可採用與核心企業共同設立供應鏈金融服務公司、供應鏈產業基金等方式，發揮股權投資、信貸的協同效應優勢，分享供應鏈創新、應用、成長帶來的收益。

參考文獻

ALTMAN E I, BRADY B, RESTI A, et al., 2005. The link between default and recovery rates: theory, empirical evidence and implications [J]. Journal of Business, 78 (6): 203-227.

ATKINSON W, 2008. Supply chain finance—the next big opportunity [J]. Supply Chain Management Review, 12 (3): 57-60.

BAIN J S, 1956. Barriers to new competition [M]. Cambridge: Harvard university Press.

BARNEY J, 1991. Firm resources and sustained competitive advantage [J]. Journal of Management, 17 (1): 99-121.

BUZACOTT J A, ZHANG R Q, 2004. Inventory management with asset—based financing [J]. Management Science, 50 (9): 127-129.

DAY G S, 1994. The capabilities of market—driven organizations [J]. Journal of Marketing, 58 (4): 37-52.

DYER H, CHO D S, CHU W J, 1998. Strategic supplier segmentation: The next best practice in supply chain management [J]. California Management Review, 40 (2): 68-72.

FAIRCHILD A, 2005. Intelligent matching: integrating efficiencies in the financial supply chain [J]. Supply Chain Management: An International Journal, 10 (4): 244-248.

MIN H, 2002. Outsourcing freight bill auditing and payment services [J]. International Journal of Logistics: Research and Applications, 5 (2): 197-211.

KNEMEYER A M, RABINOVICH E, 2006. Logistics service providers in internet supply chains [J]. California Management Review, 48 (4): 84-108.

HILL N C, SARTORIS W L, 1995. Short-term financial management [M]. Upper Saddle River: Prentice Hall.

HOFMANN E, 2009. Inventory financing in supply chains: a logistics service provider-approach [J]. International Journal of Physical Distribution & Logistics Management, 39 (9): 716-740.

HOLDREN D P, 1999. Hollingshead C A, differential pricing of industrial services: the case of inventory financing [J]. Journal of Business Industrial Marketing, 14 (1).

LING L Y, OGUNMOKUN G O, 2001. Effects of export financing resources and supply-chain skills on export competitive advantages: implications for superior export performance [J]. Journal of World Business, 36 (3): 260-279.

SELVIARIDIS K, SPRING M, 2001. Third party logistics: a literature review and research agenda [J]. The International Journal of Logistics Management, 18 (1): 125-150.

TIBBEN-LEMBKE R S, ROGER D S, 2006. Real options: applications to logistics and transportation [J]. International Journal of Physical Distribution Logistics Management, 36 (4): 252-270.

TRACEY M, LIM J S, VONDEREMBSE MA, 2005. The impact of supply-chain management capabilities on business performance [J]. Supply Chain Management: An International Journal, 10 (3): 179-191.

VENSSON, 2014. Supply chain risk management [J]. In: Brindley C. Supply Chain Risk. Ashgate Publishing Limited: 79-96.

CHRISTOPHER, SMITH M A, 2011. International supply chain agility, tradeoffs between flexibility and uncertainty [J]. International Journal of Operations and Production Management, 21 (5): 823-839.

WILIAMS, 2011. Understanding and managing risk in large engineering projects [J]. International Journal of Project Management, (8): 437-443.

PAULSSON, 2017. Production regimes and the quality of employment in Europe [J]. Annual Review of Sociology, 33: 85-104.

PAYMAN AHI, CORY SEARCY, 2013. A comparative literature analysis of definitions for green and sustainable supply chain management [J]. Journal of Cleaner Production, 52 (Aug. 1), 329-341.

CUMMINS R. A, 1996. The domains of life satisfactory an attempt to order chaos [J]. Social Indicators Research, 38 (3): 303-328.

GONCA TUNCEL, GULGUN ALPAN, 2010. Risk assessment and management for supply chain networks: A case study [J]. Computers in Industry, 61 (3): 250-259.

JAAFAXI A, 2011. Management of risk, uncertainties and opportunities on projects time forfundamental shift [J]. International Journal of Project Management, (2): 89-101.

陳祥鋒, 石代倫, 朱道立, 2005. 融通倉系統結構研究 [J]. 物流技術與應用 (12): 103-106.

陳祥鋒, 石代倫, 朱道立, 等. 2005. 融通倉運作模式研究 [J]. 物流技術與應用, 206 (1): 79.

陳祥鋒, 石代倫, 朱道立, 2006. 金融供應鏈及融通倉服務 [J]. 物流技術與應用, 11 (3): 93-95.

李毅學, 汪壽陽, 馮耕中, 2010. 一個新的學科方向: 物流金融的實踐發展與理論綜述 [J]. 系統工程理論與實踐, (1): 58-60.

任文超, 1998. 物資「銀行」及其實踐 [J]. 科學決策 (2): 18-20.

羅齊, 朱道立, 陳伯銘, 2002. 第三方物流服務創新: 融通倉及其運作模式初探 [J]. 中國流通經濟, 16 (2): 11-14.

石永強, 熊小婷, 張智勇, 等, 2012. 物流園區發展物流金融的模式研究 [J]. 物流技術, 31 (12): 89.

宋華, 2014. 中國第三方物流研究脈絡及其模型構建: 一個理論框架 [J]. 中國人民大學學報 (4): 128-132.

許志端, 鄭邦新, 施雲, 等, 2013. 弘信物流: 供應鏈之鳳凰涅槃 [Z]. 中國MBA百篇優秀案例.

張齊剛, 2001. 淺談供應鏈管理的風險規避問題 [J]. 科技與管理 (3): 75-76.

楊紅芬, 呂安洪, 李琪, 2002. 供應鏈管理中的信息風險及對策分析 [J]. 北京工商大學學報, 17 (2): 112-114.

楊俊, 2015. 供應鏈風險管理理論與方法研究 [D]. 武漢: 武漢理工大學出版社.

丁偉東, 劉凱, 賀國先, 2003. 供應鏈風險研究 [J]. 中國安全科學學報, 13 (4): 64-66.

馬林, 2005. 基於SCOR模型的供應鏈風險識別、評估與一體化管理研究 [D]. 浙江: 浙江大學.

顧孟迪, 雷朋, 2005. 風險管理 [C]. 北京: 清華大學出版社.

威廉斯 C A, 2000. 風險管理與保險 [M]. 馬從輝, 劉國翰, 譯. 北京: 北京經濟科學出版社.

馬士華, 林勇, 陳志祥, 2010. 供應鏈管理 [M]. 北京: 機械工業出版社.

張存禄, 黃培清, 2004. 數據挖掘在供應鏈風險控制中的應用研究 [J]. 科技管理（1）: 12-14.

李海晴. 中國汽車製造業供應鏈風險評估及風險預警研究 [D]. 天津: 天津大學, 2012.

管冰蕾, 胡靜濤, 2005. 基於 AHP 的模糊綜合評價方法在交通保障方案優選中的應用 [J]. 河南大學學報（自然科學版）（4）: 43-46.

孫濤, 2016. 一汽吉林汽車有限公司供應鏈風險管理策略研究 [D]. 長春: 吉林大學.

鄢玲, 2007. 供應鏈風險問題研究 [D]. 成都: 西南交通大學.

楊軍, 2007. 供應鏈風險管理研究 [D]. 廣州: 暨南大學.

金霞, 2014. 供應鏈風險識別與評估研究 [D]. 蘭州: 蘭州交通大學.

新時代背景下供應鏈金融服務實體經濟發展研究

作　　者	：吳宗書，李倩，李景文，曾卓然 著	
發 行 人	：黃振庭	
出 版 者	：財經錢線文化事業有限公司	
發 行 者	：財經錢線文化事業有限公司	
E－mail	：sonbookservice@gmail.com	
粉 絲 頁	：https://www.facebook.com/sonbookss/	
網　　址	：https://sonbook.net/	
地　　址	：台北市中正區重慶南路一段六十一號八樓 815 室	

Rm. 815, 8F., No.61, Sec. 1, Chongqing S. Rd., Zhongzheng Dist., Taipei City 100, Taiwan (R.O.C)

電　　話	：(02)2370-3310
傳　　真	：(02) 2388-1990
總 經 銷	：紅螞蟻圖書有限公司
地　　址	：台北市內湖區舊宗路二段 121 巷 19 號
電　　話	：02-2795-3656
傳　　真	：02-2795-4100
印　　刷	：京峯彩色印刷有限公司（京峰數位）

國家圖書館出版品預行編目資料

新時代背景下供應鏈金融服務實體經濟發展研究 / 吳宗書等著 . -- 第一版 . -- 臺北市：財經錢線文化，2020.11
　面；　公分
POD 版
ISBN 978-957-680-478-6(平裝)
1. 金融業 2. 金融自動化 3. 供應鏈管理 4. 經濟發展
561.7　　109016754

官網

臉書

- 版權聲明 -

本書版權為西南財經出版社所有授權崧博出版事業有限公司獨家發行電子書及繁體書繁體字版。若有其他相關權利及授權需求請與本公司聯繫。

定　　價：400 元
發行日期：2020 年 11 月第一版
◎本書以 POD 印製